滄海叢刊

我是依然苦鬪人

毛振翔 著

1990

東大圖書公司印行

國立中央圖書館出版品預行編目資料

我是依然苦鬬人／毛振翔著。--初版。
--臺北市：東大出版：三民總經銷
，民79
面；　　公分--（滄海叢刊）
ISBN 957-19-0324-8（精裝）
ISBN 957-19-0325-6（平裝）

1.論叢與雜著-民國67-　（1978-　）
2.毛振翔一作品集
089.86　　　　　　79001226

我是依然苦鬬人

著者　毛振翔
發行人　劉仲文
出版者　東大圖書股份有限公司
總經銷　三民書局股份有限公司
印刷所　東大圖書股份有限公司
地址／臺北市重慶南路一段六十一號二樓
郵撥／〇一〇七一七五一〇號
初版　中華民國七十九年十一月
編號　E 78073①
基本定價　柒元伍角陸分
行政院新聞局登記證局版臺業字第〇一九七號

ISBN 957-19-0324-8（精裝）

引言

我是一個徹頭徹尾為天主、為國家的鬪士，自學成涉世以來之人生歷程，曾先後輯有《孤軍苦鬪記》、《我這半生》行於世，不敢自衒，聊以告無媿已耳。

而今世變日亟，國家憂患未戢。我則苦鬪依然，惟對天主信仰之赤忱，對國家前途之光明，其信心仍然堅定不移，絕不動搖絲毫。玆承三民書局董事長劉振强先生雅意，彙將近十餘年來頻頻飛赴美國，從事國民外交之事蹟及對政治、宗教之建言，彙整出版，命之曰《我是依然苦鬪人》，以饗讀者。有心君子，幸勿吝敎。

本書之編輯校訂諸務，統請鄉弟姜君文奎代勞，特此誌謝。

毛振翔 敬啓

七十九年十月三十日

我是依然苦鬪人　目次

貳、宗教篇

叄、文化篇

附錄

壹、國事篇

一、中美關係的展望

主席、諸位僑胞、大哥大姊、小弟小妹！

今天乘我昨晚剛由臺北飛到洛杉磯時，承蒙你們邀我來演講，並給我出了一個題目，就「中美關係的展望」，交換意見。我自樂於盡我所知，遵奉你們的指示，依照你們的規定，作一小時之敍述和一小時之問答。

談起中美關係的展望，我認爲我們也應該回想中美關係的過去。因爲「前車之鑒，後車之戒」；然後再談「中美關係的展望」。這關係有政府與政府之間的，有人民與人民之間的。政府與政府間的關係，在現代世界上只是奠基於利害上的，似乎無道義上的關係可言；至於人民與人民間的關係，這關係當然有利害上和道義上的。所以在政府與政府締結關係時，應以互惠平等爲原則，不然這種關係就無法持久，亦談不上互惠。至於民間的彼此關係卻可以無限期的留存；因爲眞正的道義關係，或道義之交，是不易受利害所左右的。

美國排華律

美國政府對我中國人的「排華律」就是一個例子：美國政府曾於一八八二年就有排華律，直到一九四四年方行取消。維持這不把中華民族當爲人類民族之一的惡律，竟實行了六十二年之久！所謂排華律，是在世界衆多人類種族中，唯有中國人沒有資格進入美國，可以獲得永久居留權。因此中國人暫時來到美國的，不許携帶妻子，因爲怕他在美國和妻子生孩子而汚辱美國國民。同時也不許找工作做，或做生意。因此當時作貨物偷渡，混進美國的中國窮人，只可偷偷摸摸地開個在陋室內的洗衣館，賺點勞苦錢，以免餓死。其目的是想儘量節省，期望辛苦了幾十年之後，能儲蓄數千元美金，返回祖國，蓋兩間房，買兩畝田地，以得安然終生。這就是何以海外華僑有句名言：「落葉歸根」。

何以美國政府在一九四四年居然會廢除排華律呢？這當然不是偶然的。其間有許多因素逼它使然的：諸如我國抗日戰爭時，能獨自支持四、五年而不氣餒，卻使自誇的日本軍閥在三個月內征服我全國的夢想完全落空——豈不知我國在總統　蔣公堅強敏捷的領導之下，能越抗日越有能力。所以自一九四一年十二月八日，日軍轟炸了美國珍珠港之後，美國曾一度不知所措，因爲當時在大西洋方面有軸心國家的德國之威脅，而在太平洋方面有軸心國家的日本在打擊。故此不能不借重我中華民國的人力與軍隊，藉以同盟軍集合力量，共同對付日本帝國主義。就在此時，于斌主教和我以及其他在美國的人士乘勢多方活動爭取，促使美國政府終於在一九四四年春季取消醜惡的排華律。按當時在美國居留的華人總數計有十萬五千名。每一千人中，每年可得一名核准到美國移民，所以共計每年可核准一〇五名申請入美國籍。

留居美國之困難

這個每年可有一〇五名中國人申請入美國籍消息公布之後，在美國中國人中，有許多都爭先恐後地去塡表申請。當時有一位中國女畫家余靜芝女士，在一九三六年底到美國去開畫展，因爲一九三七年抗日戰爭興起，她暫時不想回上海。可是她留美的簽證，每三個月延長一次，延滿到一年工夫就不可再延長了，非離開美國不可，不然就要受驅逐出境令之罰。在這種情形之下，她花錢請了美國律師幫忙，但律師只能替她向移民局找法律漏洞，替她得以再延長三個月而已，此後又須受到驅逐出境之命令。

一九三九年四月六日，我在法國里昂大學考取哲學博士學位後，當時在美國作抗日宣傳的于斌主教要我來美，擔任他的秘書。待我到紐約不數日後，有位余靜芝畫家來看我，給我詳述了她的苦衷，並說她和我有浙江同鄉之誼，要求我替她向紐約移民局說情，別驅逐她出境，返回日軍已佔領的上海家鄉。

其實，在那個時候，美國的人與地對我都很陌生。但是，余畫家旣然有如此切身的難題，而且已經向我請求幫忙了，我怎能置之不理，而遺人於失望邊緣，這對我身爲天主教神父者是義無可辭，應當爲她想辦法的。

所以我就詢問紐約移民局所在地，向有關職員以毛遂自薦的方法，去爲余女士找出路。當承辦余靜芝案子的負責人對我說：「她留在美國是犯法的，她早已應該自動離境，再不然的話，我們就要依法強逼她離開美國返回中國。」聽了移民局官員這番話之後，我回答說：「是的，依法而論，你是對的，但在人道上論，你可曾想過，余女士是一位文人，一個畫家，在這中國受日本軍閥侵略時，你逼她回中國，前往日軍今已佔領的上海，要她去送命，這豈不太殘忍？」「神父！那你叫我怎麼辦？」移民局官員問我說。「這很簡單，只要你把她的案件抽出來，放在你個人的抽屜內，就可使那屢次調查檔案的職員無以再去麻煩余畫家了。」「這樣做，可以嗎？」「當然可以，因爲法律是爲人的，而不是人爲法律；所以在守法律與救人命之間起衝突時，救人命遠重於守法律。救人命是有優先的，這也是天經地義的。請你這樣做吧，你將仰不愧於天，俯不怍於人！」「神父！這樣一說，我良心內感到很平安。請神父放心吧，我立刻遵從你的旨意去做。」「謝謝你了，願天主降福你，再見！」

余靜芝的生活問題之一例

余靜芝女士暫時留美，雖可無憂，但她今後的生活問題，卻不可無慮，因爲在戰爭期間，整個的美國，無論男女老幼，一切工作與物資，無不朝向獲得這世界第二次大戰之最後勝利的。因此余畫家的中國工筆畫沒有生意了。她也不能有收入。

幸好，正在此時，有一位道地的中國男士，是鄭才營造廠的老闆，湖北沙市人，十五歲時由於生母逝世，生父續弦，後母對他虐待，他乃一氣之下，逃離家鄉，來到上海，進到一艘英國輪船做勞工。待這隻輪船有一天駛到紐約後，他就乘機溜開，到一家中國雜碎飯店去做打掃洗碗的工作，藉以渡生過日。但是他總覺得這種工作是毫無前途的，所以他就到建築工地去找勞工做，例如幫助搬磚，混合水泥等。因爲他很勤勞，頗討工頭喜歡，於是他有時亦幫助砌牆磚、鋸木頭，這樣日久天長，他在建築工程方面各行都去學習。經過近二十年的工夫，他居然在紐約市政府申請到包工蓋房子的許可證。一幢一幢的小房子，由他包工來蓋成的，都經過市政府檢查，認爲工程做得既合乎標準，又價廉物美。所以逐漸地他有點小名氣，爲他介紹華僑土生女子結婚的，常有人來，他則婉辭說：等抗戰勝利後，他要回中國去找一個道地的中國小姐結婚，而不要在美國土生的。

這位鄭才營造廠的老闆因爲喜愛張善孖的老虎畫，而張善孖是與我同船由法國巴黎來到紐約的，而且我是張善孖在歐美的嚮導。所以我們倆人既然都認爲這位鄭才營造廠老闆鄭志禹先生，是一個在各方面都有君子風度的男士，就願把他介紹與余靜芝女士相認識。經過半年多時間的交往，他們兩人似乎亦覺得意氣相投，於是在友朋們的鼓勵之下，兩人終於在一九四〇年元月九日完成了天作之合的夫妻，從此之後，一是營造師，一是藝術家，開始了他們的幸福家庭生活，同心去發展他們的事業，爲祖國爭光，爲僑界謀福。

移民法准予中國人申請

一九四四年春季，美國政府取消了排華律之後，卽准每年能有一〇五個中國人，凡塡好申請移民表格寄到全美國各移民局審核者，其申請經過審愼調查後有一〇五人可以獲得核准。當時我卽告知余靜芝趕快到紐約移民局去，取得移民表格申請表，塡妥後親自送到移民局收發處，以便爭取優先。

那料，當余女士塡妥申請表送到時，移民局官員竟對她說：「你們中國人一年只有一〇五個名額，現在已有九千多人申請了，你要等一百年才輪到。」於是，余女士又憂傷地來見我說：「我已經四十多歲了，再等一百年我死也死了；神父！求你陪我去想想辦法，幫幫忙吧！」我看看我的紀事曆說：「今天明天我都忙得很，後天陪妳去好了。」

待我陪余靜芝到移民局，向有關官員說：「是否可以把余小姐的申請表格放在前面？」答說：「不行，因爲表格上都寫日期的。」我說：「任何法律都有例外，我想在這件事上也不會沒有吧？」於是，那位移民官把我叫到一邊，悄悄地對我說：「假若你在華盛頓國會裡有參衆議員朋友，請任何一位給移民局局長寫封信來，負責推薦余小姐就可以。」這毫無問題。就這樣地，我給我的好朋友馬克麥克議員一個電話，他就滿口答應所請，立刻照辦。不久，余小姐就收到移民局通知她的好消息：妳申請移民美國事，今已批准，請來辦永久居留證吧。

後來移民局探知余女士已於一九四〇年和鄭志禹先生正式結婚，就要她和丈夫同時來辦移民手續。可是，鄭志禹來美是不合法的，雖然他曾對外說，他是生在舊金山的，因爲舊金山有一年遭大火焚燒，許多有關人民出生的證件都燒毀了，所以鄭氏以此來掩飾自己的不合法。但是，要想在移民局官員前證明自己是生在舊金山，鄭志禹的中國腔調說英語，實在難免不露出馬腳，因此每次移民局派人找他時，他總是以三十六計，走爲上策去對付移民局人說「他不在此」。事情拖延了一些時間後，移民局就對余靜芝說：妳的丈夫既然時常不在，無暇和妳同來辦手續，那妳就自己先辦好了。當然如此一來，余靜芝希望移民手續辦妥後，和鄭志禹一同出美國到其他國家旅遊，暫時是不能行的。

要曉得，美國移民法每過幾年都會有所變更的。例如到一九四五年七月間，美國政府曾公佈說：「凡在一九二五年六月二十五日前，來到美國違法的外國人士，現在都可以申請合法居留美國。」當時我卽問鄭志禹說：「你有沒有二十多年以上的證件存在，足以證明你於一九二五年六月二十五日之前，就已住在美國？」他答道：「那會把任何文件存留得那麼長久，事過境遷後，就把它焚毀了。」我又問：「你自一九一五年來到紐約後，曾否裝有自己的電話？」「有錢時，就有裝，無錢時，就沒有。」我於是乘有空的一天，就親自到紐約市電話總局去，查看在一九二五年六月二十五日前，有無電話簿上印有鄭志禹的姓名。眞巧，見到電話簿總匯檔案上，有一本是一九二五年五月七日出版的，拿來翻開一看，見到鄭志禹的英文姓名印著：Arthur C. Jhen。因此我立刻要求電話總局的負責人替我將鄭志禹的姓名和一切有關地址及年月日抄下來，並簽字蓋機關印章給我作憑。拿到這份證件，我就前往移民局，交給有關移民局官員查閱。他一看之後，就對我說：這是很好的證件，足以證明鄭志禹在一九二五年六月二十五日之前生活在紐約。我也因此很高興地拿證件去看鄭志禹夫婦。他們看了這證件之後，就與奮地對我說：「神父，你的頭腦眞厲害，怎麼會想到電話簿上去的！」我說：「你們要記住，我們做任何一件有價值，有意義的事，必須做得徹底。對人如此，對事亦然，這就是有始有終，非達到完成的目的，決不終止。好吧，志禹！你快去辦你的合法居留證吧！此後，你們夫妻，無論到那裏去，都可以雙雙同行同飛了，我祝福你們！」

臺灣關係法的促成

一九七八年十二月十五日美國卡特總統宣布與我國斷交，第二天行政院孫運璿院長打電話給我說：「神父！恐怕又非你去一下美國不可了。」很快地政府爲我辦好護照和美國的簽證。過了幾天，外交部也來電話說：「神父！現在護照都弄好了，預備幾時動身啊？」我說：「不是還有幾位中美文經協會的人嗎？」他說：「沒有啊。」後來查了半天說：「因爲查良鑑是你們中美文經協會的理事長，我們請他和你一起去。」在路上查理事長問我：「神父，你看！我們怎麼辦？」我說：「你認爲怎麼辦好？」他說：「我們當然要去看美國參議員、眾議員。我們先跟他們約，好嗎？」我說：「跟他們約？這個時候人家還跟你約？他們的總統已經跟我們宣布斷交了，他們躲你還來不及，還會跟你約？我們走進去吧！我來做給你看；如果參議員不在，問他的秘書，什麼時候回來。」就這樣地，我倆花了一個月工夫。我是天主教神父，每天早上起來做彌撒，然後吃早餐，念日課經，此後一個一個地去看，共看了七十位參議員，眾議員有四百三十五位，重要的也都看了。凡答應贊成我們的投票，我都要加一句「你可別騙我，我要追踪的。」到了表決時，參議員一百位中，九十四位投票贊成，六票棄權，眾議員四百三十五位中，除三十六位棄權外，其他都投贊成票，而棄權的原因不是不贊成我們，而是說臺灣關係法對臺灣的保護不够有力量，這等於是百分之百的贊成。我們中國有句名言：「事在人為」，在沒有辦法中，也要去找出辦法來做！

現在這個「臺灣關係法」是中共最討厭的法。但是為獲得這個美國國家的臺灣關係法的成功，我中華民國是有堅定立場的。那時我每隔二三天，到華府中國大使館去，對外交部政務次長楊西崑說：「你要堅定，中美間不得到官方關係，我們絕不接受。」，他說：「神父！我一定堅定，我願意為國家犧牲。」第二次我去看他，他還是很堅定。第三次我去看他，他對我說：「卡特給我們哀的美敦書說：限於二十四小時內，如不接受非官方關係，凡是拿中華民國護照的人，我都要把你們趕走，而我立刻用飛機運回在臺灣的美國人民。神父！我肯犧牲，可是在臺灣的一千七百萬人肯不肯犧牲？」這就是蔣總統經國先生所說的：「我們只好暫時吞下這個苦藥丸」，因為我們自己的人不團結，所以政府辦事不能不面面顧及，只好憑中國的一句話說：「留得青山在，不怕無柴燒！」

救援留美中國學生免被強迫遣返

一九四九年大陸淪陷前，我帶了最後一批留學生乘上戈登將軍號（General Gordon），由上海來到美國。一到舊金山港口，船尚未停好，我們正在用早餐，就有美國記者們上船來。我從擴音器中聽到：We Want to See Father Mao（我們要看毛神父）；我一聽到便站出來問：「你們怎麼知道我今天到？」記者們齊聲答道：「你一離開上海，我們便接到電訊」。又說：「你還帶來這麼多學生來幹嗎？美國政府已經宣布：你們現在美國的四千多自費留學生，因爲家鄉淪陷，不能寄錢來，要把他們驅逐出境，你還把他們帶來幹嗎？」。我很鎭定地答說：「我們這些學生有全部奬學金，一切費用均已妥善安排，請你們別爲我操心！」記者中又有人問道：「你是不是要去幫助其他四千多中國留美學生呢？」「當然，待我把帶來的這些學生安頓好了，我要到華盛頓去幫他們解決困難。」

我記得那是一九四九年一月十七日我們抵達舊金山。後來把我所帶來的男女青年學生，送到美國各地的學校安頓了，我乃於二月十九日到了華盛頓，立刻前往國會山莊，去拜訪當時民主黨多數黨的眾院領袖，我的好友，若望・W・馬克麥克（John W. Mo Cormack）。他一見到我便驚喜地嚷道：「毛神父，你回來了，十分歡迎！」我謝他之餘，即說：「我可否問你一個問題？」「請，神父！」「假若你們美國在我中國的目前境遇，你們有四千多美國學生在中國留學，而美國被共產黨佔領了，他們的家長不能寄錢去接濟，而中國政府卻決定要將這批美國學生立刻驅逐出境，你要作何等感想？」「中國政府太不友善了，我痛恨。」他回答說。於是，我把記者們給我有關此事的簡報請馬議員看。他看了之後，就問我說：「神父！你要我怎麼辦？」我說：「假如我是你的話，我會把美國援外款項撥出一點來幫助他們生活，幫助他們繼續在美國念書」，我更補充說：「你要曉得，這些中國學生，來到美國，就是你們的朋友。今天在他們最困難的時候，他們是反對共產黨的，美國若把他們強迫送回中共佔據地，他們曉得你們的國情，會反對你們，那你們可倒楣了！」馬議員說：「這件事相當嚴重啊！但是，那麼多的學生，需要很多錢，我個人不能決定啊！」想了一回兒，他繼續說：「下星期二你和我一起去見杜魯門總統，你向他報告好嗎？」我心裏想，上次杜魯門和紐約的州長杜威競選總統時，根據我在美國實地查究的結果，判定杜魯門會當選；可是我政府因相信其他人士的報告，認為杜威百分之百當選，所以公開地捐錢給杜威作競選費用。杜魯門當選後就開始對付中國，以致美國國會通過幫助我國的六億美元貸款，他扣留不准撥付，軍火也不准運來，且派馬歇爾將軍到中國來強迫我們與中共組織聯合政府。在這種情形之下，如果我跟眾院多數黨領袖去見杜魯門總統，他知道我是中國來的，會很糟。所以我便對馬議員說：「請你別說那是我的建議，僅說這是你的意思好了。」他卻說：「我記不得那麼多！」「我用打字機為你完全寫下來。」「那就好了，」馬議員贊同說。後來還是借重有力量的國會議員們促成國會議會通過撥款一千零五十萬美金，才免除了這四千多中國留美學生被強迫遣返大陸的厄運。

共和黨民主黨誰對我國好

去年有一批美國民主黨參議員來到臺灣訪問，我們歡迎他們。在一次的交談中，民主黨代言人對我們說：「我們曉得，你們不喜歡我們——我們民主黨對你們不好，只有共和黨對你們好。」我立刻站起來說：「沒有這回事，在十四年以前，我曾對三軍高級將領四五百人演講了兩個小時，其時，我說你們都以爲共和黨是我們的朋友，民主黨則不是。現在我們來看看：世界第二次大戰勝利後，宣布我國爲四強之一的是，民主黨的羅斯福總統；大陸淪陷於中共手中，派遣第七艦隊來協防臺灣海峽的是，民主黨的杜魯門總統；從每年一〇五名額爲中國人移民到美國的，立卽增加到每年兩萬名額的是，民主黨的甘廼廸總統；共和黨的艾森豪總統對我們好嗎？好在什麼地方？強迫我們從大陳島撤退；共和黨的尼克森總統對我們好嗎？他和中共秘密勾結，準備了和我國斷交的路，倒楣的卡特總統執行尼克森遺下來的醜皮囊；雷根總統對我們好嗎？好在什麼地方？不時給我們說些甜言蜜語，但實際的好處有多少！尼克森曾到臺灣來推銷可口可樂就是我們的朋友啦！艾森豪曾來過臺灣探察我們的軍事要塞，以便利美國在太平洋的防衞，就是我們的朋友啦！那種朋友太容易交啦！美國有句話說：Easy Come Easy Go（容易得到的，也容易失掉）。所以美國兩黨我們都不要得罪，因爲政治是最不一定的；說他選不上，他倒選上了；你說他一定當選，他倒落選了，我們何必替自己的國家製造仇敵呢！」

與參議員助理的答問

中美斷交的次年（一九八〇年）七月，有六位美國聯邦參議員的助理到臺灣來訪問。某一次開會時，其中有一位名（Corcoran）哥爾哥郎的起立發言，說：「我們可否問你們一個政治的問題：你們的政府和人民希望我們的政府與人民爲你們做什麼？」當時在場的人士，有外交部的、有立法院外交委員會的，我當然先讓他們回答。可是他們都默然不語，於是我只得起立回答，說：「哥爾哥郎先生，你所問的問題是政治性的，而給你答覆問題的是一位宗教家；但是這位宗教家與政府高級官員和人民有廣泛的接觸，所以我認爲我有資格答覆你的問題：第一，在消極方面，我們不要你們跟我們恢復外交關係，因爲假若我們要求你們與我國恢復外交關係的話，一來你們做不到，會使你們感到很尷尬；二來你們若和我國恢復外交關係的話，那你們可會害死我們，因爲這麼一來，你們會把中華民國毀掉而使它成爲臺灣國，這是我們絕對不能接受的！

第二，在積極方面，我們要你們予我國以官方的關係，因爲當美國跟我們保持外交關係時，你們曾予中共以官方關係，現在你們的副總統布希就是那時在北平做連絡處主任的。爲這個緣故去年（一九七九）一月間，我在華盛頓時，曾經請了三位美國民主黨參議員當面去問卡特總統，爲什麼不給中華民國官方關係？既然有例可援。後來他們向我回報說：『卡特總統講：因爲中國

(共)不要，我沒有辦法！』我曾對那三位參議員說：『我眞爲你們難過，我做你們美國人的老朋友，也深感羞恥，難道你們是中共的下男下女嗎？』他們三位齊口對我說：『神父！你要我們做的，我們照做了，你爲什麼要對我們生氣呢？』我解釋說：『我並非對你們生氣，而是給你們表示我對卡特憤怒，他太無能了。願你們向他轉告！』

第三，臺灣關係法中規定保持我們在美國原有的十四個使領館，爲什麼現在只有九個，你們答應我們官員享受與外交官同樣的特權，爲什麼至今不實行？爲什麼？至於幾時跟我們恢復外交關係，請等著吧！時間到了，我們會通知你們的。

第四，這雖然不是你們所要問的問題，但是我相信，你們也願意知道的，這就是你們美國政府中有人說：今年——一九八〇年十二月一日——中華民國在臺灣的產品，不能再用中華民國標誌(R. O. C.)。我中華民國在臺灣的產品，不用中華民國標誌，用什麼？就是因爲你們美國不承認我中華民國，我中華民國就不存在了嗎？譬如說：你們不承認我是毛振翔神父，我就不是毛振翔神父了嗎？毛振翔神父也好，中華民國也好，是會永久存在的，因爲我們是天主保佑的，誰也不能毀滅我們！」(鼓掌)我說了之後，那位哥爾哥郎先生代表說：「我們對毛神父這番話，深受感動，我們回美後一定要努力去照辦。」

「我們曉得你們交的是美國朋友，而這些朋友不要常和中國人站在一邊；這樣實在損失太大，消耗也太重。中國人消耗了人力與財力在美國人身上，這些美國人不替中國人做事！交這樣的美國朋友，實在沒有意義。我講這些話，雖然不好聽，可是很有道理的呢！」

爭取要理直氣壯

有一次我和前國防部長宋長志談話，他的參謀長告訴我說：有人說，現在我們中華民國是「理直氣不壯」，而共匪是「氣壯理不直」。其實兩樣都要不得！因爲理直氣不壯，是缺乏道德勇氣，埋沒眞理與正義；至於氣壯理不直，是滿懷無理取鬧，結遍仇敵害自己。所以我們要理直氣壯！

我們今天能理直氣壯嗎？很可以！我們的政府與人民要的是自由，而共產極權要的是奴役；我們行的是天道，他們卻反天道；我們要的是人道，他們卻違人道，我們是保護中國的傳統文化，他們堅持的是馬列主義；我們既理直，怎能不氣壯；到那裏都可以爭，爲什麼不敢爭？

我再講個故事，看我怎麼爭法，例如爭取我留美學生不被遣返大陸匪區：前面提到一九四九年爲四千名中國留美學生爭取到一千零五十萬美金，使他們得以繼續求學。豈料他們畢業之後，依照美國移民法規定，他們必須離美返國。爲此，我又回到華盛頓向國會議員們說：「你們眞傻，花了錢，教育了他們，還要把他們送回中國去，幫助中國共產黨打擊你們。」他們便醒悟地說：「哎！這是個大麻煩」，我則說：「這很簡單，只要在中國共產黨未被消滅之前，讓他們留居美國，以他們的知識與技術才能爲你們美國的好處而生活，而工作，這是多麼便宜的事！」就如此地，這些中國留學生都貢獻於美國了。回顧來說：假若沒有那筆大撥款，則中美那會有得諾貝爾獎的楊振寧和李政道，因爲那時候他們可憐得很，書還沒讀好。畢業之後，如果被強迫遣返大陸，也不可能得到諾貝爾的榮耀。

今天我們由臺灣赴美的中國人，其所受的教育，平均起來是比任何國家更高的，我們有博士學位的最多，我們貢獻美國的，無論在那一方面，也是最大的，爲什麼我們不能力爭？可以而且應該！因爲在美國你有理有力跟他爭，就可以爭得到。

再如在抗戰時，揭穿日本在歐美的荒謬宣傳：一九三九年四月六日，我從巴黎到紐約，當晚有三十二位美國神父聚餐，我也受人介紹參加。當我一坐下，就有一位在我身邊的美國神父說：「我和一位中國共產黨坐在一起！」我立刻反駁說：「假若共產黨同我一樣好，我希望每個人都做共產黨……」於是這位美國神父就問：「共產黨，你反對嗎？」「當然，因爲他太壞了！」我答道又說：「神父，你知道我是一位中國神父，而中國政府與人民是最反共的；你爲什麼這樣侮辱我？一開口就說我是共產黨！你和我同樣是神父，難道神父也自相殘殺嗎？這就太危險了！」這位神父卽刻很慚愧地在三十餘位同席神父前，恭恭敬敬地向我道歉說：「我錯了，因爲我聽信了日本的宣傳，說他們進軍到中國，不是爲侵略中國，而是爲救拔中國不要赤化。」「這是一個惡毒欺騙，請你和在席的諸位神父審愼謹防」，我對答說。

歐美人士當時之所以對我們中國如此普遍的誤解與藐視，都是因爲日本的兇惡宣傳所致。今天共匪的統戰陰謀更爲惡毒殘忍，你們華僑必須共起而攻之，揭穿共黨的謊言！

言人所不敢言做人所不要做

㈠勸阻中國學人與留學生別返大陸：一九五五年共匪積極在美國活動，誘騙中國學人與留學生返回大陸，爲匪服務，締造一個夢想的共產新中國。當時先總統 蔣公爲此異常焦慮，向他的顧問一一詢問：誰可以到美國勸阻他們？經過了頻繁的商討，審愼的考慮，都認爲毛振翔神父爲最適宜的人選，因爲他爲留學生的褓母，而且留學生們也很敬愛他。有一天我接到總統府送來的邀請箋，我就準時去晉見總統。於是我就奉命前往美國，花了五年的功夫，遍訪美國各地區，遍訪全美學人與留學生五次，把他們全部說服了，沒有一個願意再返回大陸爲匪效勞。

在這五年中，凡到每一大城市，我都事先邀集了一大羣中國留學生，向他們講話。記得那是第三年，我來到芝加哥，有二百多學生來聽講，其中有一位中國總領館的朱領事，在聽完之後對我說：「毛神父，你過去三年的演講，那麼長，爲什麼沒有一次內容是重複的？」我答說：「因爲我的記憶力差得很，講過的，我就忘記了！」我們應該日日新，又日新，不用炒冷飯，我們和美國要站在平等的立場上去據理力爭，不要去哭求。一哭求，你就倒楣；我們中國每次倒楣的時候都是太靠美國了。

(二)不在乎美援停止：中國政府高級官員常請我吃飯，一九六〇年我和高級官員吃飯時，說：「照我所得的消息：美援快要停止了。」當時有一位官員驚慌地說：「美援一停止，我們就要完了！」「我卻不以爲然，而且我認爲美援早一年停止，我們在經濟上早一年有辦法。」這是我當時的豪語。這沒有錯，因爲五年之後，美援停止了，我們第一年的收入，其所得遠超過有美援的年期。今天我們的臺灣是多麼的繁榮，這都是不靠美援而憑自己的能力所創造的果實。靠人家幫忙，不可以靠得過份。人家願意幫我忙，我可以接受，他不幫我忙，也沒有關係；要以這種態度才對。所以不要顯得非有人家幫忙不可，因爲這樣一來，既顯得你自己無能，又使人家覺得你自卑無用，那他就會把你甩掉。

中美關係的展望是光大的

今天我們談中美關係的展望，我認爲曙光在放射。還記得民國四十年一月三十日，我從紐約飛到臺灣，那時候美國已經把臺灣劃出其太平洋防衛線之外，我決定要到臺灣去。我的朋友們對我說：「你一定有神經病」，我答道：「我一點也沒有神經病。在美國白皮書發表的第二天，《紐約時報》記者來問我的感想，我還能說：White Paper Is Written With Black Heart（白皮書，黑心寫）。報紙不登載，我說我決定到臺灣去，把我的國家弄強起來，再回來跟你們算帳，難道這一切是有神經病的現象嗎？」

至於與美國的外交關係，幾時可以恢復，我前面對那六位美國參議員助理曾說過：「等到時間成熟了，我們會通知你們的，目前我們不要求！」今天我們海內外的中國人要大家團結一致，支持中華民國政府，這樣，政府才有力量，千萬不能模稜兩可！

要團結，就須首先反對臺獨：我是第一個反對臺獨的，我公開地反對臺獨比蔣總統經國先生還早了一年，那是林洋港做臺北市市長時，他請我在臺北市中山堂給一千七百多人的動員月會中做個「中美問題」的分析，乘那個機會我說出：「臺獨就是亡國。」因爲：第一，臺灣獨立，共匪一定來用武力佔領，因爲這是內戰，沒有其他國家會來幫助；第二，臺灣獨立，海外二千四百萬華僑決不會來關心，因爲這地方和他們沒有關係；第三，臺灣獨立，在臺的青年都會失望，因爲他們在臺灣無前途，到海外無關係，更無根據地；第四，臺灣獨立，無論從那個角度來看，是什麼本錢也沒有的：沒有歷史，沒有文化，共匪也不要他們，因爲他們卽是共匪的走狗，共匪利用他們已達到佔領臺灣的目的，還要留住他們幹嗎？所以臺獨呀！你們可快醒悟吧！

其次，不要再繼續一盤散沙的惡性循環，因爲我曾受過一次籌組「中華海外協會」的教訓：十四年前（一九七三——一九七四年）我曾經籌備組織中華海外協會，經過一年的全美奔走詢問，所到之處，幾乎所有的華僑都對我說：「毛神父啊，以你的聲望，登高一呼，大家都會來的，何況該組織的目的都是有益於世界華僑的，從美國開始，而加拿大，而中南美，而西歐，而東南亞，而紐澳等地，動員華僑力量，爲各所在國的華僑福利，爲祖國增加反共的力量，爲海內外中國人民建立一個文化的大中國。」一年以後，組織規章擬定了，也寄給他們了，周勝次也在場。許多收到的人都對我，或以電話，或以書信，或以代電，通知我說：「神父啊，最多一、二星期內，保證可以在我們地區組成一個小組，因爲你在美國所要的不過一百個小組。」但是，當他們請客進行籌組的時候，大多數在美國的中國人怎麼說呢？他們說：「我們什麼組織也不參加，我們既不要臺灣，也不要大陸，我們只要我們自己安居樂業。」哎！如果你只要自己安居樂業，你便保全不了你自己。你要曉得：在海外的中國人，假如祖國沒有力量的話，你所在的國家，人家就看不起你，你要找事做，他們就不給你，你要到高貴的地方，他們就要拒絕你……所以沒有強大的祖國，你們在海外的人可憐得很，精神痛苦得很，在此地不好，回國也沒有辦法，到那裏去呢？

有一次，我們一位朋友對我說：「神父！我在美國是等死。」我問：「你爲什麼那麼悲傷？」我接下說：「這裏待不下去可以到臺灣去啊！臺灣不是很好嗎？」他答說：「有苦說不出。」「什麼苦？」他不答。我於是說：「你看！我毛神父，當臺灣最危險的時候，在民國四十年，我先回去！看臺灣安定一點了，我就出來活動；臺灣危險了，我立刻又回去。你看，我沒有受害啊！我還是快樂地活著；你看我七十四歲啊，我還蠻健康，活得很有意義的。所以，堅定信心吧！愛我們的祖國吧！因爲假若我們不愛自己的國家，別人家是不會來愛的；只要你愛你自己的國家，愛的那麼熱忱，那麼堅強，別人才曉得聽從你的呼聲。」

演講的結論

中國是有前途的，中國將來應該是中華民國的中國，而不是共產黨的中國！（鼓掌）美國對於我們好壞在乎我們自己；我們站得住，他就支持我們，我們站不住，他就離開我們，我們一定要站得住，我們也應該站得住。請想：一九五一年我初到臺灣的時侯，幾乎什麼也沒有，今天，什麼都比從前好得多多的。既然如此，爲什麼我們還沒有信心呢？中美關係的展望是廣大的，而這廣大在乎我們自己努力；我們越有辦法，他們越來幫忙；我們越要他們幫忙，他們越不肯幫忙；這就是我今天應你們之命而講的話，謝謝你們！

演講的答問

主持人：毛神父又花了一個小時的時間，發表了一篇這樣精闢的演講，我想我們聽了以後，每個人的心情可以得到很大的鼓舞。只要我們站得起來，我們國家絕對有前途。毛神父對國家的貢獻，我們都很欽佩，尤其他照顧了很多留學生，而這些人在美國都很有成就。今天雖然有很多留學生沒有來，透過報紙，看到毛神父的談話以後，他們應該知道怎樣來回饋我們的國家，爲我們國家講話，爲我們國家做事，這樣才不辜負毛神父過去對他們的培植。

我們國家是有前途的，前途在那裏？就在每個人對我們國家的信心，如果每個人對我們國家有信心，國家前途一定光明。我們總統蔣經國先生曾經說過一句話：「不管在任何地方，任何時間，你要想愛國很簡單，就是說對國家有利的話，做對國家有利的事。」這是輕而易舉，尤其我們在海外，要常爲我們國家說話。怎樣爲我們國家說話呢？把我們國家的進步光明，告訴國際人士。剛才毛神父也講了，我們不能光在中國圈內交朋友，而要擴大範圍，跟外國人交朋友，將我國狀況給外國人多了解，爭取國際人士對我國的同情和支持，這也非常重要。今天聽了毛神父的演講，我國有一句俗話：「聽君一席話，勝讀十年書」，毛神父對我們國家的貢獻，在學術界，在社會各方面，都是我們所崇敬的。今天聽了他的話之後，更增加了我們對他的崇敬。最後再一次的謝謝各位參加，不知道各位有沒有意見要提出來，我們是演講座談，各位有什麼問題要問的話，我相信毛神父也願意做個答覆。

（以下由聽衆發問，毛神父作答：）

聽衆甲：據說林正杰在街頭遊行，參加者由林某每人當場發三百元臺幣半天，但在美國華文報上看不到這類報導。又爲什麼有十二位教授替林正杰講話？林正杰的遊行等種種行爲，既已違反戒嚴法，政府爲什麼不制裁他，我知道政府是在容忍。海外華文報刊只知道刊登恭敬政府的話。

毛神父答：政府是在容忍；選舉十之八九送紅包。今年選舉雖訂有費用限制，但不一定遵守，這是國人不守法。譬如取締攤販，警察來了攤販走開，警察一走，攤販又來，好像在捉迷藏。我曾說你們警察爲什麼不從兩面三面來，把攤販捉住，依規定罰錢呢？他們說：「神父！他們沒有錢！」這就是不尊重法律，沒有道德勇氣。我再講個故事，三十七年五月邱清泉將軍在南京請我吃飯，十二點半兩位空軍上校蹦蹦走來，我說你們軍官怎麼不守時間？他們說我們剛從前方回來，我問你們在前方投了幾個炸彈，他們說一個也沒有丢，我問爲什麼？「因爲都是穿老百姓衣服的，我們於心不忍。」我說：「完了」，徐蚌會戰馬上開始節節敗退，因爲共軍穿老百姓衣服就不忍炸呀！人民犯法一樣要辦，無論他們是裝著什麼狀態。譬如在臺灣有新約教會，時常與政府作對，我們政府就不知如何處理！其實宗教是勸人要避惡行善，如果以宗教名義爲惡作非，自當依法處置。我天主教所持的原則是，一切合法的權威都來自天主，我們都應該服從，而所謂「合法」即是合乎天道與人道也。所以十餘年前，有警務處外事室主任張漢光跟我商量說：有三位瑪利諾會美國神父搞臺獨，怎麼辦？我說：「你如有確實證據，你可以把他們驅逐出境，我一定支持你。」並不是做了天主教神父就可以叛國的。後來就把他們驅逐出境，大家都曉得這是毛副主教支持的。我時常跟政府打氣，可是有些人士怎麼打氣也打不起來……凡成爲一個知識分子者要有道德，沒有道德比野獸還厲害！有人要亡我們的國家，我們不好意思反對他嗎？中國人向來講情、理、法，其實應反過來把「法」放在第一，「理」放在第二，「情」放在第三，因爲法之成立應該是合理合情的，不然的話就不應該通過，更不該公布實施。現在報紙上似乎已經改過來了，我曾數度看到「法理情」刊登。多年來，我便如此主張，我相信：慢慢地會促成的。臺灣的民意代表與歐美不同：在歐美民主國家，人民去看自己選區的議員，很受尊重，因爲「老闆來了」；而在臺灣的民意代表，在競選時，千拜托萬拜托，一旦當選了，架子可大了……。

聽衆乙：林正杰初審有罪，可能上訴而不上訴，是存心否定法律權威。海外報紙對本案報導，太過著重對林正杰有利部分，我們理直氣壯的部分實在太少了。

聽衆丙：我是《世界日報》的忠實讀者，別人都改訂別的報，我仍看《世界日報》。我相信法院既判林正杰有罪，當然是有理由的，但報紙一直未將理由登刊出來，因此大家不知道誰是誰非？

毛神父答：幾年前臺灣討論優生保健法時，中國電視公司「九十分鐘節目」曾以此爲專題，有劉姓記者訪問我，問了很多問題，達半小時之久，該記者非常滿意，但播出時只用了我兩句話。第二天我打電話給該公司一張姓主編抗議，說：「你們做大衆傳播工作的人應該客觀一點，公正一點，爲什麼洪文棟主張人工流產合法，你報導得很多，而王德箴反對合法你報導得很少，兩位都是立法委員，何以作如此不同之差別，而我的意見，你只登了兩句話？」該張姓主編說：

「你們反對的人越來越少了，還有什麼希望呢？」我說：「少並不一定是失敗啊？對日抗戰時，汪精衛主和，附從的人很多，而　蔣公單獨堅持抗戰到底，不是得勝利嗎？」他說：「毛神父，我老實告訴你，歐美的歷史家都說，蔣介石是個大失敗者，因爲他堅持八年抗戰，把人民弄得窮得要死，所以共產黨才能取而代之。」我說：「你這種說法好像共產黨！」他竟回答說：「共產黨有什麼不好啊？」我說：「你這太不像話啦！」後來我見俞國華院長時，把這事告訴他，並要求他，叫這姓張的滾蛋。還有一個黃光國其人，爲文替中共一胎化政策辯護，並指責我們天主教文化協進會召開座談會，批評中共一胎化暴政的不當，經本人在《中國論壇》爲文駁斥，現在他的文章登得很少了，以前時常發表演講，也是《中國時報》的專欄作家，我問青年人可知道此人，他們說：「他很有名喔。」有名並一定是對的，我們要堅持眞理！

聽衆丁：請毛神父回去向王老闆（《聯合報》、《世界日報》發行人）反映華僑覺得國內的新聞報導不公正，我們理直氣壯的地方都不報導，使海外人士不明白眞相，我們人微言輕。

聽衆戊：《中報》在美國設了很多機器售報箱，而《世界日報》沒有，我曾建議過，據說不合算，收回的錢不够成本。我給王老闆寄過二次信，第二封是掛號，至今沒有答覆，除建議設售報機，並建議大量贈送給公共場所及宗親會，老人等團體。

聽衆己：《世界日報》廣告多，今後希望多登點專論。

毛神父答：這些意見我會告訴王惕吾先生參辦。

主持人：還有什麼意見？沒有了？我們謝謝毛神父！（鼓掌、散會）

本文係民國七十五年九月二十二日在洛杉磯華僑文教服務中心演講詞

刊七十六年三月號《龍旗》雜誌

二、人權的辯駁

今（七十二）年九月二十五日下午我離開臺北，乘中華航空公司班機直飛洛杉磯。又於十一月三日，由舊金山乘同樣的飛機直飛回到臺北，其間共為四十天，卻好與吾主耶穌在復活後留在世上四十天一樣。此行在洛杉磯停留四天，幾乎都是忙於拜訪和接見中美朋友，談論彼此兩國的近況和一年以來所遇到的變遷，其中有進步的，也有退步的；希望今後只有進步而無退步，則中美兩國人民間的友誼將越來越深厚，其實質關係將可勝於以往的正式外交關係，這並不是做不到的。

在拉斯維加斯——美國的著名賭城，我曾小住兩天。有些人還以為我是去賭博。其實我是應我的至交好友，前內華達州州長邁克．歐加拉罕（Mike O'Callaghan）及其他四十餘位美國友人邀請而去的。不過，在賭城我也花了兩個二毛五的美金銅板，投入吃角子機器裏，用手大力地攀下賭機的手臂，作兩次賭注，可是都不見有二毛五美金吐出來，那就算我對內華達州政府的些微貢獻吧。據當地政府人士告訴我，內華達州政府每年六十億美金的稅收，賭博稅收入竟達六分之五，所以有人向我提議說，神父回臺灣之後，可以向你政府建議，提倡這種生財大道而充裕國庫。對於這種意見，我惟有付之一笑！

到拉斯維加斯的當晚，邁克前州長就為我設了盛宴，約有八十餘人參加，席間並請我向大眾報告臺灣的政治、社會、經濟、文化、宗教方面的情況，因為聽眾對中華民國的一切都很感興趣，而對中國共產黨都極其討厭，這當然是受了邁克州長的影響所致，因為州長不特是我的至交好友，他也是我中華民國的好友哩。

此外，在拉斯維加斯尚有一對夫婦威廉·穆禮斯（William Morris）對我也特別的好，雖然我們相識不過一年。穆禮斯夫婦剛在當地用兩千萬美金買了一幢三十二層的大旅館，請我做該旅館的上賓，安置我住最豪華的一間套房，這使我感到戰慄，因為我這古稀之年的人，從未接受過這樣的享受，而且還給我一張貴賓卡，只要我簽名，這旅館裏的九家大小餐廳所有的菜餚與飲料，都可隨意選用，完全免費。可惜我在這家豪華大旅館（Land Mark Hotel）的兩天中，每餐都有朋友請客，但是到了最後的一天晚餐，我要求請我的朋友，讓我用一次貴賓卡，使我領受一下穆禮斯伉儷的深情厚誼。美國人對尊重他人的意願總是很隨和的，所以我能用貴賓卡享受了一頓豐盛的玫瑰牛排餐，還覺得口有餘香。

飛到休士敦，我住了三天，在那裏我的學生與朋友眞不少，而且都是虔誠的天主教教友，在此値得特別一提的是張蕾神父所主持的華僑天主教堂，目前有兩百多家的華僑教友家庭，幾乎都是高級知識份子，他們敬主熱心，曾請我於十月二日舉行主日的午時彌撒並講道，當天住在休士敦大城市的中國教友幾乎都來到了，擠滿了教堂，眞是一個大好家庭，一起參與中文彌撒，可嘉可慰。在講道時，我提醒他們：在海外不要忘掉祖國，敬主要熱忱而有恆，愛國要忠誠勿忘本，待人要正直與友善；在敬愛天主上，教友必要向三仇卽魔鬼、肉慾、世俗不時交戰；在忠信愛國上，教友亦須與國仇卽共黨、臺獨、姑息主義不併存。

七十一年雙十節國慶宴會上的謝詞

離開休士敦，就飛到紐約，那是十月四日，因爲七日是紐約中美聯誼會所舉辦的雙十節國慶大宴會，今我既繼于故樞機擔任了該會的理事長，我認爲應當前幾天趕到紐約，以免籌辦這盛會的人士牽掛，尤其是我的至友總幹事陳之祿神父。

在雙十國慶大宴會上，待一切演講與宴席結束之前，理事長必須致謝詞，我每次乘這機會都不忘給眾多的來賓贈送一樣爲中美人民與國家均有利益的禮物，比如去年是以三句大名人的名言爲禮物，那是：

㈠故羅斯福總統 (Franklin D. Rosevelt) 所說：「怕懼乃是一半的失敗。」今美國政府常怕共產黨，尤其是俄共，這怎麼還能戰勝共黨？因爲由於怕懼共黨，不是在未和他們交戰之前已經一半失敗了嗎？怎麼還能打這個仗呢？所以請各位來賓告訴美國聯邦政府：在反共大業上要有信心與勇氣。其實共產黨不足畏懼的，因爲它們作惡多端，必歸於天誅地滅。

㈡二十世紀以來，在美國公認爲美國最聰明者之一，故芝加哥總主教撒母耳・施底溪樞機(Samuel Cardinal Stritch)說：「那反對你們的人，是因爲他們深怕你們。」請問：現在世界上最反對美國的人不是共產黨嗎？俄共、中共，以及其附庸共黨，他們每天都在攻擊美國，不時造謠指控美國，破壞美國的善心好意，使美國爲民主自由的努力受到打擊；使美國爲世界人類謀幸福求和平的大計受到誤解，共產黨之所以反對美國與自由世界，是因爲他們怕民主和自由、仁愛與繁榮。既然如此，那美國政府爲什麼還要去遷就共黨，時時處處都顯得顧慮和擔憂，而不知以「不理」對付呢？這不是很奇怪的嗎？所以請告訴華盛頓政府，把共產黨當爲不值得理睬的東西吧！這樣共產黨就會自行滅亡的。

㈢第三句名言是當今教宗若望保祿二世在他尚未當選爲天主教教宗之前所說的。他曾經兩度由波蘭來到美國訪問，其中一次他到費城去探訪四十餘位由波蘭流亡來美的神父，寄住在聖嘉祿・鮑祿美爾大修道院。當時我們可愛的雷震遠神父也正在那裏，雷神父見到當時的伏依底拉樞機，就是現在的教宗，就送了一本他所著的有關中國共產黨的書籍《內在的敵人》英文本給他，伏依底拉樞機當晚把那書看了一遍，非常欣賞，第二天見到雷神父時再向他致謝並表示他要把此書帶回波蘭。雷神父問：「你不怕波共沒收它而因此難爲你嗎？」伏依底拉樞機答道：「我們並不怕共產黨，共產黨卻怕我們！」伏樞機並說：「但是和共產黨交涉與談判都是最麻煩而辛勞的，不過我每次與波共談判交涉時，我總不退讓，除非我從波共那裏爲天主教討回一些權利，我決不終止，因爲共產黨已把天所賦予我們的人權剝奪殆盡了。」這就是我們與共黨談判交涉的指南和應該遵循的途徑。但是美國聯邦政府，每次與共黨談判，俄共也好，中共也好，總是步步退讓，不僅把美國的權利，而且把我中華民國的權利幾乎都送掉了。請看中國大陸不是被送給共黨了嗎？假若中華民國不自己堅定立場，可能連臺灣也被送給中共了！哎！請勸告美國政府，今後與任何共產黨談判或交涉，必須牢記：只可以討回已失去的權利，絕不可以再退讓了，謝謝！

這番「謝詞」曾受到在場的三百多位貴賓熱烈鼓掌，觀察在過去的一年中，美國政府對中共的態度似乎比以往強硬多了。因爲美國人民一旦被說明了，就會立刻去行動，所以我中華民國應多向美國人民宣揚我們的國策與立場，不然共匪統戰陰謀爲害我國是難以預計的。

七十二年雙十節國慶宴會上的謝詞

今年十月初美國國防部長溫伯格訪問中國大陸時，根據各方面的新聞報導，他曾向中共當局許下了三件大事：其一是以美國精密武器售予中共，其二是美國與中共在軍事上合作，其三是美國對臺灣的武器出售將逐漸減少，直到完全停止。對於這三點，我曾鄭重地提醒了在場的貴賓深切注意，因爲這是害己害人的自殺作風。

首先我要求美國人民與政府記取第二次世界大戰時的歷史教訓。當時領導自由世界的美國，爲制止軸心國家的侵略，曾武裝了俄共以打擊德、意、日三軸心國家，結果造成了一個強大的俄共集權來赤化整個世界，來奴役整個人類，使美國今日不勝憂慮，不知如何維持民主，保護自由，安定世界，而今竟又糊塗到了以聯合中共來制服俄共。豈不知這正是把「一個」自由世界的勁敵，增加爲「兩個」大仇敵麼？因爲共產黨無論從那一個國家，那一個種族出產的，都是一丘之貉也。

上次美國武裝了俄共，希望他們來幫助自由世界打擊軸心國家，結果是引狼入室，弄得自由世界越來越拮据，處境也越艱難，因爲第二次世界大戰時，美國武裝了俄共，俄共竟用此批武裝去佔領了東歐諸國，到現在俄共的侵略行爲已延伸到廣大的亞、歐、中南美、非各洲了。今天美國政府還要去武裝中共以制止俄共，這不是重犯大錯嗎？且請想想，中共過去的騙局之一：當中華民國不得已而反抗日本侵略之時，中國共產黨卽向中華民國政府宣誓保證，爲保衛國家，抵抗日本，他們甘願與國軍合作，服從中央指揮，但中央必須負責完全武裝他們。當時中華民國政府完全信任中共，一切比照國軍待遇發給共軍，可是結果如何呢？中共接受了政府的武裝之後，不特沒有用一顆子彈去打日本，而卻去侵佔中國大陸，迫害中國人民，這是有目共睹的事實，凡是心地正直的人誰也不能否認！所以，諸位貴賓！這是可以預見的：假如美國政府如同溫伯格國防部長所公開宣佈的去做，則中共將用美國的武器先去佔領東南亞的自由國家，如印尼啦、泰國啦、菲律賓啦、新加坡等等，然後再來侵略美國。難道這是美國人民所要的嗎？難道美國人民不爲自己著想，不爲子孫著想嗎？這是不可能想像的！

對於在臺灣的中華民國一千八百萬人民與政府，你們也不會同意溫伯格那樣來對待他們吧！因爲美國人民與中華民國人民友誼深厚，彼此都互相友愛的（說到這裏，聽眾都齊聲鼓掌，答以「是」！）至於溫伯格部長要求中共買美國的精密武器，並不見得拿得到貨款，甚至中共還要用這軍火來進行侵略，而中華民國向美國華盛頓政府申請不知多少次購買精密武器，保證立刻付現並保證僅用於防衛臺灣的安全，至今美國政府仍未予批准，這眞是令「親者痛、仇者快」、「以友爲敵、以敵爲友」的怪現象！諸位！這就是中美聯誼會所贈予的禮物，聊以表示我們由衷的謝忱，諒諸位一定樂於接受吧！謝謝！

謝詞發表後的迴響

當謝詞結束時，大宴會上的羣眾反應，不僅是興高采烈的鼓掌聲，而且許許多多來賓都上前向我握手致謝。其中有兩人特別值得一提，因爲他們都問我幾時會到華盛頓去？當我答覆他們說：「十月十八日去，將住在總主教座堂，共有四天的逗留」時，一位就高興地說：「我要叫我的好友威廉・沙發耳（William Safire）《紐約時報》大名鼎鼎的專欄作家去看神父」，另一位則說：「我要叫我的老友歐倫斯德・雷福爾（Ernest W. Lefever）去找神父談話。」這可以證明來賓對我剛才所講的這些話是極感興趣的。關於雷福爾先生，在兩年以前，雷根總統曾提名他爲美國國務院助理國務卿主管人權問題的人選，可是因爲他是保守派，和雷根一樣，所以自由派反對得很厲害，結果未能通過，現在他是倫理道德及公共政策中心的創辦人與總經理（Founding President of Ethics and Public Policy Center）。

在紐約雙十節宴會後，過了兩天，我卽啟程赴新英倫五州去訪問，此後又到費城，而華盛頓、而西岸的舊金山等地演講，並接觸許許多多中美友好。對於這些地區的活動，如都發表就嫌太長了，所以只好從略。不過與《紐約時報》專欄作家沙發耳和雷福爾兩位先生的談話，卻無論如何不能省略，故在此簡略地一提：

我於抵達華盛頓不到兩小時之間，這兩位先生都先後電話約見我，我爲表示中國人彬彬有禮，親自到他倆的辦公室去拜訪了他們。先拜訪沙發耳先生，相談四十分鐘，在初見時，除了彼此請安外，我開口說：

「我想你的好友保祿要我們彼此認識的原因，是我在紐約舉行的中華民國雙十節宴會上的演講所促成的，你若樂意，沙發耳先生，我現在可把那篇演講給你簡略地重述一次，並請你多加批評與指教。」沙發耳高興地聽完之後，說：

「你的見解我完全同意，這對我們美國人眞是一個寶貴禮物。不過，我可以告訴你，毛神父！你們在臺灣的戒嚴法很使許多美國人不高興，因爲這是在此時的臺灣不必要的違反人權的作法！」

我回答說：「我們的戒嚴法根本與普通戒嚴法不同，它對人民毫無不方便，比如半夜三更，我們人民在外隨便跑來跑去，不會受到任何干涉。我們的戒嚴法其實是用來對付共匪的滲透、臺獨搗亂和經濟大罪犯的奸詐……你們美國爲自已國家的安全不是也有類似的法律防範嗎？這有什麼可使你們美國人不高興呢？對了，我們的經濟大罪犯大多數都逃到你們美國來了，這好像美國是他們的避難所，我認爲你們美國政府與人民都應該起來將他們驅逐出境才對。」

說到這裏，沙發耳顯得若有所思的表情，於是我接著問他說：「沙發耳先生！你是否認爲你們美國人對於人權的實踐是最爲週全的？」

沙發耳想了一會兒答說：「我認爲是如此！」

我表示：「我卻不以爲然」，接著又說：

「澈底地講來，美國在人權方面，有些地方還不如中華民國」。

沙發耳顯得很詫異，並坐直了身體，說：「請你講來聽聽吧！」

我於是很興奮地說：

「我只給你提兩件事實，以資證明。第一是三年以前，因著我們中國天主教文化協進會的努力，我們政府認定了宗教課應該准予在各學校教授，與其他課程一樣重要，但你們的政府在公立學校裏卻不許教授宗教課，也不許公開祈禱。請問：沒有宗教怎麼實行人權？因爲人權之所以高貴，人格之所以尊嚴，乃由於它是天賦的，天賦的人權是不可以由人侵犯的，其原因是「解鈴者必須是繫鈴者」，不然就是越權，就是侵犯他人的權利，豈可侵犯天權呢？更有進者，人格之所以尊嚴是因爲天主子降生成人，成爲我們人中的一員，把我們人的地位提升到天主義子的地位，這就是因爲天主子取了我們的人性，使我們分享祂的天主性，也因著天主子耶穌基督的降生成人，祂既是眞天主，祂又是眞人，而使得吾人因著居於天主父和我們人之間的耶穌能達到中國古人所講的「天人合一」的最高境界。現在你們美國不許在公立學校上宗教課，怎麼能使你們的青年認識人權？既不認識人權爲何物，又怎麼能實行人權，更不必說週全的實踐了！」

沙發耳聽了這番話之後說：「我們從來沒有想到這一角度。」於是我繼續說下去：

「還有第二件事實，更顯得你們沒有澈底了解人權，就是：墮胎殺嬰在美國是合法的，但在我們臺灣的中華民國卻是違法的，請認眞想想看，沙發耳先生！女人懷在胎內的嬰兒，雖尙未出世卻是眞正人的性命，你們每年打殺了一百幾十萬胎兒，這是最侵犯人權的慘重罪惡行爲，而你們的最高法院居然裁定是合法的，無罪的，這實在是無法無天的裁定。你們美國的許多人民對我們在臺灣的合情合理的戒嚴法竟感到不高興，這是什麼道理呢？不就是《聖經》上所說的：『假

善人啊！先從你眼中取出大樑，然後你才看得清取出你兄弟眼中的木屑。』」（瑪七5）

談話到此，沙發耳恭維說：「神父！你是一位大政治家！」我立刻回謝說：「不對，我是一個堅定信仰宗教的人。」沙發耳說：「神父！假若你講的各點，我有不清楚的地方可否打電話到你臺北教堂去向你請教？」「當然歡迎！」我答道：「在我名片上，有我的電話。」沙發耳說謝謝後，我就向他辭行，並說：「你與我都很反對共產主義，今後我們共同朝著這方向合作努力吧！」

依照預定的時間，我又趕到雷福爾先生的辦公室，雷福爾先生立刻出來歡迎，同時告訴我說：「因爲我們的好友庚尼斯從紐約來電話，說了許多有關你的事，所以我特別請了我的助理主任羅彼得·羅亞耳（Robert Royal）一同與你晤談，希望我們的談話不致在記錄上有所遺誤。」雷福爾既身爲倫理道德與公共政策中心的創辦人與總經理，他對世界各國在這些問題上既極感與趣，又十分關切。我與他相談了一點二十分鐘，有關中美兩國和世界的一些問題都曾涉及。在臨別前，雷福爾先生從他「中心」所出版的眾多書籍中揀了三本送給我，其一是 *Taiwan Pawn on Pivot*（《臺灣重要或不重要》），其二是 *America's Stake in the Pacific*（《美國在太平洋的利害關係》），其三是 *The Republic of China and U.S. Policy*（《中華民國與美國的政策》），三本書中的內容，因時間不够，無法詳述，讀者如要知道的話，我可借閱。

根據在美國見聞，最後我願提出兩點意見：

「㈠我們中華民國人民與政府，應該大大地加強對國外各方面的宣傳，務使自由世界所有的國家，都能眞正的認識我們，以增進彼此間的各種關係。㈡我中華民國政府與人民雖尙有許多當改良的地方，但我們也實在有不少優點，對這些優點，必須自己重視，不然外人是不會重視的，而且更要以行動去說服外人也來欣賞我們的優點，切不可因爲外國人批評我們不好，我們便自卑得不敢抬頭，說不出話，更不敢辯駁了，這是絕對要不得的。更有進者，決不可以爲外國的作法都是好的，外國人都是可靠的，外國東西都是値得採效的，其實這種態度完全是無知，完全是洋奴，完全不像眞正的中國人！謝謝。」

本文係七十二年十一月二十五日在天主教文協會理監事聯席會上報告

今年美國之行由莊自強記錄

附識：

本書凡引用《聖經》地方，均僅註簡稱，前頁第一行括弧內之「瑪七5」爲「瑪竇福音第七章第5節」，例如第52頁之「出二十四12—18」爲「出谷紀第二十四章第12至18節」。以下並同此例。

三、要維持香港現狀當加強臺灣自衛能力

搭乘華航班機直飛舊金山

七十三年九月二十三日我搭華航班機直飛舊金山。從前的總領事館現在稱爲北美事務協調委員會的副處長茅承祖來接我。他的第一句話是：「神父，歡迎！目前因着上次奧運會的比賽，不少華僑和留學生原來支持我國，現在有傾向共匪的趨勢，你看怎麼辦？我們的政府又該怎麼來對付？」我說：不要躭憂，我們自然有對付的辦法。我們中國人一向說謀事在人，成事在天，我在任何境遇上是更靠天主的。從舊金山到波特蘭留了兩天，再往西雅圖，在那裏因爲遇到主日，所以第二天，我就在華人教堂主持彌撒。我當然希望有好多人來參加，因爲據悉該堂區共有兩百多中國教友，可是當天只到了十七個中國人，其中五個是中國修女，不過我並不因此灰心。我對吉

神父說，也對五位中國修女說：你們不要學官僚作風，等待教友來看你們。你們應該一戶一家去拜訪教友，這樣他們自然就肯來參加彌撒。你們想今天只有十二個教友來盡應盡的本份，這像什麼？後來由西雅圖去紐約，因爲十月六日是我們中美聯誼會舉辦雙十國慶宴會的慶日。今年來參加的比去年多一些，有四百來人。美國人對我們的觀念並沒有改變，可是，中國人卻說：你看，大家都是中國人，中共在奧運會得到二十多塊金牌，得到不少銀牌，臺灣得到什麼？我說你們好勢利喔！金牌銀牌又不能吃，在共區行動不能自由，難道你們要受共黨控制？在紐約華僑舉辦宴會通常不用親中共開的中國餐廳，不過今年雙十國慶卻用了。我曾問主人何以借此餐廳？答說：老闆改好了。眞的嗎？紐約之後我去波士頓，那兒不錯，有二百多中國人來參與我主持的彌撒，也是在中午舉行。後來到紐澤西州數城訪問。再到費城，這裏有我從前創辦的教堂，人到得很多，教堂裏擠得滿滿的。我感到很欣慰。在華盛頓因爲不是主日，而且孫神父到臺灣來了，沒有人在，所以沒有在中國教堂做彌撒。後來由華盛頓又到佛吉尼亞州的數個城市訪問中美友人。由華府再飛到阿特蘭大城，收到一封叫 over night urgent letter 就是要連夜送達的信，內附有臺灣誓反教會一派的「聖山教會」於十月十日在《紐約時報》所登的大廣告，指控臺灣政府難爲教會。信是行政院新聞局駐紐約的代表王主任所寄。在信上他說：神父在紐約雙十國慶宴會中的演講是很合時宜而迫切與重要的，希望神父在周遊美國做宣傳演講時，能對臺灣的宗教信仰自由多多強調。其實這是我時常提到的，沒有問題。你們看由臺灣出去的一些誓反教，不三不四的人，他們不惜花五、六萬美金在《紐約時報》大登廣告企圖來毀滅我們中華民國政府。《紐約時報》各國看的人多，影響力很大，可是做生意的人，只要賺錢，眞假他不管，有廣告就照登。不過天主是愛我們的，因爲我們這裏還有不少好教友，熱心的神父敬愛天主，爲人類肯自我犧牲而服務，天主對這些教友和神父特別喜愛，因此也樂於保護他們的國家和同胞。

在中美聯誼會國慶宴會中演講

我在紐約中美聯誼會所主辦的雙十節宴會上演講，你們看《世界日報》、《中國時報》都有短短的新聞。這也是天主上智的安排，我這次旅程表中本來是不去福特滬（Fort Hood）的，原計畫去沙法拿（Savannah）看一位四十多年的老朋友，已經八十多歲了，事先去過信，不幸我正要去前聞悉他已死了，他的夫人因憂傷而出國旅行，其子女也有業務的約會出門去了，所以十月二十五、六兩天空出來了，那麼要到何處去訪問呢？因爲寶貴的光陰是切不可浪費的呀！於是立刻打長途電話到福特滬去，那邊的朋友曾經懇切地邀請過我今年去看他們，我因抽不出時間已經婉謝了，因此他們一聽到我現在又可以來看他們時，就很歡迎，並告訴我要爲我在達拉斯安排小飛機接送。福特滬是美國駐軍最多的地方，據說有六萬人。到福特滬的第二天晚上，有七十位將領請我吃飯並演講；以後到拉斯維加斯，前納華達州長，現爲拉斯維加斯《太陽日報》的副總裁 Mike O'Callaghan 他邀約了一批朋友歡宴我並請我演講。我在這三個地方，就是紐約、福特渥、拉斯維加斯演講的題目是：「要保持香港現狀，最好是加強臺灣的軍事防衛。」至於其內容與長短，都以演講時間的許可而轉移，不過，主要內容有以下三點：

中共對香港承諾不可信賴

第一，中共與英國現已簽了香港協定草案，維持一九九七年前的香港自由，中共並許下到一九九七年後至少還要給香港五十年的同樣待遇，維持現狀，保證民主作風和自由經濟。我可代表在臺灣的一千八百多萬中華民國人民向世界保證，假如中共在未來的六十三年中能信守對香港的承諾，我們中華民國對中共的答覆一定積極肯定地談判統一中國的問題。我們並不消極而很積極，決不是有些自由世界的人士所批評我們的：「你們臺灣對中共總是消極的答覆。」現在到一九九七年還有十三年，爲什麼英國要提前與中共談判？因爲中共對英國說：「你現在不接受我的條件，我立刻派兵佔領香港。」他們對國際條約向來不會信守的，中共想用香港作爲進佔臺灣的橋樑是不會得逞的，因爲中華民國一定抵抗到底，非把中共推入深海不止。假若在未來六十三年沒有完滿之前，中共想通過香港橋樑來佔領臺灣，則我可預言，在他們走到橋中間，橋一定會折斷，將他們全部沉到深海，古經上天主叫梅瑟領導祂的選民猶太人離開埃及奴役過紅海到福地去時，埃及的大批追兵就全部淹沒在紅海中便是例證。天主只要我們誠心並全心全力敬愛天主，做好國民，則天主一定會保佑我們的。所以，只要臺灣自衛能力雄厚，中共無從得逞，則香港就不值得中共特別優惠和犧牲利用了！

鄧小平比毛澤東還厲害

第二，你們當中有許多人，尤其是這裏不少中國僑胞們都認爲鄧小平比毛澤東好得多，而且，現在大陸上人民生活也不錯啦。我卻虔誠地告訴你們，現在鄧小平顯得比毛澤東更好是因爲他今天還不能全部控制中國大陸。我在過去五、六年，每年來美國訪問，到處旅行，也接觸到中共派出來的一些官員，因爲他們也希望爭取我。有的說：「毛神父啊！我還得快快趕回國。」我問他何必那麼急！答說：「我在國內有要務」。問什麼要務？答：「監視四人幫」，我說：「四人幫不是統統給你們關起來了嗎？」他答：「沒有唷，還有不少重要的職位被四人幫人把持着。」我們在外面根本不知道；此外，老的將領起碼還有三、四人不服從鄧小平，所以鄧小平要討好百姓，是爲使百姓幫他打倒這些惡勢力。等他拿到全權之後，他會比毛澤東更厲害，因爲毛澤東只會用中國土法子殘害人民，而鄧小平自十六歲以來便到法國去做共產黨的職業學生，專門研究共產主義欺騙人民的伎倆，所以等他掌握全權之後，他不但要用土法子壓迫人民，也會加用洋法子壓迫人民。所謂洋法子就如古代羅馬的皇帝，像尼祿啦、地奧克萊森啦、陶彌尼森等等和現代出名的像希特勒啦、莫沙里尼啦、史大林啦等等，到那時鄧小平眞相畢露，世界才曉得他多厲害，中國人可慘了，整個自由世界也可就悲慘了。

一國兩制又是騙局

第三，中共宣稱能實行一國兩制，這怎可能？這又是騙局，你們看俄國侵佔阿富汗，侵佔安哥拉，中共侵佔西藏，逼迫達賴喇嘛逃亡印度，到現在不敢回去，共產黨的本質就是一貫地專橫殘暴，怎麼能讓奴役與自由兩者併存？請看，他們就不願讓共產世界和自由世界和平共存！

有人問我：你這麼反對共產黨，根據什麼？我說：您問得很好，在五十年之前我在法國里昂大學攻讀哲學博士的時候，共產主義是我研究的一部分，就我研究的心得，共產黨是出於妒嫉，妒嫉自由世界的自由，妒嫉民主世界的民主，妒嫉資本主義國家的財富。妒嫉的人，必懷痛恨，他如得不到你的東西，就要設法破壞你、毀滅你。鄧小平自十六歲卽專務共產主義，今年他已八十多歲了，你還希望他能够改變嗎？豈不是做夢，這是非奇蹟不可能的！你們曉得我是天主教神父，在你們美國很重視自己的工作，而我的工作便是傳教救靈，我若不反共我就要失業啦！因爲你們知道共產主義是絕對反宗教的，所以我非反共不可，他們聽了都笑了。

若要和平當預備應戰

還有一位拉斯維加斯的州議員鮑樸先生站起來問道：「毛神父！中共現在並沒有足够的軍力可以侵犯臺灣，你爲什麼這樣迫切地要求買到精密而先進的武器呢？」我答說：「因爲我要世界永久和平，而要達到這個目的，凱撒的名言『If you want peace, prepare for war! 你若要和平，當預備戰爭！』顯然的，唯你能妥善地自衛，仇敵才不敢來侵犯你。以臺灣現況而論，我們若沒有遠勝過中共可用武力來侵犯我們的懸殊的自衛能力，則不特會引誘中共來攻擊臺灣，而且還會迫使在臺灣的人民向外遷移，因爲他們失掉安全感，這就是我何以迫切地要求華盛頓政府售予我們以精密而先進的武器，再別遲疑拒絕爲是。我希望這回答能使你滿意，並獲得你與我的合作，鮑樸議員！」於是聽衆除大聲鼓掌贊同外，也用語言來表示肯定。以上是我演講的主要內容。

協助雷根競選連任

此外，這次在美國，我也協助雷根競選連任，其策略和四年以前用的不同，這次專門批駁民主黨的候選人，說孟岱爾做美國總統不特無益於美國而且有大害，因爲他是人文主義者（Humanist），人文主義的目的是使國家世俗化、人民集體制；說到費拉洛，她是不正派的天主教徒，因爲她不守教規，竟主張可以墮胎，她想一面討好天主，一面討好魔鬼，這是不可能的！這次雷根當選連任後，美國聯邦參眾兩院議員有些趕快來訪我國，州政府官員到臺灣來的有四十位，參眾兩院議員也一批一批來了，還有更多的要來，他們對我國都表示友善。還有雷根總統和共和黨是反對墮胎的，他將有機會任命幾位最高法院的大法官，必有助於修正和廢止墮胎合法案。

在費城的中國城中共花錢做了個華埠大牌樓，當上海市長到費城訪問，雖有大場面的宴會，這些都是一些游移華僑與美國自由派人士所爲，卻沒有多大價值，我們只要依靠天主並自己多加團結努力，保證得勝。

對江南（劉宜良）被害的辯駁

我在美時，發生《臺灣日報》記者江南被殺案。江某曾寫了一本《蔣經國傳》銷路本來很差。被害死後他太太竟誣稱因他在書中批評了我們蔣總統經國先生，所以國民黨派人來殺死他，因此這書得以暢銷一時。有美國人問我對此事的看法，我說在臺灣有二十幾種黨外雜誌，罵國民黨，罵我們的蔣總統，報攤上隨便可以買到，我政府也不在乎，怎麼會派人來美國殺江南這個無名小卒？對這些謬論要立刻反駁，如不反駁，便會有人相信，譬如中共選手在洛杉磯奧運會拿到二十幾塊金牌銀牌，頗能吸引旅美華人，但只要稍加分析，便不致使華僑太重視此事：第一、因爲俄共和東歐附庸國未曾參加，使別國增加了拿金牌銀牌的機會，第二、我們已榮獲幾年的世界少棒冠軍，沒把金牌看得那麼神聖而中共則不然，第三、臺灣只有一千八百多萬人，怎能和有十億人口的大陸相比？第四、奧運當局不能主持正義向惡勢力低頭，不准我國選手以正式中華民國名稱參加，又不准升我們的國旗，選手心理自受打擊，當然會影響了士氣和成績。其實中共拿了不少金牌銀牌雖是好事，但不能提高人民自由幸福，增加國民所得，其價值究竟不大。

信賴天主支持政府

總之，這次在美旅行四十天，體察到美國人對中共的關係雖有增進，但相反的倒有更多的美國人更體察到中共的不可靠，而大部分美國人對我國人民的好感卻益發增加，雖然有部分旅美華人或多或少受了中共統戰花招的影響，難免有點迷惑，但只要給他們分析一下便不難導正，希望大家不要受中共的欺騙，多多支持政府，貫徹與中共不接觸不商談的既定政策，堅持以三民主義統一中國的既定主張；也希望大有爲政府不僅努力於經濟發展，也要致力於國民精神生活和道德水準的提升，最重要的是要信賴全能和仁慈的天主，謝謝各位！

本文係演講詞，由莊敬記錄，刊民國七十四年二月《益世雜誌》

四、四十天國民外交之一

編者按：在過去幾年來，時有人問及：爲什麼毛神父每年赴美主持在紐約的中美聯誼會所舉辦的雙十節國慶大宴會，其留美時間總是四十天，而從未或多或少逗留一些時期？關於這個問題的答案，毛神父說：除了爲天主的光榮，爲國家的公益外，美國對他不具任何吸引力，因爲他對美國看得一清二楚。

實在，在過去四五十年中，毛神父留美時，沒有不是爲天主、爲國家而生活奮鬬的。自民國四十年初，他由美國來到臺灣後，他每次赴美，沒有不是應國家需要而啟程的。諸如：四十四年春，應先總統　蔣公之邀而赴美去勸阻中國學人與留學生勿受中共之誘惑而回大陸去爲匪作倀；六十五年冬，雖其背脊骨跌斷後才三十五天，動身時身負鋼架，懷著疼痛，跛著腫腿，連有外科主任醫師的阻止，他仍不顧一切，毅然決然陪同五位立法委員、一位司法部長、一位當時的臺北市副議長，共同去美國爲國家想辦法，訪遍美國三十二州暨華盛頓特區，拜訪各有關政府主管，要求他們和他們轄區的人民支持在臺灣的中華民國政府與人民；六十八年年初，卡特總統宣布與我國斷交後，孫行政院長示意，由外交部長出面，請查良鑑先生和他同時直飛華盛頓，用近一個月的時間，個別拜訪美國參衆兩院議員，說服他們為中美兩國重大而遠久的利益，必須制定一個新法案，通過實施為是——那就是「臺灣關係法」。這個美國國家法律，在過去這幾年中，中共日夜都在圖謀使美國取消，但只要我們團結一致，為國家圖富強，為人民謀幸福，深信美國是不會破壞這個臺灣關係法的。

四十天的理由

說到我何以近七年來，自接任故于斌樞機擔任紐約中美聯誼會會長後，赴美主持雙十節國慶事，總是以四十天為期的原因，是因為我一生的動機，既是專務於天主和國家，就自然要以天主所好，我亦好之；以國家所需，我亦需之也。

天主對於「四十」這個數字，似乎特感興趣。在一本《聖經》裏，我可隨時引證天主以四十天四十夜完成與人之間的重要事務。但因篇幅的限制，我僅引述三件事實。㈠天主向猶太人的領袖梅瑟說：你上西乃山上到我臺前，留在那裏，我要將石版，即我為百姓所寫的法律和誡命交給你……梅瑟在山上停留了四十天、四十夜。（出二十四12.—18.）㈡耶穌降生為人，為拯救人類脫離魔鬼的奴役和死亡的桎梏，在公開宣講救世福音，救贖人類的工程之前，曾到曠野去四十天四十夜禁食，以準備完成救世，領人升天享永生永樂的工作。（瑪四、五、七章）㈢耶穌從死者中第三天復活，留居塵世四十天之久，給爲祂做見證的選民，講解天國的事宜，然後在他們觀望中被舉上天，有塊雲彩接了祂去。（宗一39、一○40）

現在爲我們的中國人民，脫離共黨的魔掌，獲得自由幸福，我爲追隨天主救世救人的榜樣，每次到美國去以四十天的時光，走訪十八到二十個城市。爭取在美人士的友情，幫助我們完成復國救民的大業，諒亦不無重大意義吧！何況因美國國家幅員之廣大，我是以每三年輪流訪問美國三分之一的有影響力的大城市的。當然，紐約與華盛頓兩地那是每年必到，而且時間花得比較多些。在我訪問的美國城市中，我慣常是以一半時間和中國人來往，另一半時間和美國人交談的。至於來往和交談的方法，和最有交情的中美朋友則以接受其請客餐聚晤談，其次則以接見與拜訪，再次則以團體作演講。無論聚餐亦好，接見拜訪亦好，公開向團體演講亦好，所言所行莫不以促成中美在各方面的友誼爲主題的。當然，餐聚的僅限於午晚兩餐，拜訪和接見則是上午八時至深夜十一、二時都可，還有早晨我都到一座大教堂去舉行彌撒聖祭，並在該教堂應主持者之邀請而共用早餐，以便與教堂的神父或主教攀談中華民國在臺灣的各種情況。所以我每年訪問美國的四十天中，因爲三餐都有人款待，吃得好好的，不特精神愉快，身體健壯，而且每夜可以少睡二三小時，亦不曾感到困乏疲倦，這眞是國內許多友好爲我多祈禱，蒙受天主多降福賜恩的效果，我是時刻感恩知愛不盡的。

今年的旅程

今年我所到的美國地方，論州有：加利福尼亞、伊利諾、密西根、紐約、康乃狄格、麻薩諸塞、新澤西、賓夕凡尼亞、馬里蘭、維吉尼亞、俄亥俄、亞利桑那以及哥倫比亞特區。論城市有：舊金山、芝加哥、底特律、羅契斯特、紐約城、新哈芬、烏斯特、波士頓、布魯克林、杜蒙特、費城、巴的摩爾、華盛頓、亞歷山大、克里夫蘭、哥倫布、達頓、辛辛那提、費尼克斯（鳳凰城）、洛杉磯。總計今年所到之州爲十二個，加上一個哥倫比亞特區；所到城市爲二十個。這麼多的州與城市的訪問，在四十天之內完成，卻不是走馬看花，而是實際與中美許許多多的舊友新朋，或個別、或團體的接觸，不僅是談笑言歡，而且是涉及兩國友情，促進和平交流，發展人類的幸福，這眞是多姿多采的人生，我竟不覺老之將至呢！

既經過那麼多的城市，又見到這麼眾多的人士，要想在這篇數千字的文章中都敍述出來，那是不實際又不可能的。所以我僅擇幾樣富有意義的境遇寫在下面，以供讀者分享。

抵達舊金山

今（七十四）年九月二十二日，星期天下午，我乘上華航班機直飛舊金山，這次飛行很順利，只花了十小時就到達。在離臺赴美之前，我曾給舊金山附近的兩位中國朋友寫了信，一封是致姜文鈞的，請她轉告在史旦福大學那邊的，近二十家我從前保送的留學生們，我今年來美時，雖然我去年曾答應過，今年一到舊金山飛機場卽先到你們那裏和你們相聚一天。但是與過去幾年一樣，我還是無法照辦，因爲葉其潤醫生，你們也都認識他，今年五月二十八日遇到大車禍，至今昏迷不醒，他的妻子，許蘊芳醫生給我來信說：希望我九月底一到舊金山，就讓她由飛機場接我去醫院看其潤，並望能因我的探視叫醒他來。在這種情況之下，救命勝於一切，我請你們原諒我今年又不能到你們那裏和你們歡聚。同時我也給蘊芳回信說：請妳於中華航空公司班機在九月二十二日飛到舊金山機場時，前來接我就去看其潤吧！

豈料，我到了舊金山國際機場時，尋來尋去也找不到許蘊芳醫師，又因爲除她之外，我未曾通知任何人我在此時抵美。正在此爲難時，遠遠地見到我駐舊金山北美事務協調會辦事處副處長茅承祖，因爲他身材魁梧，不特使人易於見到他，他亦容易看到熟人。當茅副處長見到我之後，立刻跑過來歡迎我，並問有沒有人來接？我答說：「有一位葉太太許醫生應該來到，但我卻找不到她。」茅副處長則說：「請神父再四面看看，她究竟來到沒有。」結果是未見其人，於是茅副處長親自駕車送我到華人經辦，而我一向所住的比華利巴拉沙（Beverley Plaza）旅館。

把行李放進旅館房間之後，我向茅副處長請示有關過去一年來，華人對中華民國的觀感。他給我大略的簡報之後，就對我說：「今天晚餐請讓我們夫婦來爲神父洗塵，因爲神父剛到，當不會先有所約吧！」我答說：「可以。」於是茅副處長對我說：「神父！您現在先安排您的事，我六點半和我的內人來此接神父好嗎？因爲她很想和神父晤談。」

於是，我立刻開始向中美友朋通電話，第一個電話給許蘊芳醫師，但電話響而無人接。其次就是向史且福大學那邊的姜文鈞作家打電話。我先向她和其他近二十家同學道歉，這次又不能親自去看他們；她立刻回答說：「神父，我們已約定有十個人開車到舊金山華埠皇后大飯店代表歡迎您，在七點鐘到達。」我說：「我已經答應了茅承祖副處長夫婦了，不行吧？」她說：「方琳不是有一封信放在您旅館嗎？」我看了看，果然有一封信。於是拆開一看，眞有其事。我乃建議說：「你們把茅承祖夫婦也請去吧！」她說：「請神父代請，我們十分歡迎他們兩位。」我於是結論說：「我會代請他們的，因爲你們有信在先，優先權屬於你們。」這件請客事就如此解決吧！她又說：「神父！七點以前我們會有人到旅館來接您的。」「既有茅承祖夫婦同來，你們就不必派人來接了。」

這件初到舊金山的境遇，再次證明了我常勸友人說的：「逆來順受，逆卽順矣。」不是嗎？一到舊金山飛機場，許蘊芳醫師未來接我是「逆來」，我雖爲此曾感「爲難」，卻毫無怨意，所以有茅承祖來「順矣」！再如兩方面的「請客」，先後有衝突，一爲面請在先，一爲函請在先，兩者之間似都有理，但能把兩者之「優先權」合併同先，使皆大歡喜，不是逆與順獲得相輔相成嗎？

無論如何，當時仍彌留昏迷中的葉其潤醫師為我最關切之人士。我到舊金山旅舍之後，在赴皇后大飯店晚餐之前，每十分鐘打一次電話給他的夫人許蘊芳醫師，但都只聽到對方電話響，而終無人接？雖然到了皇后大飯店後，見到十位史旦福大學那邊的男女學人，顯得若無其事，滿心喜悅，和他們餐敍到十點多鐘而無倦意，這是因為我每次做一件事都必以全心、全靈、全意、全力以赴的。

回到旅館時，正是十點半。我就立刻再給許蘊芳通電話。感謝天主！這次終於打通了！我就問她：「其潤怎樣？」「還是老樣子」，她悲哀地答道：「我請神父明天晚餐，然後再開車往醫院去看他，好嗎？」「晚餐明天、後天都已約定」，我答說：「明天晚餐，我儘快結束，請妳在八點半來旅館接我去醫院看其潤，祈望天主特別恩賜，能用我把他叫醒過來，就如妳給我的信中所期望的。」

九月二十三日晚上八點半，許蘊芳準時將車子開到我旅館前，我即刻上車同去醫院。途中花了一小時二十分鐘。進到醫院之後，先詢問護士，再向主治其潤的醫師查問。兩者的答覆都是一樣的：「仍在深沉的昏迷中！」此後即請我們進入其潤的單獨病房，我一直默禱，懇求天主賞他醒來。當我見到其潤，就喚呼說：「其潤！其潤！毛神父來看你了。」他竟睜開兩眼朝向著我，我於是緊握他的右手，一句一句地跟他講話，他似乎都聽懂了。許蘊芳和我眼見此情此景，都不勝欣慰，並默感主恩不已。我握著其潤的手和他講話，共有四十分鐘之久，其間，他曾深歎一聲，好像表示抱歉不能和我對談。之後，我向其潤說：「你累了，休息吧！我們要回去了。」他乃閉上雙眼。但在臨走時，我向其潤辭行說：「再見，其潤！」他又睜開雙眼，給我們送行，並顯得依依不捨的樣子。

在開車先送我回舊金山途中，我曾對許蘊芳說：「今後妳每次再來看其潤，他一定會越來越好，雖然不會太迅速，因爲他受的內傷實在很嚴重。」果然，我十月二十六日在鳳凰城給許蘊芳打長途電話時，她曾告訴我說：「神父就如您所說的：其潤眞是每次我去看他，都顯得更好些，但是相當慢呢！現在您又要回臺灣去了，眞使我感到無依無靠！」

飛到芝加哥

九月二十五日上午，舊金山時間早上十點零五分，我乘上美國聯合航空公司班機直飛芝加哥。到達時，已是芝加哥時間下午四點鐘了。唯一請好到機場來接我的是，一家美國人，姓名Ron Nielsen。他們一家五口都來到機場歡迎，並請我先到他們家裏略事休息，然後待他們的長輩：父母、伯叔、姑姨等到齊後，請我到一家高雅的美國餐廳晚餐。他們都是我的老朋友，所以對我中華民國特別友善，而對中共十分厭惡。

在芝加哥，我住在亞來東旅館，位居北密西根河邊，風景優美，交通方便，易於中美朋友前來看我晤談，而且芝加哥總主教座堂，步行只需十分鐘，爲我每天早晨舉行彌撒聖祭很方便。這座旅館的英文名稱爲Allerton Hotel。

第二天早晨六點鐘，步行到聖名總主教座堂做彌撒，一進更衣所就蒙總主教親自歡迎，使我不勝驚喜，因爲他還是伯納蒂樞機主教，而且也請我做完彌撒後，到住宅五樓用早餐，他要在餐廳等待我互談別後的三年。

上樓進餐廳後，總主教請我坐下和他同進早餐。他開門見山地對我說：「據說：現在臺灣的天主教影響力很大。」我答：「我不敢這樣想，不過我們在臺灣的公私立學校裏可以上宗教課程，而且墮胎是違法的行爲，要受刑法制裁的。」「我們美國還辦不到這兩件事，你們的國家眞令人敬佩。」總主教稱揚說。我又加緊說：「不特此也，我中華民國反對共產主義的制度乃是全世界最積極的，但需要自由世界和我們徹底合作，以促進世界正義與和平。尙請總主教多加幫忙，督飭 貴總教區的神職與教友在反共上向我們看齊！」坐在旁邊的一位蒙席插嘴說：「不是鄧小平把中國搞得好好的嗎？」我於是借此機會大談鄧小平的統戰陰謀是最高明、最令人受迷惑，絕對不可輕信的！

再飛底特律

底特律大城爲美國汽車工業中心，我已經有十二年未曾往訪了，因爲在過去這些年中都找不出時間。不過去年十月中旬，當我在華盛頓訪問時，有五位底特律的代表曾向我說：「您在底特律的眾多朋友都很想念您，認爲您是把我們遺忘了！」我急忙答道：「這是不可能的，只是時間不够應用耳；請轉告大家明年九月底十月初，我一定來看他們，因爲我實在亦常想念你們呢！」所以我這次到底特律飛機場，就有十位中美代表來歡迎，並爲我在羅契斯特設了中餐晚宴，使我和一羣中美朋友歡聚，大談臺灣的各種情況，眞是高興。

第二天晚上，九月三十日，有四家美國朋友合請我在一所極華麗的西餐廳晚宴。他們都是五十左右年齡的，成了家立了業的上等社會人士，每家也都有了子女七、八個。他們的父母都是我的老友，不過父親過世已近二十年，而母親雖尚活著，但因七次中風，已經好幾年不能說話了。他們兄弟姐妹都請我不要去看她。我則堅持非看她不可，不然我不要和他們共筵席。畢竟，他們的老三，係一女兒，婚前之姓名爲（Ann Cosgrove）安·戈斯羅佛，婚後則爲（Ms Victor Henning）維多·亨夫人。在晚餐前一小時，她帶著她的母親於六時到來接我。當時她的母親單獨坐在車子後面，請我和她同坐在前面，我則婉辭說：不，我要跟媽媽同坐，因爲我們是老朋友，而且已有十二年不相見了。我坐進之後，很熱烈地和戈斯羅佛老太太握手，她似乎反應不快，但卻滿意地微笑著。我立刻放了一粒中國紅丸子到她嘴裏，並向她保證說：在半小時之後，她一定能開口說話。待我們到達底特律城的皮巴蒂豪華大旅館時，我扶著戈老太太進入預先訂好的餐室時，她的兒女們和他們兒女們較大的子女們都先到了。當我見到每人滿面笑容，使我頓時覺得好似神仙中人，因爲這滿堂的三代大小主人都以我爲貴賓，而成爲中華民國的忠實支持者，我該如何借此良機，向他們講述我的國家與人民以及他們所懷的民主自由，世界和平的熱情與希望呢！

等大家都坐定了，威廉戈斯羅佛以長子與首席主人的身份向我說：「神父！請告訴侍應員您歡喜吃什麼？」我卽刻說：「我要鯉魚」，戈老太太跟著也說：「我要鯉魚」，她的聲音旣清晰又響亮，使周圍的人羣聽到了都不勝驚喜，都認爲這是奇蹟，我則改正說：「這不是奇蹟，而是中國藥丸的功效！」他們都好奇地問我：「這藥丸叫什麼名字？」我卽示一瓶有英文解釋的藥瓶 Yunnan Paiyao，並告訴他們在舊金山中國藥店可以買到。

從此之後，戈老太太在這餐室裏，自晚七時至十一時都紅光滿面的與我和她的四個子女及這四子女的妻子與丈夫坐在一桌，吃著、喝著、談著，毫無倦意地，隨時在我們的談話中，挿進幾句話，使人深信，她今後講話不成問題了，這是多麼大的一個復原，更是多麼好的一個紀念。我因此多次跪謝天主所賜宏恩，並更懇求祂賞賜我中華民國光復大陸，使所有中華人民重享於正義的和平，實在的自由，眞正的民主！

已經深夜十一點過了，我不能不向這一羣好友辭行了！於是向他們一一握別，戈老太太很不捨得讓我走。其依依不捨之情，令我滯留了一時。但到了十一點一刻，她的長子威廉已將他的車子開到旅館大門口，我乃急速上車，請他把我送到我住處的美國朋友家中。

這家美國朋友，若望・裴瑞斯（John Burns）先生已於數年前逝世，夫人的娘家姓名爲賈祿琳・施能麗（Carolyn Sinelli），她曾擔任過卡特總統在白宮時其太太嘉洛琳第一夫人的主任秘書。她現在專務於窮人和孤兒的慈善事業。現有其妹若瑟芬與她住在一起。這位若瑟芬妹妹曾擔任美國第三大汽車公司（Chrysler Automobile Co.）克拉斯雷董事長的主任秘書有二十五年之久，現已退休。所以我在底特律的三天繁忙日子中幾乎來來去去都是由她開車子接送的。這兩姐妹的大家庭，卽裴瑞斯與施能麗的三代親友都是我的好朋友，尤其若望・裴瑞斯與賈祿琳在四十三年前，盛大結婚時是由我主持典禮的。這兩位姐妹的幼妹維溪尼亞和德撒洛先生（Terzano）結婚後，生有八個子女，現在均已長大有成，其中有三人都在華盛頓聯邦政府服務，或在國會山莊做參議員的助理。我近年來每次在華府時他（她）們都必來看我，相談他們父母和親戚的事宜。

又飛紐約城

那是十月二日的傍晚，當我飛抵甘廼廸國際機場時，唯一受通知來接的，是我五個兄弟中唯一尚生存的五弟振耕和他的太太鄭開瑛，當然，這是最合乎需要而實際的作法。另需一提的，我到達紐約的時刻，事先亦寫信告訴了在紐約中美聯誼會默默擔負指揮一切業務，身任秘書長總幹事的陳之祿神父，他不特是我的至交，而且我們還是羅馬傳信大學的同學。他留居美國的四十年中，可說自始至今，我們都是同事，諸如向美國華僑傳教，服務中國留美聯誼會的興辦等等，他都是和我相輔相成的。

我在紐約的忙碌是可以不言而喻的，但主要的事是主持中美聯誼會所主辦的雙十國慶盛大宴會。關於這宴會的經過，我簡單地，抄下十月六日美國《世界日報》所記錄的實情實景，一言不加，一字不減如下：

「中美聯誼會及中華文化協會四日舉辦雙十國慶餐會，有三百餘位中美嘉賓參加。紐約州庸克市長奧文（Ervin）獲得這兩個團體頒發的『于斌樞機』紀念獎牌，以表揚他對促進中美兩國友誼的貢獻。

奧文市長說，庸克市逐漸步向國際商業城市，他深知中華民國快速的進入工業國家，在國際貿易上可以以庸克市爲中心，發展美國東北區的貿易，他也代表庸克市民，祝賀中華民國國運昌隆。

這項在第一酒樓舉行有三十多年傳統的國慶餐會，爲本年一連串國慶慶祝活動展開了序幕。餐會主席史密斯在致詞時說，中華民國在政經、文化方面的突飛猛進不只是亞洲國家的楷模，也是世界各國所應該學習的對象。

餐會在愛爾蘭裔的布瑪利女士母女二人合唱中華民國與美國國歌聲中開始，布氏母女字正腔圓的中華民國國歌，獲得全場歷久不斷的掌聲。

專程來自加拿大參與盛會的莫瑟神父於祈禱文中說，願上蒼福祐 蔣經國總統身體健康，中華民國國運昌隆，早日使得十億中國人民都能享有政治、經濟與宗教上的自由。

頒獎儀式由中美聯誼會會長毛振翔神父與鄧權昌處長主持，由奧文市長親自接受，他說『于斌樞機』紀念獎牌不但是頒給他本人，也是頒發給庸克市所有的市民，更象徵了中華民國人民與美國人民深摯的友誼。

毛振翔神父報告中華民國近況時說，中華民國決不從維護人權、對抗國際共產主義的前線上退縮，雖然中共不斷的宣稱不放棄武力攻打臺灣，中華民國政府及人民決不會因此放棄爲十億中國人民爭取自由的責任。

他說，儘管美國境內的中共遊說團，不斷的以各種方法，企圖損害中華民國與美國的友誼，打擊中華民國的聲譽，但是他深信由於中美兩國人民對自由、民主、宗教信仰的共同體認，中共的伎倆將無法得逞。

美國《神學》雜誌總編輯貝克神父介紹中美嘉賓，包括紐約州勞工關係局局長拿文、州眾議員布朗司基、李約瑟法官、名律師魯賓、巴里奧、曼哈坦保守黨主席林耀浩、鄧權昌處長、李立波主席、伍千鈞委員、王曉祥主任等。

餐會由六時起至晚間十一時結束，參加的貴賓並在樂隊的伴奏下翩翩起舞，齊祝中華民國國慶。」

《世界日報》發表了這消息，同時還刊出三人的大幅合照，即北美事務協調會紐約辦事處處長鄧權昌與中美聯誼會會長毛振翔神父共同頒獎給奧文市長。至於其他報章有關此新聞的登載，恕不贅及，因爲佔篇幅太長了。

乘車赴烏斯特市

十月八日上午乘車往烏斯特市，途經康乃狄格州的新哈芬城，事先卽與當地的八、九位中美好友，約定在一家旅社餐館午餐聚談後，當卽繼續乘車趕赴烏斯特的約會。所以行程匆忙，只有如此溫暖友情而已。

到了烏斯特，直駛烏斯特州立學院（Worcester State College）。立刻見到闖上來歡迎我的四位熟朋友，卽該學院院長斐利伯·D·伏依羅（Pbilip D. Vairo），烏斯特市市長（Joseph M. Tinsley）若瑟·M·丁斯禮，烏市商會會長威廉·G·史可拉（William G. Scola）和州議員達尼爾·丁·方理（Daniel J. Foley，他們陪同我進入學院大禮堂，有一千餘老師與學生站立著候我上臺，頒我以「人道卓著成就金質獎牌（Outstanding Humanitarian Achievemts)」並請我演講。我除先感謝烏斯特州立學院院長外，也感謝州參議員、市長、商會會長，以及在場各位中華民國之友。並說：我今天所接受的榮譽獎牌是代表在臺灣的中華民國一千九百餘萬人民而接受的。我的講題是「世界和平的方略」：

「今天的世界分爲兩大陣營，就是半個自由，半個專制，自由以美國爲代表，專制以蘇俄爲代表。但是，代表自由的美國卻不專注自由，而代表專制的蘇俄，卻一心於專制。自由也，專制也，兩者是不能同時同地並存的，也不可能隨時隨地妥協。不然自由就難免受專制破壞，而同陷於專制，猶如好菓子和爛菓子混在一起，結果只有好菓子成爲爛菓子，決無爛菓子成爲好菓子一般。這是昭然若揭的道理。

世界要和平，必須有眞自由；要有眞自由，必須以正義爲基礎，以仁愛爲手段。仁愛中要有正義，正義中當涵仁愛，不然正義卽不能存立，仁愛也無從實現。

那麼要獲享世界眞和平，應該用什麼方略？我認爲今天的西方似乎提不出好辦法，因爲西方人太多正反主張了，還是讓東方來貢獻吧！

在中國最古的五經中之一《易經．繫辭》有言：『三才者，天地人』。而《易》之爲書也，廣大悉備，有天道焉，有人道焉，有地道焉。無論天道也好，人道也好，地道也好，這三者對於世界的和平都必須彼此相聯合，同時受吾人之尊重，隨地分層負責，分工合作。不然，若偏重其一，藐視其他，則吾人雖爲萬物之靈，若想締造眞正世界和平，那是無能爲力的，結果等於緣木求魚。所以吾人假若眞要世界和平的話，則必須深究這三位一體的大道，否則其間緊密聯繫就無從了解，更談不上實踐其中之奧蘊德能。

說到關係，顯然的，人與天（主）之關係當是精神的，人與人之關係當是道德的，人與地之關係當是物理的。由此，可以妥善說：爲促進人與地之關係，應竭盡所能發展科技，爲促進人與人之關係，應殫精竭慮發展倫理，爲促進人與天之關係，應全心全力發展宗教。且看，今日世界人類，其偏重於物質發展，幾乎忘掉倫理與宗教！大體說來，只知經濟要繁榮，肉慾要得逞，那管倫理道德，什麼宗教信仰！如此，怎能促進世界和平呢？因爲貪圖感官享受，不顧天道人道，那裏還能推己及人？卽使有眞仁愛之施捨，有眞正義之執行，那是極其少數之人士耳，其行其道難以制邪惡！所以爲感謝諸位對中華民國的友情厚誼，我以上述之建議作爲回饋！」

之後，丁斯禮市長就陪同我前往市政府，在那裏有二、三十位市政高級官員在等待我。首先丁市長贈我以市政府金鑰匙，我接受後，卽席向丁市長和在場的官員們致謝說：「現在市長把你們的鑰匙交給了我，你們可要小心，因爲我隨時可以來監視你們的。」他們都笑了。在市政府晤談約半小時，大家坐下喝咖啡，用點心。

在市政府，除了丁斯禮市長須留著主持市政會議外，其他三人，卽伏依羅院長、方理州參議員和史可拉商會長，卽與我同車前往烏市最高貴俱樂部休息。晚八時，丁市長和市警察局長同來到後，我們六人卽入席晚餐，一齊吃吃談談，尤其談到中美關係，中共統戰陰謀，華盛頓聯邦政府拉攏中共以對付蘇俄等等，大家都極感興趣地交換意見。不知不覺地竟持續到半夜三更。

彼此在告別之前，他們請問我「今夜神父可選擇住處，因爲兩處都已準備好了歡迎您！卽神父寧願住在豪華旅館，抑或伏依羅院長家？」我立刻答道：「伏院長家，因爲我很希望能拜訪伏夫人和他們的子女。」伏院長於是顯得異常高興地接我到他家中。

第二天早晨，我五點起身，盥洗之後，卽整衣祈禱，然後唸我的「日課經」，並靜候在六點半時由伏院長駕車送我上教堂舉行彌撒聖祭。七點半史可拉會長親自來接我去和他出席早餐會，使我有機會和烏市工商界人士相識面談，十點鐘，史會長親自駕車送我往波士頓。到時，適爲午餐時間，預先得到通知的李凡夫婦、陳銹夫婦都先到李凡夫婦家等待著我。史可拉和我們一起午餐，我於是給他簡介了李凡爲廲州工學院電子系名教授，曾有多種新發明，我請李教授自己來說明，至於李夫人也是多才多藝的碩士，賢妻良母；至於陳教授，他是波士頓學院資深物理教授，其夫人爲化學碩士和六個子女母親。史可拉聽了他們兩對夫婦的學業與成就之後，不勝欽佩，因爲他自己也是一九五七學年的廲州工學院畢業生，所以他對李凡教授的卓越成就，尤爲敬佩。我在波士頓僅有一天半的逗留，所接觸到的中國學人雖不能說少，但與當地的中國居民相比，眞是少得可憐。

飛回紐約轉新澤西州杜蒙城

因爲在紐約中美聯誼會的雙十節國慶宴會上，我北美事務協調會駐紐約處處長曾親自送我請帖，要我於十月十日晚上一定參與我政府所主辦的雙十節盛大酒會。我因曾經當面答應鄧權昌處長必來慶賀，所以我必須當天下午五時由波士頓飛回紐約，並婉謝了波士頓同樣辦事處的邀請。

何況十一日爲我五弟振耕的生日，這一天也是我至交陳之祿神父的華誕。

我此次在紐約的五六天中，連和我唯一在美的胞妹振蓮僅得在中美雙十節宴會上談了幾句話，因爲在當時我是三百多位貴賓所要晤談的對象，因此，十一日，我將可一舉三得：五弟生日、陳神父華誕、胞妹相談，尤其要聽聽她新近回大陸去探親之後的感想。

豈料，陳神父和我駕車到杜蒙城五弟同慶生日時，五弟妹向我說：振蓮小姑因重感冒，今晚不能開車來與我們同慶祝她五哥的華誕。我聞悉之餘，深感遺憾，因爲要去慰問幼妹嘛，時間不許，就是開車也要二三小時，所以只好等待明年雙十節來臨時再見了！

乘火車到費城

十二日，我午餐後卽起程赴費城小住。到車站時，陸英耕爵士，飭其孫兒女來接我。他們是臺灣福樂公司總經理陸欽豪與李紹芬夫婦的子女，現在美國求學，都很聰敏勤勞而好懂事的優秀青年。他們的祖父母，每年當我一到紐約，都必打長途電話，請我務必到費城一行，而每次到費城時，他們賢伉儷都必要請上二十幾位我的朋友，歡迎我；並大家在他們府上晚餐的，這次我在費城住了兩個整天，接見和拜訪了七十餘位中美朋友。在費城，我總是樂於住在四十六年前在中國城我所創辦的救世主天主堂的，可是這一次卻被一位美國聖若望天主堂主任，雅各伯．但佛臨蒙席（Msg. James V. Devlin）所懇請而住在他教堂內。不過，這樣亦很好，因爲他教堂內有十位神父居住，且每天早晨參與彌撒聖祭的教友很多，我得乘此良機和他們多談談我中華民國的事宜。

再乘火車赴華盛頓經巴的摩爾

十五日晨，我先到巴的摩爾，順便拜訪一些中美老友，因為時間匆促，除午餐時聚晤交談外，其他的一些友好只能用電話問候，談些雙方個別的近況。晚上八時到了華府車站，唯一約好且每年都必到火車站接我的陸增禮君，居然不見露面。我只好叫一輛計程車送我到總主教座堂。此堂主任蒙席路尹士・V・昆冷（Msg Louis V. Quinn），他是總主教的代表，也是我的老友，他對我好極了，每次遇到年輕神父不懂臺灣的實情而誤解時，他沒有一次不和我站在一起替臺灣辯護的。那一向來接我的陸增禮君，因未曾接到我的信，並無其他意外，使我安心。

我這次在華盛頓共留了三天，在此期間，除掉和美國國務院的，前世界美各大使館總監督，現任國務院外交官訓導長，羅伯特・華斯卡（Robert Waska）及其夫人佛蘭西絲（Frances），亦在國務院任職。蒙他倆以牛排餐款待，我們共談了三小時有關美國政策今日的實情和未來的趨勢，尤其是有關中國大陸的中共與臺灣的中華民國；我亦拜訪了十幾位參議員和眾議員，諸如：賴克治（Paul Laxalt）、黑爾墨斯（Jessie Helms）、眾院多數黨領袖來特（James Weight）、議長奧尼爾（Tip O Neil）、眾議員啥利・利德、我駐美北美事務協調會代表錢復博士等，我都跟他們長談中美關係的近況。至於其他許許多多的中美朋友，我只能儘量接觸，但無法一一顧及，這是因爲時間不許所致，我唯有遺憾了。

在華府時，我亦到過維吉尼亞州的亞歷山大，爲應華僑之餐會，他們夫婦兩人孫傑與愛倫(Jay And Elaime Sun) 是從前我在芝加哥城開教時信奉天主教的。他們二子一女都已長大，而他們夫婦現在美國聯邦政府工作，職位都相當稱心。

飛往克利夫蘭城

十八日下午離開華盛頓飛往相別十餘年的克里夫蘭城。到機場時有中美代表前來歡迎，中國代表爲張海亮，美國代表爲若瑟．M．華爾頓 (Joseph M. Walton)。他的父母雖已過世，卻是我的老朋友。他有六個兄弟姐妹，他自己也有八個子女。其中除最幼者外，均已成家立業，各有好的事業。他夫妻請我作家中賓客，我當然樂於接受。

到後第二日，華爾頓夫婦爲我設了一個百餘來賓的鷄尾酒會。所請到之人士，大半我都認識，但除張海亮夫婦和宋后楣女士外，其餘都非中國人。

在酒會上，我給來賓報告了在臺灣中華民國的政治民主、經濟繁榮、文化興盛、教育普及、社會安定、宗教自由，他們都聽得津津有味。

華氏不特兄弟衆多，子女繁茂，而且在克里夫蘭城頗具影響力，人事關係似乎無往不利，我能在他們府上作客，可謂爲中華民國幸矣。自他們的先父母以來，華氏郎慷慨好客，所以我在他們家住時，他們對我慇勤招待，使我有賓至如歸之感。從克里夫蘭到俄亥俄州的其他三大城，如達頓、哥倫布、辛辛拉提，都是由華爾頓派專車與專人接送我的。爲此在十月廿日——星期天，我曾先求得他本堂區的主任神父准許，當天在他們家中的大廳裏，爲華氏大家庭做了一臺感恩彌撒，爲他們求恩，爲他們祝福。當時來參與彌撒聖祭的教友有六十餘位。他們都是世代教友，敬主虔誠。

專車送我到達頓城

在達頓城我住了一夜。當我的車子到達時，已有二十餘位中國男女學人和留學生，在陸毅民和賴文裕府上等我好久，因爲行兩百餘英哩路程，遇到交通擁擠時，難於預計時間！幸好，這些中國學人與留學生，富有中國人的傳統忍耐美德，對我的晚到，毫無怨意。因此，我一到後，承賴夫人陸毅民女士告訴：晚餐業經齊備。我就宣布說：「諒諸位肚子餓了吧！現在就開始自助餐，以後再長談，好嗎？」在場的人都鼓掌「讚同」。

晚餐後，我請他們發問，無論任何有關他們的問題，凡我所知的，我都會一一答覆，決不保留，亦無顧忌。因此直到深夜十一點鐘才行歡散。由他們所發問的問題中，我可以發覺，留美學人與留學生，對海峽兩岸的中國，最希望的事爲統一。但對統一的道路，因他們受共匪統戰陰謀的宣傳影響較大，而對我中華民國的以三民主義統一中國的國策，聽到不多，或根本沒有聽到過，所以他們難免誤解，或竟以爲大陸共產黨是爲國爲民著想的，而中國國民黨則是爭權奪利的政黨而已。所以我們必須加強和注意對海外僑胞的認眞開導，不然是難免後患的。

第二天早晨，我到教堂做彌撒時，曾經爲一位劉姓的中國學人的小孩付洗禮，因爲這小孩的母規是我從前板橋聖若望堂的教友。當時有七位中國學人參與我的彌撒和付洗禮。其中一位賴文裕教授很受感動，此後他要他的兩個高中生的女兒，研究天主教的道理，並預請我明年十月來美時，爲他的兩個女兒付洗禮。我則答以她們要經過我考試合格，我才肯爲她們付洗禮。所以她們在這將來的一年中必須時常用心研究天主教的道理，遵守天主教的規誡，然後才能蒙天主恩賜，獲享受洗禮，成爲天主的女兒。她們兩人都當面答應了。我並對賴教授說：「你也應該準備皈依天主教，開始研究天道，這樣你才能使你的女兒們成爲眞正信奉天主的人。」

這位賴教授，係「來特州立大學」企業管理系的資深教授。他時常到中國大陸去講學，而且是義務的。我問他爲什麼如此做？他回答我說：「因爲我是中國人，應該爲祖國有所奉獻。」我建議說：「那你亦可同樣來臺灣有所奉獻，因在臺灣的中華民國人民與政府正代表著中國五千年以來的文化與歷史，而中共政權卻破壞了中國所有一切優良傳統！」他認爲這是對的，可是鄧小平現在已使大陸人民都可以吃飽，逐漸地改良人民的生活，慢慢就會恢復中國新文化的。我說：「那是絕對不可能的，因爲共產主義的本性是反天道，無人道的，何況鄧小平從十六歲時，卽在法國成為共產黨的職業學生，精專共黨騙術，以鞏固他個人的權勢，而行他的獨覇專制。你豈不知道，最近他強迫了許多老將領，老黨官引退，而他自己到了八十多歲，還要猛幹下去，這怎能令人心服？」他說：「對了，我們來特州立大學（Wright State University）派我於今年十二月初領十位美國學生到北京去作三星期的交換考察，我曾建議學校當局說：在北京過了三星期後，我要領這十位學生到臺灣去觀察三天。豈料經過與北京商討之後，他們（北京）竟然反對！」我說：「這足以證明，中共怕你們見到臺灣之後，相比之下，會發覺臺灣乃是眞正的中國人民所要的，決不是共黨政權下的大陸呢！所以你應該先去向北平共產當局說明：你們既然口口聲聲說：『臺灣是你們中國的一省』，那為什麼不讓我們去看看呢？是否怕我們去看了臺灣之後，會顯出你們在欺騙我們呢？看他們怎麼回答；無論如何，你必須堅持一定要在北平考察後到臺灣來一趟，我們一定歡迎你們！」

飛往費尼克斯

二十四日上午，我由克里夫蘭起飛往費尼克斯（鳳凰城），飛行時間共花了六個半小時。抵達時，有我的小弟妹，毛林淑瑛博士在等候。當晚，她已為我預備了參加一個「共同管理權」的酒餐會，出席者有三百多人，係從美國各地趕來的。我在此會場上，遇到不少我所認識的人。

在鳳凰城的三日中，我還參加了另外兩次大酒會，一是亞利桑那州聯合銀行開幕典禮，一是駱駝背大旅館週年慶祝，還有唯一華裔，身爲聯邦高等法官鄧詹姆斯夫婦的晚餐長談，和亞利桑那潭碧大學名教授王平意和他的夫人王蘊茜教授，在請我和我小弟妹的午餐上，有關中國大陸近況的談話。王平意教授在過去好幾年的暑期中，每年都到大陸北平去講學，完全義務性質，出於回饋祖國的恩情。他親口告訴我們：現在大陸的情形，越來越令人失望，連高級官員也私下告訴他：共產主義在中國已經破產，沒有幾個人由衷信仰，我們的前途十分暗淡，我們的通貨膨脹，失業率繼續增加，「四化」的無可能，青年人的不滿反感，商人的怠惰等等。我在想，何以有成就而不在乎金錢報酬的華裔留美教授，不少願意回大陸奉獻所長，但不到臺灣來回報奉獻呢？是否我們無論做什麼事都跟人講價錢，而不予人以精神愉快的酬謝所致？比如這次我在美國，適逢先總統 蔣公九九華誕，我曾蒙舊金山與洛杉磯僑領邀請，前往參與，只因我在每地的日程都排滿，未克抽身前往悼念聚餐。我曾爲此問過一些中國學人，何以他們不去參加，而得到的回答，大部分都說：這多麼的羞辱，爲紀念先總統 蔣公華誕，華僑聚餐誌念，竟還是臺灣國民黨出一半餐費！我聽了之後，心中半信半疑，究竟這是謠言，還是事實？

飛到洛杉磯準備回臺

這是我回國前的最後一站，但我的精神和這次到第一站的舊金山一樣。我還是不需要休息，仍能早晨五點起來，五點四十五分離開伍競仁夫婦家，快步五十分鐘，走到聖瑪丁天主堂，舉行六點三刻的彌撒。然後在神父住宅略用早餐，再快步五十分鐘，走回伍家，開始念日課經畢，卽接見中外來賓晤談。到十一點半，友人駕車來接我出去午餐，這午餐通常有數位朋友在一起，吃吃談談，不外乎有關臺灣、中共、美國、世界的問題。下午兩時，或乘友人之車，出外拜訪，或回伍家接見客人，接電話，回我不在時打來的電話等。到下午六點鐘，再乘約定的朋友之車出去晚餐。晚餐的時間，如參加人數多，則回來要十一點；若人數少，問題不多，則可於九時回伍家。

好了，這是我今年的四十天國民外交。所到過的地方，不能說少，而遇見的中美人士，在朝與在野的政治人物，學人與工商界人士，高貴與普通人民，實在很多。但我得到最深刻的印象是，美國人對我們的友善增多了，華僑們對我們的信任減少了，這是什麼緣故呢？

本文刊民國七十五年四月號《憲政論壇》

五、四十天國民外交之二

去（七十五）年九月二十一日晚上八時，猶如往年一樣，我乘上了中華航空公司班機〇〇八號，飛往美國。因爲今年我前往紐約主持中美聯誼會所主辦的雙十節國慶晚宴之前，預先訪問美國西南部各州，所以先到加州洛杉磯。那天的飛行，因爲空中不安寧，遭遇數次強烈逆流，致使飛機抵達時，比預定時間遲延了約二小時。到了洛杉磯機場時，由於乘客衆多，須排多行列的長龍，美國移民局檢查費時，忍耐地等待，致使當時來接我的朋友們不勝辛苦，而且等到送我到伍競仁夫婦家中，時間已經相當晚了。

當走出移民局檢查處時，在歡迎我的友好中，有一位北美事務協調委員會駐洛杉磯科學組組長周勝次博士迎面說：「神父！明天下午三時，請您在羅省華僑文教服務中心，爲我們作個專題演講，就『中美關係的展望』爲題發表高見，好嗎？」他並說：「這演講的消息已經在各華文報章上登出」。我雖然經過長途的飛行，身感疲累，但卻很高興地接受了所請，因爲這是一個爲我中華民國對付中共統戰陰謀的大好機會，我怎能輕易放過，所以我立刻答應說：「可以的，絕無問題，明天下午在演講前，請派人開車來接我吧！」

洛杉磯專題演講

關於這個專題演講，在此恕我不提，因爲這是長達一小時的演講，而且還加上另一小時聽眾與我之間的問答，不過這問題將有專文摘要報導（請閱第一篇），因爲當時曾有錄音帶紀錄。但是，在我講過這問題，並聽過一些在場與會者所詢問的各點後，使我回想到去年我由美回國後，在天主教文化協進會報告講詞〈四十天國民外交〉一文中，在最後一段提及的幾句話：「但我（在這次四十天的訪美接觸中）得到最深刻的印象是：美國人對我們的友善增加了，華僑們對我們的信任減少了，這是什麼緣故呢？」

當然，這並不是說：這次洛杉磯的華僑聽眾也是上述的一部分，而是說：這些忠心耿耿於中華民國的聽眾，以及許許多多其他的僑胞，無論是老的或是新的，無論是學人或是留學生，無論是從事那一種行業的，或還度那一種生活的華僑，他們都在憂心忡忡於中美關係的未來，所以要我一到美國的次日，就給他們解釋這個問題。

有關我這次演講，九月二十四日的《世界日報》有如下的登載：「本報洛杉磯訊：長期以反共愛國著稱的天主教神父毛振翔博士，二十二日在華僑文教服務中心以『中美關係的展望』為題，作了一次非常感人的演說，他強調了『自立自強』的重要。

毛神父今年七十四歲，半世紀以來，接觸中美官方和民眾的各階層人士，也熟知國際關係的個中微妙，他以自己親自參與或直接感受的經驗，呼籲國人，千萬不可對美國存有任何倚賴心理，唯有自強不息，使國家壯大，國際『友人』都來找你。他對所謂的『臺獨』份子，直斥其為共黨走狗，在毫無歷史基礎的情況下瞎搞」。

再引述一節在九月二十四日《國際日報》所刊載的：「毛振翔神父在演講中，開章明義強調說：中美關係有政府和政府間的關係，這關係在現代的世界只是奠基於利害上的，似無道義關係可言；其次是人民與人民間的關係，這關係當然有利害上和道義上的。所以在政府與政府締結關係時，應以互惠平等為原則，不然這種關係就無法持久，亦談不上互惠。至於民間的彼此關係卻可以無限期的留存，因為眞正道義之交是不易受利害左右的。他舉例說，今天的以色列、愛爾蘭，雖兩國合併起來只有六百萬人口，然而，他們在國際社會中均能贏得尊重。究其原因實為他們旅居美國的僑民異常團結，如果美國政府有任何不利該國的措施，他們皆會運用各種軌道奮起抵制。毛神父並鼓勵在座僑胞應效法以、愛僑民的作法，全力投入美國社會，發揮應有力量，支持政府。

他指出國家強盛與否，關係僑胞在當地社會的建立至鉅，影響不可謂不深。因此，僑胞們對祖國事務應寄予關心，不可存有『自掃門前雪』的觀念！」

飛往科州丹佛城

我這次在洛杉磯，其實只有兩個整天，所以在第二天的早晨五時卽行起身，因爲要先作祈禱念「日課經」約四十五分鐘，然後五十五分鐘的快步，走向聖瑪丁教堂於六時四十五分舉行彌撒聖祭，藉以增強我一日的心神精力，使我能愉快和機警地拜訪和接見中美故交新友，以利我國的前途。因此二十四日上午我卽乘上美國聯合航空公司班機由洛杉磯飛往丹佛去了。

然而，洛杉磯請別見怪，我在回臺的前幾日還要回來的，因爲我在這裏，尙有許多我的中美朋友，我這次連電話也未曾通一個，眞是失禮！不過於十月二十七日，仍要來向你辭行的。

十月二十七日爲全美著名的伍夫人餐園（Madame Wu's Garden）舉行開辦以來二十四年紀念。伍夫人請我一定回來參加，我接受了。其原因是，我此次見到她時，曾向她提及，說：「鏡宇妹，妳知道，神父每次來美國的旅費，都是在離臺前先給聚星旅行社付淸的。但是這一次尙未繳付」。那料，第二天早晨鏡宇妹就很關心此事地來看我，並問我說：「神父！您這次的全程旅費共計多少？」，「共計約貳仟伍佰美金」，「這樣大的數字，今天美國有錢的個人也不容易捐贈，因爲政府的稅捐很重；不過，十月二十七日，我的餐廳成立二十四週年，往往都有九、十桌左右的特別朋友，前來道賀與宴會，那一晚上我一定可以募到您所欠旅費，不過您一定要回來出席，因爲來賓中大都想和您見面的」。

二十四日下午二時五十一分，我所乘的飛機準時抵達丹佛機場。我所通知的一位好友，石程先生立刻前來歡迎。我卽跟他進了他的轎車，向著他家所在駛行，因爲我們曾以通訊約定，我要做他府上的賓客。

一到他家門口，石夫人趙耀楣女士卽衝上來擁抱著我，以親吻我的臉作爲熱誠歡迎的表示！當然我亦以同樣親吻作爲感激回饋，因爲耀楣是我的學生，留美四十年了。

進到石家之後承他們給我介紹一位不久前由中國大陸來美探親的北京大學的資深教授，並要他向我詳談他的情況與期望。我在細聽之後，向這位教授回答說：「對的，我一向都熱衷於幫助中國同胞解決困難。不過，我因爲自一九五一年初卽長住臺灣，所以和美國朝野的人士關係，雖然我亦不時來作短暫的訪問，但和他們的人事關係卻比以往疎遠太多了，何況我在此只有一天的逗留，明天下午就卽當飛往德州聖安東尼，故此實在使我深感愛莫能助之憾！」

在丹佛另有一家我的學生，卽金西尼和蕭愛美夫婦，他是科州哥倫比亞州立銀行總裁（Columbine State Bank）。他們石、金兩家各有子女三人，均已學有所成，業有所展，成家育兒。我因爲已經有十三年之久，未曾和他們相見，所以這次匆忙地和他們作一日夜之晤談，論及個人與國家以及國際之事務，雙方都感到興奮。尤其蕭、石兩家人都因爲我不特未曾忘掉他們，而且仍很關心他們，所以他們都請了一整天假，專門陪我遊覽丹佛各方面的勝境和新建設。

德州聖安東尼·休斯頓之訪

二十五日下午三時十一分由丹佛起飛，六時十五分準時抵達聖安東尼城，前來迎接我的爲吳夫人周化一女士。她說她的先生因爲一時不能分身，在店裏有事忙，所以未能來歡迎神父，不過當我們到達家中，他一定在家敬候神父光臨的。反正，我今明兩晚都要住在吳家，彼此相見晤談的機會當比較多些。

一路由機場駛向她家時，化一旣駕著她的轎車，又向我報告我在聖城兩天之中的節目，即「今晚由我們夫婦在我們家中爲神父洗塵，明天中午由美國朋友哈利與安納·李斯特夫婦(Harry And Ann Lister)家歡宴神父，我們夫婦爲陪客。以往神父來此時都住他們家裏，並由他們招待一切，這次我向神父寫信並爭取這個光榮，而神父竟回信允納，使我們夫婦感到無上光榮。明天晚上在露絲與阿伯特·羅家晚宴神父，將近三十人參加，其中有大學教授、工商界領袖，以及他們的夫人，這些人對於臺灣和大陸都頗感興趣，諒他們將會有許多問題要向神父請教的。至於神父明後兩天早晨做彌撒時間與教堂，李斯特先生今晚在電話中先與神父商量後再行決定。還有，神父參觀此地三座大學，卽聖瑪利大學、湖濱我們主母大學、聖言成人大學(Saint Mary Suniversity, Our Lady of Lake College, Incarnate word College)，在此兩天都由我們來開車接送，因爲我們都知道以往神父曾向這些學府請得全免費獎學金，送了不少中國男女青年來此留學。我就是其中之一，神父還記得送我到湖濱我們主母子學院嗎？此外，如神父尙有其他朋友要看，團體要訪，我們都會隨時應命照辦的」。聽了化一這番報告後，我很高興的稱讚說：「你們替我安排的這兩天節目都很好，我一定完全接受，全盤去辦，眞謝謝你們的費心！」

不知不覺地，車已開到吳家，詹姆斯．吳先生站在門前，向我奔來，握手熱烈歡迎，並提出我的行李，請我先進家門，領我先看我將住的客房，並請我先行清潔清潔，然後卽開始晚餐，因爲其時已七點半了。

二十七日整個上午，除早晨到教堂做彌撒聖祭，和參與彌撒後與朋友共用早餐外，回到吳家趕念我的「日課經」——這是每位神父的本分，每天都須爲聖教會——天主的子民，祈禱祝福經，否則就是缺職犯罪。此後，稍用午餐，卽由吳氏夫婦親自送我到飛機場，送行的，還有金氏夫婦，我們彼此互談到上飛機最後的催叫。

大陸航空公司班機定於一時半準時起飛，恰好一個小時的工夫就抵達休斯頓機場。在那裏有張蕾神父和袁鄭美心夫人在機場等待我。我們彼此一見面都感到不勝快樂。因爲我在此地的住所是聖安博洛斯大教堂，一座美國神父主持的本堂，張蕾神父也住在此堂，所以我們先行到那裏。之後，略事坐談休息，他倆問我累不累，我則答以一點也不累，於是就建議開車陪我出去觀光休城市面。看到處處新建高樓大厦，卻大部分都是空空如也，眞令人不勝爲此景斯情大興悽歎，哎！怎麼三年前我來此時，萬事俱昌，各業興隆，其景氣之盛，冠蓋全美，而今竟如此蕭條，不景氣致於斯耶？無它，休斯頓最富裕的油源，近一年來受世界油價影響大爲慘跌，經濟收入大減，還有，它生產最豐富的牛肉，由於愛吃牛肉牛排的美國民眾，因爲現在知道，其高血壓之形成，大都來自多吃牛排牛肉所致，又因此多患心臟病、腦溢血、癱瘓等症，於是大家偏向於吃海鮮、鷄肉、素菜、水菓等，而使牛肉生意，不特無錢可賺，而且不堪蝕本，因此其他行業隨之而蕭條。例如：休市商業中心，新開張的梅西百貨大公司，來參觀的人尚可謂人山人海，不勝擁擠，進入都要排長隊，等待很久，我因順從美心的好意，也去參觀，但在由梅西公司慢步循序出來時，眼看所有顧客都是空著手一無所買，惟有我一人由於美心買了六雙襪子送給我，手上還提一個塑膠袋。於是對美心說：「妳看！還是我們買了一點梅西公司的貨物呢！」

此外，據新聞報導，在休斯頓，現在有一萬多住宅空關著，因爲居留人都到它州去找工作，而房子既無人買，又租不出去，眞令人不勝苦悶。在那裏不時聽到有人抱怨說：經濟學專家眞是害死我們，在不景氣來臨之前，總是誇大其詞說：休斯頓蓬勃經濟至少可持續十年或二十年之久，現在不過兩年就如此這般了，哎！今後怎麼辦？

在這種情形之下，我的主張常是：天無絕人之路，且面對問題求解決吧！現在爲時不早，讓我們快快樂樂地去應今晚東道主人的晚餐爲是。說到我在休斯頓第一晚餐的東道主，高天與李再融夫婦，他們是板橋市聖若望堂的虔誠老教友，高亮與馬玉英的長子與長媳。高亮老伉儷有一個美滿的天主教家庭，共有三男二女。其中四人都是臺大優秀畢業生，除高天與高益夫到美攻讀研究院，獲得高等學位，都已成家立業外，尚有二子一女在臺。這三個子女，二人已畢業，卽高嘉與高益人，他們兩人都在天主教發展委員會服務，且有志獻身修道。唯一小兒子高豪尚在求學中，但他對天主教青年會很有領導才能。

二十八日，因爲是主日（星期天），我整個上午，先在聖安博洛斯堂和來參與彌撒的衆多美國教友見談，然後午間十二時爲在臨時中國教堂，給休城各方面來到的中國教友舉行彌撒聖祭並講道。休城的中國教友，據張蕾神父說，已登記的有兩百五十餘家，那尚未登記的還是不少，因爲休城地區如此廣大，實在不容易都聚集一起。無論如何，休城的中國教友，因爲大部分都受過高等教育，而且大都各有專長，以他們的宗教信仰，更加上他們的愛自由崇民主之熱情，來對付無神的中共統戰陰謀，只要導之以理，示之以義，並使他們明白在臺灣中華民國政府與人民的各種實情，我相信他們是我們的一支生力軍，我們必須時時處處予以關切，我每隔三年必選一個週末來此一趟，爲他們獻祭祈福，給他們講愛天主、愛國家、反抗違反天道與人道之共黨，就是表示我的關心與期望，也常獲得他們普遍的愛戴與感激。

午時彌撒後，袁國鴻、鄭美心夫婦請衆多來堂教友，同往市中心的中國大餐廳和兩位神父一起去用廣東點心，以便和神父多所交談。袁國鴻是袁正東將軍和陳俊英夫人的長子，而鄭美心女士則是鄭介民將軍的女兒。國鴻爲名建築師，其父已過世多年，其母與其他另外三個弟妹均住在休斯頓，也都成家立業。他們三人卽國鵬、國珍、國齡，都是我在新北投傳教時，全家一同領洗進教的，他們在國內時是虔誠的天主教教友，到美國後也是一樣，而且自十三年以前張蕾神父到休斯頓後，他們全家與高天兄妹都是組織中國教友團體，籌辦建設中國天主營的有力幫手。

在休斯頓還有一家十分虔誠的中國教友家庭，我必須在此一提，就是顧覺民和李岱如夫婦的大家庭。覺民曾擔任過臺灣郵政總局的人事處處長，因著他的好榜樣，曾使郵政總局局長周德惠蒙受天主聖寵獲得領洗信奉天主之恩，並在他擔任郵政局監督時，據我所知至少有一打以上的郵政分局長進了天主教，幫助自已成爲忠信清廉的公務員。覺民的字寫得很好，前考試院院長賈景德爲人寫的字大都出覺民的手筆，我們板橋市聖若望天主堂內的五副金字對聯也是覺民珍貴的贈書，凡來堂見到者無不稱善。李岱如女士是在上海震旦大學女子文理學院的高才生，她在肄業時信奉了天主教。他們夫婦共有六個子女，四女二男。女兒爲木蘭、素蘭、慕蘭、宜蘭，二男爲源源與洋洋。現在都在美國，也都已成家立業，各有所長，各展其才，頗能光祖耀宗，爲國爭光。因爲上述原因我今晚一定要到顧家去晚餐，以便與他們這個大家庭歡聚共宴，以示至交永不能相忘的深厚情誼。而且這晚宴還是他她們的拿手菜餚呢？

喬州亞特蘭大城市

二十九日上午九時左右，極具熱心於爲人服務的袁國鴻夫人鄭美心女士來電話稱：因爲神父今天就要遠離我們飛往喬治亞州亞特蘭大去了，我可否立刻開車來接神父去「新中國城」，稍事參觀，因爲這是國鴻精心設計，一位新嘉坡華僑大富翁投資所建成的。而且受輿論界多所嘉許稱善。我聽了之後，完全同意她的建議，並毫無保留地把握這個機會，因爲這是有關我華僑的榮譽的。

從一條重要的交通大道上，遙見新中國城的一排一排陳列的建築，呈現著各種行業的公司，一幢一幢的樓房，多姿多采的展覽，令人嘆爲觀止。我爲袁國鴻和他的合夥高天建築師，深感自豪，與有榮焉。但願目前休斯頓的不景氣不會持續太長久！

美心請我在新中國城，一家小小的中國餐館，提早用午餐，因爲這家菜館特別可口，必須先行買妥餐劵，始能保有座位，不然一到十二時正，顧客擁進，排隊循序受理，就太費時等待，而我的飛行時間又訂在下午一時半正，由此開車到飛機場需要半小時之久，所以不能不爭先安排，不然就無此口福，這，美心認爲是她爲神父感到的一大遺憾。我呢？一向做客的原則是，凡主人所好者，我亦好之；只要主人挑選的，我都喜歡。因此，我已成爲海內外所知道的「有國際胃口的神父」，到處受人歡迎的賓客。

二十九日經過三小時的飛行，我到達亞特蘭大。此地的機場是全美最大的。不幸，那唯一我請他來此接待我的周壽強建築師，我以前的一個學生，居然未見出現。給他辦公室打電話，得到的回音是：這個電話割斷了；又給他家裏通電話，又無人接聽，怎麼辦？最後決定乘一輛計程車先到離機場不太遠的「假期旅館」，以便與當地的中美朋友通電話，然後再看看是否可以和周壽強取得聯絡，以免掛慮。

到了假期旅館，訂妥房間，打開行李，立刻開始給此地三家朋友先通電話，報告他們我已來到，願和他們見談。第一家是中國人，沈以亨先生，他接到電話立刻問我住在那裏，一聽說在假期旅館，就說要接我到他家中住，我只說等我們見面後再說吧。於是他立刻來看我。待他來到後，我們坐談約半小時，他就請我先去看看他們的貿易公司Rotex International, Inc. 然後和他的合夥一起去用西餐，因爲那時已經過了八點鐘。以亨和邱振銘先生合股的這公司，場面相當大，交通亦很方便，我一見之下就說：前途定光大，生意必興隆。我們到達這有名的西餐廳時，見到其內部裝飾古色古香，令人不問而知是很高貴的食堂。邱沈二君點了紅燒大牛排，我則選了鯉魚餐。吃吃談談，不知不覺地已是近半夜了，我乃請他們送我回旅館。

回到旅館之後，雖已過半夜十二點鐘，我卻因不放心周壽強的關係，而給他的家裏打了一個電話，他卽刻接到電話說：「神父，您現在那裏？」「亞特蘭大」，「您怎麼不如以往先寫信通知我去接您，並爲您訂好旅館？」「我離開臺北之前就曾給你寄了航空信，你沒有收到嗎？」「沒有！我在過去二三星期中，一直在盼望著收到您的來信呢！」「哎！那信一定給失落了，但是，我一到飛機場，就給您的辦公室通電話，得到的回音是這電話割斷了！」「眞對不起，神父，我們的公司遷到新地方了，我竟忘掉寫信報告神父，眞是罪過。」「祝你夜安！」「明天上午我就來看神父，好嗎？」「由衷歡迎，」就這樣我心安神定了，也得熟睡一夜，或更好說：半個夜。

果然，壽強淸早就開車來看我，請我吃早餐、午餐，並陪我到處去拜訪朋友，一直到下午四點鐘左右，始因我之請求，他在依依不捨的情況下告別。

今晚，三十日，有馮治平教授夫婦約同一些朋友來請我晚餐聚談，冀望明瞭兩面中國的各種情況，我當然樂於交換意見澄淸有關實情，因爲我是多麼希望我們的國家能夠擺脫共產黨的桎梏而以三民主義統一也！

十月一日，這天下午三時二十四分，我搭乘「代爾他」航空公司班機飛往紐約甘迺迪國際機場。整個上午除了善盡神父的職務之外，我要專心與美國好友來往。當然，首先是跟這兩天來我做彌撒教堂的五位堂區神父致謝告別，然後卽回旅館去看當天的報章，以便略知世界大事。再後，就是等待美友大律師 Nickolas P. Chilivis 夫婦來到晤談，並接受他們的午餐約會。

午餐設於高貴的鄉間俱樂部（Atlanta Country Club），他們還請了其他三位律師和他們的夫人作陪，以便有機會彼此相認識，更希望能與我交談中認識我在臺灣的中華民國政府和人民生活的大概情形。這三位律師是 Gary G. Grindler、Kenneth M. Henson、Kenneth M. Henson II。我們九人一直聚餐到二時正，其他三位趕回辦公室上班，他們的夫人也同時向我辭行，並向我說：因爲他們認識了我，並從我口中聽到那麼多有關臺灣可愛的人與物，他們希望不久能到臺灣去觀光，因爲現在認識了我，可不致對臺灣有陌生感。Chilivis（溪里維斯）夫婦親自送我到機場，並陪我直到上飛機時，始行辭去。

紐約州紐約市

我所乘的飛機約下午六時始抵達紐約甘迺廸機場，見到我現在唯一生存的五弟振耕和弟妹鄭開瑛在飛機出口處等候。我們相見之餘，自然不勝快樂。於是就一同上車向中國城直駛，進到一家他倆認爲最好的中國餐館，請我晚餐，爲我洗塵，此後，即開車送我到中美聯誼會所在地。陳之祿神父一聽到門鈴聲，就猜想到是我，趕快開大門歡迎。待陳神父一叫：「毛神父到了！」其他住在會中的神父和同事也都擁來和我握手歡迎。於是我就對五弟五妹說：你們快回家吧！因爲時間已經不早，還有一段相當遠的路程當趕，何況明天早上還要上班。

紐約市是我近年來在美國的大本營，也是我這些年來，由臺灣來到美國的主要原因，就是爲主持中美聯誼會所主辦的雙十節國慶大宴會。這宴會，今年已是第三十一屆了，因爲民國三十九年一次雙十國慶節宴會之後，由於我於民國四十年正月三十日來到臺灣之後，曾經停辦了四年（關於此事在三民書局出版的《孤軍苦鬪記》一書中，有詳細的記述）。

民國四十四年五月十日，我奉先總統 蔣公之邀，前往美國勸阻中國學人與留學生，別聽信共匪的利誘與欺騙，而回中國大陸去爲共匪效勞時，再行開始這個雙十國慶大宴會的舉行，這舉行將要永久繼續，因爲中華民國的命運與存留是永久的！我永遠堅信不疑。

紐約既然是我的大本營，則我在此的中美友朋自然很多，來往的事情亦不勝計，就是連我從前送出來的留學生，在此紐約市的五區內也有二三百人，所以我這次在紐約的所作所爲，不能一一寫出，只能記一二點大略，不然這篇報導就難免冗長了！因此有關中美聯誼會舉行的雙十節國慶餐會，我僅抄下十月五日美國《世界日報》所發表的如下：「本報紐約訊：中美聯誼會三日下午六時，在華埠第一大酒樓舉行第三十一屆中華民國雙十國慶餐舞會。三百多位中美兩國來賓出席了盛會。

在餐會中，中美聯誼會會長毛振翔神父致贈了于斌樞機主教獎給紐約州雷克市市長馬丁勒尼（Angelo Martinelli），又致贈中美聯誼會獎給紐約市議長前多數黨領袖郭德（Thomas Cjlte），感謝他們對促進中美兩國人民的友誼和他們熱烈支持中華民國，堅決反對共產主義的貢獻。兩位得獎人在接受獎牌以後，並且和北美事務協調會紐約辦事處吳祖禹處長及毛振翔神父合影留念。

餐舞開始前，曾首先由聲樂家吳文秀唱美國國歌，瑪麗安・巴沙莫（Marian Balsamo）女士唱中華民國國歌，得到全體來賓熱烈的掌聲。

主持餐舞會的榮譽主席是尼金（Nelkin），總主席是派特森（Patterson），這是中華民國的友人，每年舉行一次慶祝雙十國慶的盛會。中美聯誼會會長毛振翔神父在會中致詞表示，希望大家能繼續發揚故于樞機主教創立本會的精神，反對共產主義，增進中美兩國友誼，促進世界的自由民主。

中華公所主席梅伯羣、寧陽會館主席李維國、聯成公所主席蘇伯遵、中華總商會會長李堅夫、協調會紐約辦事處鄧申生副處長、華埠文化服務中心邊鎭成主任、天主教紐華克教區移民中心主任江綏神父等社區領袖均應邀參加。

餐舞會中並有樂隊演奏助興，來賓聞樂和聲起舞，情況熱烈。」

餐舞會後，回到中美聯誼會會所已近半夜三更，明天必須早起舉行彌撒聖祭，念完日課經文，才能安心地準備於早上八時趕往紐澤西州摩利斯鎭郊外上天主教公墓，懷弔老友至交盧文湘和鄭清珍夫婦，並和陳之祿神父一同去爲他倆之靈魂特別祈禱，獻花致敬致愛。雖然駕駛汽車往返需要四小時之久，而且還當趕回紐約市中國城以應好友郭有富的約會，定於午時聚餐，藉以互談別後一切。但爲弔念已故至交之靈，實亦極快樂之事。此外，他們夫婦的兩個子女都很孝敬，亦爲我所特別愛護。女兒爲姐，名爲蕙瑛，男兒爲弟，名松耿。兩人成家後都生育子女，而且也均長大成人，有作有爲，實在是個中國模範家庭：「好樹結好菓子」也。

賓州費城華埠堂慶

十月五日爲費城華埠救世主天主堂、小學、商科專校成立以來四十五週年紀念日，將舉行隆重慶祝，我爲該堂的創辦人，怎能不應請前往參加？所以這天在紐約午餐後，卽由陳之祿神父開車，陸德英女士和我三人同往費城。因爲慶祝會感恩彌撒訂於下午五時在華埠教堂舉行，我與陳神父都應邀共祭。

從紐約到費城的公路上，我們三人都有許多話想說，可是，因爲陸德英女士新近從上海探親一個月回來，我與陳都希望聽聽她的報導。她說：「我在上海一個月，都留在家裏。每日有不少親友來看我，向我訴說在過去三十餘年中他們所受的痛苦和無人道的迫害，精神與肉身都得不到一點安慰與舒適，前途似乎黑暗，毫無曙光。有關你們在美國的人，共產黨念念不忘的是，毛振翔神父每年到美國時都不忘去看你們，並和你們長談交往，而妳的三哥三嫂陸英耕夫婦，每次都請了二三十位敬佩毛神父的人士，在自己家裏，用豐富的自助餐，由他們的孫子孫女，陸欽豪和李紹芬的一些子女殷勤招待。毛神父則大談臺灣在各方面的迅速進步，致使大陸的共產黨日益苦悶，不知用什麼方法與陰謀才能佔據臺灣。但毛神父總是向在美的華僑人士保證說：『只有中國共產黨自趨滅亡，決無中華民國消失之日，因爲天主是站在我們一方面。』而反對共產黨的理由是，共產黨是反對天主，反對宗教信仰自由，和反對天賦予人的不可侵犯的權利的。還有，妳的小弟，陸增禮在華盛頓國會圖書館中文部服務，每次毛神父到華府，他不特接送，而且每天陪著毛神父拜訪美國朝野人士，其重點總是著重於爲臺灣拉關係，爲中共去拆臺……」

看到費城中國天主教堂之繁榮，不能不使我想起創辦時之困難，例如：當時美國政府實施「排華律」，自一八八二年至一九四四年，共有六十二年的長久歲月，再如中國旅居美國的華僑毫無社會的地位，原因是他們在美國的居留也違法。在美國人的心目中，他們是多餘是累贅，他們的生活是專靠開設簡陋的洗衣館。在美國天主教方面，當時也無人同情他們。假若不是仁慈天主教的憐憫，天主聖神的引導，費城華埠絕對不能有這樣一座新蓋的教堂和學校，更不會有四十五週年的紀念日（關於這事請參考《孤軍苦鬪記》中的〈困難嗎？常是恩惠〉一文）。

感恩共祭彌撒之後，有三百四十人在醉仙樓的大宴會，這宴會的出席者，幾乎全是華埠救世主學校的畢業生，他們除了每人出二十五元美金餐費外，當場還捐了五萬五千一百元美金，作爲擴建學校的基金，因爲近年來中國人移民到美國的每年有四萬人之譜，校舍實在不敷應用了。這種宴會自今年之後，每年都要舉行一次，藉資多募學校擴充的基金。因爲第一次擴建費，預計需要二十五萬美金。但願明年此時費城華埠能有一個更大的中國餐館，因爲今年的醉仙樓，雖爲最廣大的，但也無法容納所有要求參加宴會的人士。就是幸運得以參與的三百四十位人士，也有三桌受委曲地坐在厨房裏參與慶祝！

費城華僑天主教的興盛，使我想起美國立國兩百年大慶之前一二年的一件往事，那就是籌備這全國性的盛大國慶，華盛頓聯邦政府指示美國五十州州政府要擴充各州的高速公路，由城內至郊外都要以交通方便爲原則，儘量拆除有礙於交通的地區。於是費城華埠與中國教堂都遭罹拆除厄運。當時在費城華僑團體中，其最具有社會政治影響力者，要算華僑天主教堂與學校，所以由華僑天主教友們領導組成請願團，向賓州州長沙波 (Sharp) 和費城天主教總主教若望・克羅爾樞機主教 (Cardinal John Kroll) 數度求見，都未蒙允准，而且由他們的秘書人士出來拒絕。在此失望痛苦情形之下，聽說毛神父由臺灣到紐約，請願團的代表陸英耕爵士就給我通長途電話，詳說經過情形。我聞悉之餘，卽說：「好吧！本星期六晚上我一定來到費城，並請告訴主持中國天主堂的美國神父，我將做主日午時的彌撒並講道，不過你們要肯花錢請電視記者來攝影記錄，買在晚間黃金時間來播映。請如此去做吧，天主一定會降福費城所有僑胞的，我們的教堂和中國城當可保全存在，我有此信心。」

我之所以有此信心，其一，因爲費城的教堂與學校是我在一九三九年末期，陪于斌主教由紐約經芝加哥到舊金山爲他起程回重慶，而我被留於美國，或在芝加哥，或在紐約向華僑傳教不得許可後，我進到紐約總主教座堂聖巴特瑞克，向天主祈禱訴苦時，蒙天主聖神旨示而來到創辦成立的。其二，因爲當時前三年的光景，波士頓的中國城要遭遇當地政府拆毀時，我曾親自要求當時波士頓總主教出來幫忙，至今仍得以安全保留。

在費城華埠救世主教堂舉行主日彌撒講道時，我曾很嚴重地聲明：「這座教堂是天主聖神建築的，誰若敢冒犯拆毀，就是違反天主聖神的大罪！在《聖經》上，吾主耶穌對我們明白說過：『任何罪過都可以獲得赦免，唯有違反天主聖神的罪惡。永遠得不到赦免，祇好下地獄受懲罰。』記得那時有麻州州政府下令拆除波士頓中國城時，我曾趕去看庫興樞機主教，請求他出來保護我波士頓的僑胞，他並一口答應了。庫興樞機主教一有上電視的機會，立刻就宣佈說：『我們可憐的鄰居，中國華僑，手裏只有一個飯碗，而我們的政客們居然也要把他們奪去，我認為這是不道德反人道的，我以波士頓總主教的身份絕對反對此種殘忍行為！』政客們一聽了庫興樞機主教的嚴詞痛責，卽刻連夜召開緊急會議，結果是完全保留了波士頓的中國城。

「現在我要問賓州的有關政教當局：究竟人民重要，抑或高速公路？究竟保持教堂和學校有益，抑或把它們全部毀滅？究竟以傳教來救人靈，抑或造高速公路來殺人更好？為什麼波士頓樞機敢講敢做的，而費城的樞機不敢哼一聲？是否他更怕政客，而不敬畏天主？我請克羅爾樞機主教和賓州州長沙波給人民一個實事求是的答覆！」

我代表費城僑胞在電視上向州長和樞機主教的挑戰，很快就得到迴響，就是第三天上午州長卽請了我們代表團去和他會見，在會見時，州長承認他現在瞭解中國教堂的重要性，他並說：「假若非拆除不可的話，則政府會找另一個地方給你們，並撥一百萬美金作為蓋新教堂和學校之經費；或者不必拆除，而在教堂與學校之下蓋個地下通道。」

州長回答的這個消息在報章上發表之後，克羅爾樞機主教立刻請我代表團去見他。在相見時，樞機主教抱歉說：「並非我不願意保護你們的學校和教堂，而是因爲我們的律師團都對我說了：『那是不可能辦到的。』現在我認爲沙波州長向你們所提的兩個方法是不能接受的，因爲一百萬美金的賠償，現在算得什麼？而在教堂和學校下面築一個地下通道，豈不是把教堂和學校地區成爲車輛湧渠（River of Vehicles）嗎！所以我現在向你們保證：你們保持你們的教堂和學校，我一定全力支持你們」。就如此地，連整個中國城和整個天主教堂和學校，時至今日，不特得以保全，而且大爲發展著！眞是感謝天主宏恩無量。

慶祝會後，我在費城和德拉威州的維明頓城看了一些中美老友，同時也交得一些新朋，在此恕不細述。

華盛頓、馬里蘭、維吉尼亞州

十月七日傍晚，我乘火車來到華府，來接我的，猶如以往，仍是陸增禮，我很喜愛的好學生。他送我到聖瑪竇總主教座堂，卸下我的行李，讓我在我住的客房裏，淸洗手臉，就請我到中國城去吃新開張的「蒙古烤肉」。那家餐館規模不小，也相當淸靜，頗適宜聚餐交談。我先請增禮給我一年以來華盛頓有關中美之間的各方面簡報，然後我告訴他國內的實情。

這次我在華盛頓的時間比較短，因爲在國會中間選舉期間，參眾兩院的議員，大多數都回到本州去競選或助選了，不方便和他們晤談。所以我除掉拜訪幾位國務院服務的老朋友，如國務院外交官訓導長羅伯特・華斯卡（Robert Waska）和他的夫人佛蘭西絲（Francese）現在國務院服務，處理有關世界恐怖主義的事務。這對賢伉儷，每年我到華府時，一定要我給他們一個機會，選一家高雅西餐廳，以便和我交換中美各方面的意見，同時也涉及世界現況推論展望。今年也不例外，他們請我去了一家高貴的「克里扶蘭」西餐廳，有醇酒海鮮更有多種牛排，隨人所好，應有盡有，令人驚喜，美不勝選！我因不會飲酒，選了一杯橘子汁，又因我一向喜歡吃魚，故選了鯉魚片，而他倆夫妻，既好酒又好肉，都選了他倆所喜歡的威士忌酒和紅燒牛排。那是十月八日的晚上，因爲九日晚上有北美事務協調會，我國錢復代表的雙十節國慶大鷄尾酒會，我自當前往參加。而十日晚上，我又當回到中美聯誼會補辦一些事務，而且十一日爲五弟振耕六十華誕，也是陳之祿神父的六十八歲生日，我自宜趕回去爲他們慶祝。他倆生日既在同日，所以這些年來慣常我都陪陳神父往五弟在紐澤西州杜蒙城的家中，然後會集弟妹鄭開瑛和他們的三個女兒，同赴預定的名餐館，藉以最快人心的宴席，祝兩位的「快樂生日」之慶。

五弟的三個女兒，老大名愛倫，現在爲美國大銀行邁哈坦總行的副行長，頗受其董事長之器重，每次其它地區分行有問題時，都派她去處理。她雖年紀輕輕，解決難題時，卻顯得老練有果斷，所以在她一歲時，她的母親就向振耕說：「這女兒好像二伯呢！」老二名蘭茜，是一位醫生，現在還在醫院裏做助理實習醫生，老三立玲尙在唸大學四年級，主修商科，她希望將來成個工商業大亨。今年暑假她曾來此作六個星期的中文學習——我們政府多年來爲海外僑生所設——她一到祖國就愛上了祖國的文化，而且對祖國的一切那麼喜愛，竟沒有工夫來多和我——她的二伯相聚，週末甘願留校學習。但她不是死讀書的人，在學校的各項活動，她都樂於參加，而且都表現得很出色。

在華盛頓的三日逗留，我個別接觸了近四十位中國華僑，或在中午的餐桌上，或在我住的總主教座堂會客室，或到他們家園裏，例如八日中午有周彤華一家之請，九日中午有梅琪一家在馬里蘭州培德斯大之請，十日中午有李美梵一家之請。至於來教堂看我的朋友，如楊孟群夫婦，李有甫夫婦，沈敏、陳文鈞夫婦，孫傑、愛倫夫婦等等。

九日晚，自六時到八時半的北美事務協調會錢復代表主辦的雙十節國慶酒會，眞是偉大，確實成功，中外來賓之多，世界少見，在華府最廣大的沙龍旅館大廳擠滿了，還添用兩個廳堂，才能接進所有請到的來賓，據估計約有四千人。大家都誠心誠意地來爲中華民國祝福道賀，願中華民國萬歲，國運昌隆，萬事順遂，三民主義統一中國。

在酒會上，我和許多中美賓客握手，其中尤其與參議員保祿·賴克紹的胞弟若望談得最長。我曾問若望：「令兄保祿是我的好友，據說，他這次放棄競選連任參議員是準備競選做總統，是眞的嗎？若然，我希望他當選」。「眞的，他很認眞地進行著，已經捐到很多競選的經費。不過要等到明年四月間，他才肯宣布」。因爲賴克紹參議員是雷根總統的至交好友，他對中華民國一直很支持，而且雷根總統的政策，在重要的事務上都有他的參謀。我在兩年之前，就認爲雷根總統要他出來競選總統，且可幫他登上總統寶座。但願這次伊朗軍售案調查的結果，不致有害於雷根總統爲妙！不然，可能爲中美關係的前途也要遭受損害！

紐約上州城市之行

位於美國東部的紐約州，面積廣大，自東至西有六百餘英哩之長。其間有四個大城，我因已有十三年未曾往訪，今年若再不去溫暖中美友朋的情誼，恐怕彼此會日益疏遠，這將有害於中美之間的民間關係。所以十月十二日我卽乘火車由紐市前往奧爾班尼——紐約州之首府去訪問一些朋友，如聖瑪利教堂主任神父愛德華·歐·厤里(Edward O. Malley)，李琪教授夫婦，他們兩人都在紐約州立大學執教，育有子女三人；再如鮑伯·臺里（Bob Deilly）和他的夫人伊利莎白（Elizabeth），他們雖然不是天主教教徒，卻是我多年來的好友，所以我這次作他們家中的住客，以便夜間可和他們的三個做律師的兒子攀談，因爲這三個兒子白天職務很忙，而且都已成家。這三個兒子老大名史蒂芬（Stephen），老二名大衛（David），老三名若望（John）。因爲三人都是好律師，旣善交談，又喜於多問，所以我和他們談得津津有味。凡他們問及中華民國的，有關政治、經濟、文化、宗教、教育，和其他一切問題時，我都一一答得使他們和他們在場的父母聽得興緻勃發，直到半夜三更而不止，若非他們的母親勸他們可回家休息，不然他們的妻兒會感到不安的，我可會和他們談到黎明呢？

第二天早上我到九點鐘才到聖瑪利教堂做彌撒，因為該教堂主任神父歐・麻里為我的老友，一切隨我的方便，為我備妥一切舉行聖祭的祭具，並等我和他的輔理神父同用早餐，以便多談別後種種。

十三日下午我又乘火車往西那庫斯，去拜訪當地副主教羅伯德・E・狄龍 (Robert E. Dillon)，他除掉副主教之職務外，尚主持聖詹姆斯大教堂，不過他有其他六位神父在教堂幫忙，因為該堂區共有三千餘家教友，工作實在頻繁。我住在此地一天，也不空閑，因為狄龍蒙席陪我去參觀本堂的八年級小學，向學生們講論在臺灣的中華民國政府與人民生活狀況，又要我去和教友們講話，晚餐和堂內的神父相識和交談。這位狄龍副主教為我多年好友，對我十分友善，也因此我不忘懷他！

十四日下午我再乘火車到羅契斯特城，到時有歐陽憐惘夫婦的六小兒來接我，因為父親忙於醫院的外科手術，母親忙於烹飪為毛神父的洗塵宴，而且還請了一些陪客。不過這個六弟已是大學四年級學生。歐陽家的六個子女，其讀研究院畢業者，有醫師、有工程師、有社會服務員、有立志做傳道師者，都能學有專精，貢獻社會，均為有為之華裔青年。

在羅契斯特大學訪問時，有一批資深教授中的一位，華裔蘇國珍教授向我說：「前羅契斯德大學校長艾倫．瓦里斯（Allen Wallis）現任美國副國務卿（Deputy Secretary of State）曾對他們說：『臺灣的戒嚴法還沒有白宮的安全法那麼厲害，我們美國有一些人反對臺灣的戒嚴法，實在太誤解了。』所以我們既決定取消戒嚴法，自當加強國家安全法，以保全中華民國的安全與安定爲必要！」

十五日我以長途電話通知朱安石和陳爾英夫婦開車來接我到他們所住之地，東安姆斯特（E. Amherst），因爲我要看他們一家人，而且我不想乘火車。他們很高興地答應我「立刻來」，並請我做他們的家賓，我也接受了。

一進到朱家屋內，出乎我意料之外地，看見一對老夫妻立刻站起來，向我鞠躬致謝說：「神父，您是我們全家的大恩人！假若您不把小女爾英送到美國留學，我們怎能從黑暗無光的爲共匪所控制的上海來到美國，享受這個自由民主生活！現在我的子女和他們的家眷都來到美國了，萬分謝謝您。」

其實，這種「致謝」我近年來美國時，常有所聞。不過出於老一輩人口者，遠超過年輕的一羣。我則無論如何，總因此深感天主對我中國人之照顧，由衷感激無已！

十六日上午朱安石開車陪我去看美國與加拿大兩方面的尼亞加拉大瀑布，以及在那地區近年來所興建的工程。最後，他把我送到布法羅，我羅馬傳大的同學保祿．P．的伏倫德教堂。在那裏我請他召集附近所有的，和我有同學之誼的傳大同學，使得我們有一個歡樂團聚。但是不幸，其中大半都已逝世，祇有佛蘭西斯．漢南蒙席和佛蘭西斯．J．福林蒙席能來，至於伯納．J．麥克拉拉夫林主教（B. J. McLoughlin）因這晚有事，無法抽身。但請我明天到他那裏午餐，並住一天，使我和他有足够的暢快交談，並要我同他去看一些朋友，參觀一些地方。我當然完全同意，因爲麥主教在電話裏對我說：「振翔，你我倆人同年齡，不算年輕了，請勿過份辛勞，應該（Slow Down）將車開慢。」

新英格蘭州之飛行

十八日下午我由布法羅向麥主教辭別，然後直飛麻州波士頓訪問。在波士頓我住在倪旦鎮（Needham），陳銹與傅沛平夫婦之家，因爲沛平是我一生最好朋友之一，傅國韶工程師的長女，而且她可以向她工作處請假，陪伴我開車到各處去訪問。諸如陪我到安老院去慰問張海平夫人瑞芝嫂於波士頓中國城，到勒星頓（Lexington）應李凡夫婦之招待，並同時拜訪梁老太太，因爲她年紀很大，而且因爲從前我送她的女兒來美留學，一直對我的工作不時幫忙。總之，無論我要到何處，沛平都送我去，例如每天早晨我要去教堂做彌撒，她也很虔誠地參與彌撒和領聖禮。我在波士頓附近各處訪問了整整三天，茲不詳述。以後就是到烏斯特州立學院。該院院長召集了州議員達尼爾、市長丁斯禮、以及商會會長史可拉蔻院陪我一起和他們四位午餐，因爲去年此時我們五人有過最可紀念的晤聚（請參考去年的〈四十天國民外交〉一文）。

離開麻州的三日訪問，我卽轉到羅德島州的普洛維頓斯首府，爲去懷念多年前我送過中國學生的大學（Providence, Rhode Island）。這座大學（Providence College）現在的規模非三十年前可相比擬：所有校政人員都是新人，就是有幾個中國學生也都是中國大陸來的。我除參觀外，雖有校方的公共關係主人導遊，但卻未曾作任何演講。故對於建立中美民間關係，無所助益，可謂白來一趟。不過在不忘以往所受之恩情，我認爲尚足以自慰呢！

二十三日經過康乃狄格州（Connecticut）的新哈芬城（New Haven）看看我友梅格蘭特夫婦的肄業於耶魯大學的兒子和鄭喬治夫婦的女兒後，就向湯普（Trumbull）去，在那裏有我從前送美留學的學生張慶齊教授夫婦一家人在，我要看看他們四口。見到他們都很好，我自然感到欣慰。

返紐約乘飛機赴加州

當日深夜回到紐約中美聯誼會，停留二十四日一整天，以便和陳之祿神父等作今年最後一次面談，妥善計畫中美聯誼會未來一年的各項工作，然後卽直飛洛杉磯而最後一站的舊金山。

回到洛杉磯的主要目的，如前面所述，是爲參加伍夫人餐園的二十四週年慶，並借這個機會爲我籌募一筆今年尚未付的臺美之間的旅費。次要的原因當然是爲補訪上次無暇拜訪的許多中美朋友。

二十七日晚上伍夫人餐園的紀念慶很成功，因爲那天晚上正是世界棒球決賽時，而美國人的球賽是普遍性的，公衆推測認爲沒有多少人會來聚餐道賀的。可是受請貴賓來到的竟有百分之九十，而且不少大牌名星，諸如：(June Fonda) 瓊・芳達、(Fred Mackcrey) 佛來德・馬凱里，社會名流：如 (Dane Baker) 德恩・貝克爾、(Jean Hale Coleman) 傑恩・赫爾・柯爾門等。

據報導，發出去邀請帖一百張，而來到的賓客九十人，原來預定席位一百人，酒食桌十張，坐滿了九張。十位未能出席者，半數請病假，其餘或因臨時出差，或因家中忽有要事等，所以可說是百分之百接受了邀請。這足證伍競仁夫人鄭鏡宇女士，其聲望之高，號召力之大，這也是我華裔在美國之光。

爲享受九道大盤中國筵席，同時爲捐助慈善事業，每客付出七十五元，在美國看來這是一件値得提倡，而且應予支持的善舉。普通而論，凡被請者都認爲是一種榮譽，絕非爲名爲利而行。所以伍夫人餐園是在美國有名的慈善機構，有困難的人向她求援，總是有求必應的。

這次爲筆者捐募旅費之舉，不過是千百之一例。九十人的宴會，扣除一切費用之外，尙餘四千元。其中一千元，事先得到我同意，幫助一對由中國大陸來美的夫妻音樂研究生，他倆從紐約專程飛到洛杉磯為這次晚宴演唱，頗得在場賓客大鼓掌聲，三仟元則為我清付旅費，算一算旅費，因為還多餘五百元，我建議伍夫人交給那對音樂生，她則說：「神父，手中多幾百塊錢，有什麼害處，反正您的用處很多。」至此，我尚能說什麼，只有謝謝了。

這個宴會的經過，第二天——即二十八日——《報信經紀人日報》（Los Angeles Herald Examiner）曾有大篇文章報導，且有兩張大照片登出，其一為貴賓毛振翔神父與兩位宴會主席的，另一張為伍夫人與兩位大明星的。這為我中華民國可謂一次好宣傳，我在宴會上的演講也刊出一部份。

二十八日下午四時半，周勝次博士車送我至洛杉磯機場，準備乘五時的美國聯合航空公司五號班機直飛三藩市，預定六時十分即可抵達。這樣我可以圓滿以往三年我所未能實踐的許諾，就是和二十家住在史旦福大學附近的，我從前保送到美國去留學的學生們相聚一天。但是，等到六時，五號班機尚未出現，眞令人急死了。到了六點半，美國聯合航空公司的負責人，才對五號班機乘客說：這號班機不來了，請你們乘上另一號班機。於是大家趕快上機，到達舊金山機場時已近八時。還好，他們安排好接我的方琳和她的兒子一直在企盼著，等待我的來臨。

到後，方琳母子兩人，把我的行李放進車箱，就趕快開車離機場向約須三刻鐘的重慶樓中國餐廳進行。我們趕到時已經九時過五分了！我一進到餐廳，就向他們深致歉意，這些可愛的男男女女，究竟因為學養有素，還是滿臉笑容，婉若毫無其事的，立刻站起來向我致敬，表示熱烈歡迎，反而對我說：「神父，您一路辛苦了！」我則卽刻說：「請立刻開飯上菜，你們大家餓壞了！」

他們為我預備了一席晚餐，實在豐富，可稱為中國的大筵席。當然，除了酒食外，他們更希望我給他們談談臺灣在各方面的實況，因為他們知道，我是一向是說是，非說非的，所以他們從我口中所聽到的，都樂於完全接受。

雖然，我們相談至半夜，但沒有人顯得有倦意，似乎我們勃發的興緻願意一直談下去。但是，我不能不想到，他們明天都還要上班的。所以我說：好了，謝謝你們大家對我的熱愛，並希望這樣的聚會每年都能有一次！我想方琳和她的兒子既然住在舊金山，我和我弟妹淑瑛和他們一同到舊金山好了。就這樣地，我們暫時分別。

舊金山紀念先總統　蔣公之演講

二十九日凌晨到了舊金山，仍然住在比華利巴拉沙旅館（Beverley Plaza Hotel）。在這旅館裏，自一九四〇年以來，凡我到舊金山時，總是住在這裏的，因為它是華僑所擁有。

來此地的主要目的，是在十月三十一日為紀念先總統　蔣公百年誕辰的演講，這是去年我在美時，經過我在舊金山的北美事務協調委員會茅承祖副處長，代表當地僑領們與我接觸而約定的。

在演講之前這兩天，我就用來多與各階層的僑胞們多交往。又因爲我的小弟妹淑瑛博士遠自亞利桑那州·費尼克斯城家中，飛來舊金山與我相見，我當然樂於陪伴她參觀舊金山的華僑機構，並同時把弟妹介紹與僑胞相識。二十九日中午就應趙佩文女士之請餐敍，她係史旦福大學的第一位中國女博士，她是在美國對教育極有貢獻的專家。所以雷根兩任加州州長時，她卽擔任加州州政府的教育顧問，待雷根成爲美國總統以來，她就應聘爲聯邦政府的「白宮教育顧問」。

中午以後，我因有不少中美朋友來旅館和我晤談，所以我弟妹就去辦一些她要辦的事情。不過，六時晚餐由鍾北謙與林寶玉夫妻，以及他們的子女共請，淑瑛也應邀來參加。這對夫婦開有一家極發達的「寶謙昌藥行」，專售各色各樣的東方藥材，頗受顧客歡迎。他們將賺來的一部份錢，或到處設立獎學金，以增進學校教育，或在國內外捐贈款子，以加強救濟工作。

三十日上午在老聖瑪利教堂做了彌撒和與六位聖保祿修會會士共用早餐，暢談中美關係後，我卽回到旅館房裏，先唸完我的「日課經」就開始接見絡繹不絕的中外來賓，有的要托我爲他做這件事，有的來要求爲他解決那個問題，我則盡我所能而爲之。中午由馮呂亦陶老太太和她長女蜀虞，在中國城一個餐館裏用廣東茶點。馮老太太係已故上海《中央日報》社長馮有眞兄的夫人，她已領洗禮信天主教了，而一定要我做她的代父，我也破例地應允接受了。所以這次餐聚是代女請代父，而蜀虞是我的留美學生。

三十日上午，我因在旅館房內不斷會客坐談，缺乏我慣常的快步走路運動，身體感到不舒服，所以兩點時送別馮老太太和她女兒之後，即開始走路，足有兩個小時之久。四點半時因和邊兪琳達女士約好，她開車來接我到她家去吃晚餐。她家住在加州貝蒙特（Belmont）鎭，離舊金山開車需時一點鐘。琳達是一位很能幹的社會服務領袖，她和她的邊先生結婚有兩年多了，生有一子，邊氏爲電機工程師。這對夫妻的家庭很美滿，我爲他們祝福欣慰。

三十一日終於來到了，我們永遠敬愛的總統　蔣公百年誕辰！關於我這一天演講，我不想多寫了，因爲這篇文章篇幅已經太長了！我在此只引述四家日報的幾句話。

㈠《世界日報》：「毛振翔神父講述許多當年蒙　蔣公召見，與談話的情形。」「毛神父說，和共產黨對抗不要害怕，　先總統一生反共，而今大家要繼續努力，將來的勝利一定屬於我們，而今世界也一定會盛讚　蔣公是反共事業的先知先覺者。」

㈡《中報》：「來自臺灣的毛振翔神父稱　蔣公每日閱讀《聖經》，虔誠篤信耶穌基督，其精神依然留在每個人的心中。」

㈢《國際日報》：「毛振翔神父則以一九五一年臺灣形勢的好轉，歸功於　蔣公的領導有方，他希望今後大家均能放棄個人的私利，以國家前途爲重。」

㈣《中國晨報》：「一位來自臺灣的反共愛國神父毛振翔發表演講，前後一個多小時的演講，內容精采，更有許多有關先總統　蔣公的事蹟或故事，是演講者親身經歷，因此眞誠感人。」

從上面引述的四家日報，雖寥寥數言，諒讀者亦可窺見我對總統　蔣公講詞之一斑矣。

當日下午兩時許，我卽由許蘊芳醫師來車接往聖賀西城（San Jose）療養院去探訪其夫葉其潤醫師。葉醫師自去年五月二十八日遇到大車禍，曾久久昏迷不醒，我曾在去年的〈四十天國民外交〉一文中，詳細提及此事。

今年他雖已清醒，頭腦尚清楚，但仍未能說話。但因十月三十一日這天是萬聖節（Halloween），到處都有慶祝，聖賀西療養院的許多殘障病人也不例外。我乘此機會能去安慰葉其潤，以及其他美國男女受苦病人，和他們一起戴上種種野獸的假面具，跳跳唱唱，摸彩抽獎，比賽遊戲，諒亦有益於中美民間之關係也。

結　論

我這次在美國的四十天國民外交，從西到南，由東到北，在本文中可以發覺，我訪問了十三州，一個哥倫比亞特區，及二十二個城市。在這些地方，我遇到一個奇怪的問題，竟有三次之多，而且都是出自華僑之口的。

這奇怪問題是，「請問毛神父，在一九五一年正月初期，你為什麼抗拒所有勸阻，單獨一人遠離美國，飛往你當時陌生而危急的臺灣？」「我當時之所以排除一切困難，前往臺灣的原因有三：一是自共匪竊據中國大陸之後，唯一代表中華民國的政府已在臺灣確定，我要首先用具體的行動表示以性命來擁護和支持；二是大陸淪陷共匪之後，美國政府與人民當時全部反共，我們若不能保留在臺灣的中華民國，則一旦共匪佔領臺灣之後，你們也必被遣返共匪所轄之地，而不得留在美國；三是我若不到臺灣，則外國傳教士不會來到臺灣，則歐美政府，既無其人民存在，則對這一國家就不會去關心，我們怎麼還能吸引外國政府前來臺給予以資助。」

眞的，當我來到臺灣時，據調查，連我在內僅有十九位神父，無一是外籍的。但是我來臺的消息成為國際新聞，例如在菲律賓馬尼拉的耶穌會長應保祿神父（Paul Obrien）一見到我來臺的消息，在一週內就飛來臺北，立刻和我商量說：「毛神父，我在南京時，每次我遇到大難題向你請教，你都給我最好方法，我得以一一順利解決。現在我請問：臺灣前途如何？」「今後一定一天好一天」「我相信你，毛神父，你看我們由中國大陸出來的傳教士應該怎麼辦？」「派他們到臺灣來傳教，尤其能教英文的，我可以介紹他們到臺大和師範學院教英文，培植臺灣對外國的人才」「能教英文的不多」「你看有幾位？」「現在我所能想到的，只有四位」「好，快快派他們來，我一定好好照應他們和其他能來的神父」。就這樣地，耶穌會、方濟各會、味增爵會和其他的男修會、女修會，都派他們的會士來臺傳教了。

這樣一來，臺灣的天主教大爲廣揚，羅馬教廷也注意了，教廷公使黎培理也奉命在臺北設立教廷公使館，其他國家也跟踪來設立大使館、公使館，好不熱鬧啊！

另外一個問題，也是在美加的華僑不時對我說的：「毛神父！你看，臺灣政府從來不以金錢來資助我們對外宣傳的。」我聽了這種話，往往感到難受，爲什麼在美加的一些華僑，總以爲對外宣傳是政府的責任，而不是他們每個人的呢？難道國家不是每個人民的？所以我自去年以來特寫〈四十天國民外交〉一文，並由我們的光啟高級中學印成一萬份單行本送給許多人看，要讀者曉得，我這半世紀以來，一直爲國家做對外宣傳的工作，卻從未向政府，或教會要過錢呢？

本文刊民國七十六年三至五月號《憲政論壇》

六、四十天國民外交之三

猶如往年一樣，我今年美國之行，往返仍然乘了中華航空公司班機，雖然不時有朋友曾勸告我改坐其他飛機，可以省些錢。但我覺得我多花點，幫助本國的經濟更加向榮，要比把外匯送給外國公司更爲有益。

今（七十六）年我於九月二十七日啟程時，幾乎乘不上中華航空公司〇〇四班機，其原因是：由於中華航空公司班機，以往多年來，比如，十六時三十分起飛，總要令乘客進入飛機場，辦妥手續之後，呆坐在底下候機室等待很久，而且坐進飛機內，還要靜候個把鐘點的。所以我今年遲延到十六點鐘正，在班機訂定的起飛時間前半個小時，始行抵達機場，滿以爲有半個小時來辦理簡單的入機場手續，當可足够有餘了。

豈料，今年的中華航空公司班機，其守時的精神大爲改良了，所以待我到時，掌櫃的職員對我說：「太晚了，不能再接受乘客了，因爲飛機已經客滿，而且接受行李的機門已經關閉，飛機卽將起飛了。」我說：「這怎麼可以，在我買的飛機票上註明的是四點半才起飛呢。」掌櫃職員很客氣地回答說：「那請神父到後面辦公室去交談吧。」

進到辦公室，在場的數位職員，得悉我是毛神父，都很照應我，大家一起來協助我，安排我迅速登上飛機，於是以廣播來通知有關人員等待我，叫有力的壯士來手拎我的重箱行李，另一人來陪我快跑朝向飛機停留處，要所有檢查人員來，一關一關地放我通關；這一切的一切，都使我不勝感激。所以上了飛機，坐定席位，我卽爲中華航空公司的職員們熱心祈禱，懇求仁愛的天主特別降福他們。但我所遺憾的是，不少我的好友，這次來到飛機場給我送行的，我連一個也沒有機會向他（她）們致謝與辭別。但願他（她）們原諒我，因爲在那種匆忙之下，實在是逼得無法顧到！

直飛舊金山

訂於下午四點半起飛的中華航空公司〇〇四班機，在四點五十分卽行飛上空中，實在令人欣賞與快慰。在高闊的天空上，無邊無際，讓人感到不勝輕鬆和超脫，似乎與天地萬物的主宰兩相接觸，其感覺甚爲自然，我則大爲讚頌天主的偉大不已。

接著，航空小姐就以各種冷飲招待乘客，並分給每人一包花生米。以後不久卽開始用豐盛的晚餐，有鴨有魚、有牛排爲主菜，副菜則有麵有飯，有素菜和生菜，有紅白酒，還有甜點心、茶和咖啡，任乘客所歡喜自由選擇。晚餐後，卽放映長達兩小時左右的電影。我因對看電影，多年來不感興趣，所以靜默的祈禱，和天主交談。電影後，卽熄燈，各自在緊緊的座位上睡覺。當然有些乘客精神很好，根本不睡覺，連夜開著電燈，談著他們的話。

迷迷糊糊地睡了不舒服的一覺，空中小姐們將全機電燈開亮，供應每位客人一塊熱而略濕的面巾，作爲洗臉擦手的清潔物。此後就是準備用相當豐裕的早餐。不久在當地時間九月二十七日下午二時飛到舊金山國際機場。這樣使我們臺灣來的乘客，從臺灣飛到美國，轉過半個地球，自九月二十七日下午四時三十分離開臺北中正機場，到達舊金山國際機場時，反倒是九月二十七日下午二時。我們的日子多了一天零三小時，而且空中還花了十二小時半，奇怪不奇怪？

旣到了舊金山國際機場，所有乘客都忙於下機，趕辦美國移民局的過關手續，這是一件需要排長龍等待應受檢查的麻煩事宜。這次我還算幸運，好容易地通關了，待我拿到行李受檢查無事，卽蒙放行。走出機場，見到事先約定的許蘊芳醫生和她的侄兒來接我，開車送我到舊金山城內，我四十七年以來常住的比華利．巴拉沙旅館（Beverly Plaza Hotel），其時爲下午五時正。

一進到旅館，見到我在北美事務協調會副處長，我的好朋友，茅承祖和近十位由臺灣來的貿易商，坐在旅館休息室，一見到我，就請我坐下，要我到華盛頓時向美國國會議員要求別再使臺幣升值，美金貶值，「不然我們在臺灣商人都要失業了。」我則對他們說：「在解決這個問題時，我們必須顧慮到中美雙方的利害，不然是不會發生交涉的作用的。」

和臺灣貿易商，相談了半個小時左右，我就說：「我不能多陪了，請原諒，因爲我先須到我的房間去，放好我的行李，略事清洗，六點半還要參加一個爲我的洗塵宴。」茅副處長則加上說：「六點鐘在中國城金龍大酒家，有兩百多位華僑慶祝『教師節』，也請神父參與和致詞。」我說：「那好，茅副處長，請你同我一起上樓，到我房間去，讓我向你請教一些事情，然後你就先陪我到金龍大酒家，向僑胞們致候報到吧。」就這樣地，我以兩全其美的方法，解決了雙方的請客，使華僑和我的老友們兩方面，都感到滿意。

在僑胞教師節歡宴會上，我由於茅副處長的陪同，得以知道那些僑領當特別注意握手問好，那些參與者只須表示致意卽可的。至於要留下我與宴，那我就可以婉謝了，而要我演講更可不必了。

在滿滿兩大桌老友爲我洗塵的宴席上，自然使我感到十分快樂與輕鬆，因爲他（她）們都是我過去近五十年來美國所結交培植出來的上中下三代呢。我和他（她）們在一起，談談吃吃，吃吃談談，眞如享受融融樂樂大家庭的興奮。因此使我這九月二十七日由臺灣到美國最長的一天，生活得極其快樂。直到舊金山時間晚上十時，我實在感到太疲倦了，無法再支持下去時，我乃對他（她）們說：「親愛的，神父要回旅館睡覺了，希望明年再見，謝謝你們每一位！」

二十八日早上六點半，我步行到附近老聖瑪利教堂，舉行彌撒聖祭，使我心神完全歸向於天主，並求天主增強我身靈的能力，克盡我這一天對天主、對近人、對自己職責所有的本分，不致有所缺失。

彌撒後，蒙該教堂的兩位神父(Father John Ryan and Fr. Joseph Crowly)請我和他們同進早餐，他倆是若望・賴安神父和若瑟・克洛理，以及其他四位在場的神父。這老聖瑪利教堂，是我自一九三九年開始，凡在舊金山，每天早上都來此做彌撒的教堂，所有在此來往的聖保祿修會神父，大都認識我的，而且也曉得我很愛國，因此每見到我時，都要問我有關中國的某些人物，某些事件的，我則有問必答，而且答得令問者心服，使聽者對我中華民國產生敬愛和同情。又因為該教堂餐室裏，備有當日重要報章，諸如《紐約時報》、《華盛頓郵報》、《芝加哥論壇報》、《三藩市記事報》等。所以神父們都喜歡來此閱報、喝咖啡、討論與評論時事，慣常亦可聽到他們的不同意見。在此情景之下，我若當時無急事，或無清早的約會，我亦樂於聽聽他們的見解，同時亦會說出我的看法，但是這種休閒的機會，實在很少。

每天彌撒早餐後，回到自己住的地方，就是開始念神父的「日課經」，因為這是神父在忠於天主，忠於聖教會，忠於自己職責的重大本分，不然，這一天工作起來，也難於起勁，而內心裏總會感到不安的。

到舊金山的第一頓午餐，是劉伯驥夫人趙佩文博士在假日大旅館餐廳請的客。趙博士是我們在美國華僑中極其出色的一人。她是美國白宮、國務院、全國教育機構最高級的總統親自聘請的少數顧問之一，和現在雷根總統的淵源很深。當雷根擔任加州兩任州長時，她曾應聘為加州的兩任教育顧問，當雷根擔任美國總統的兩次任期內，她就應聘為白宮等最重要機構的最高教育顧問。她這次曾告訴我說：雷根總統，在他明年任期結束之前，有意續聘她為第三期的總統的教育顧問，不過她對我說：她不想再接受了，因為責任實在很大，工作也確實辛苦。既如此，我也沒有鼓勵她再接再厲的表示。

稍後，下午二時正，葉其潤的朋友駕車來接我到亞拉米大（Alameda）城去探訪病友葉其潤醫師，他是我在二次世界大戰勝利後，由中國大陸保送到美國去留學的。可憐的葉醫師，他自前年（一九八五）五月二十八日遭受大車禍後，曾經很久昏迷不醒。每年我到美國時，雖然日程排得很緊湊，但我必要抽出足够的時間去慰問他，而且每次我花一個多小時陪伴他時，他的病情都有顯著的起色，何況他的夫人，許蘊芳醫師還是我特別愛護的學生呢。

既到了亞城，就順便拜訪此地的中美朋友們，尤其是和葉醫師同住醫院的不少病友，因為他她們受難痛苦時，最需要友情的表現，而我身為天主教神父，當然更瞭解這一點，就是：「憐憫人的人是有福的，因為他們要受憐憫」，以及「哀慟的人是有福的，因為他們要受安慰。」（瑪五5—7）。

晚餐由許蘊芳醫師請我在一家北平餐館晚餐，陪席者有陳富強、黃楨瑩、陳麗娟、陳麗超、黃兆福、車琦、許錫嘉、許丹瑩等人。那晚豐盛的菜餚，不特口味美好，而且價錢比在臺北市同樣十大盤便宜。此後，把我送回到舊金山旅館時，已是深夜十一時。

二十九日的開始猶如昨天，不過方聞夫婦和他們的女兒方理暨女婿蔡孟銳早上來到旅館和我長談，因爲他（她）們都是我的老朋友，而且蔡孟銳，我這個由大陸保送來的學生，我不見他已有三十餘年了，由於在美國的人士，工作繁忙，有什麼辦法呢！中午就是他們一家請客，以便繼續暢談。

餐後，我卽步行到華僑天主教所辦的聖瑪利中學，該校自一九二一年，由趙佩文博士的父親趙超常先生創辦以來，業經有六十六年之久。自開始以來，一直教授中英文，頗有成績，其歷史燦爛，常有六、七百學生就讀，實在是近年來美國政府所提倡的雙語——卽英文與移民本國話的先範。現在負責該校的爲一位中國修女邱倩文，她是由香港來的。

回到旅館之後，時爲下午四時，有前立法委員姜紹謨先生的萬金小姐，姜文鈞作家來看我，代表史旦福大學那一區，我保送來美的二十餘家學生朋友。我們相談良久，彼此交換臺灣與大陸兩地的人與物的實際情形，都希望我們的祖國能快快統一，以放棄覇權，實行王道爲手段。

接著就是前《中央日報》社長遺孀，馮有眞夫人呂亦陶老太太，和她的長女及次女馮蜀虞和蜀琴同來看我。這兩個女兒，每人結婚後，共增加了九個外孫子女，而這些外孫子女均已長大成家立業，可見馮有眞夫婦二位在美國的四個女兒在結婚之後，所產生在美國的華裔後代是多麼的繁榮。由此可推想到我中國天主教，在二次世界大戰結束後，保送留美的兩千多中國男女青年，現在美國所繁殖的華僑是何其多呢。馮家母女三人請我晚餐於中國城。

晚餐後，在美第三代的華僑工程師，潘方濟（Frank Pang）一家大小七人前來旅館拜訪。方濟爲我四十七年前在芝加哥中國城創辦華僑天主堂與學校時所培植出來的，他們一家在美可稱爲中級家庭，是一個國家的中堅份子，也是我華僑的骨幹，這類人民是最厭惡共產集團的。

最後，在這一天，來和我長談的，是毛森將軍和他的小女兒毛小麟女士。毛將軍見到我時，第一件事向我講的是：「毛神父，在過去一年中，中共直接和間接地，多次請我勸你回大陸去看看，並且保證以最優渥待遇款待，例如：以頭等飛機接送，以頭等旅館招待，以熱烈歡迎擁護，只要你肯回去看看就好。」我聽了這些話之後，很率直地回答說：「只要中共先全盤放棄共產黨制度，我一定回去，不然你是知道的，我不會受中共這種騙局的。」毛森將軍於是說：「我十分欽佩你，你爲我們的國家做了那麼多的貢獻。實在偉大！」我則回謝說：「不敢當，不敢當，我只是竭盡我身爲中華民國人民應盡的愛國責任而已。」我們繼續談了許多許多其它的事情。到了夜間十點三十分，毛將軍說：「小女明天早上還要上班，而且回去路上還有近一小時開車的旅程，所以我們告辭了，希望明年再相見。」

送他們父女兩人走出旅館大門，我就回到房間裏作晚禱，感謝天主賞賜我爲祂忙了一天。然後準備洗澡睡覺，希望明天仍能蒙天主恩佑，尙能爲天主、爲國家服務人羣。

三十日是我要離開舊金山飛往俄勒岡州波特蘭城的日子。這一天上午，我除了每天例行對天主、對近人的工作之外，就是整理行李和向旅館清算三天的欠賬，然後等待鄭冰心和她的夫婿蔡紀倫來訪。再後他們於十一點半請我到他們家去看一看，此後請我到上中國城去用午餐，最後把我送到飛機場，乘兩點四十八分的美國聯合公司班機一二七八號赴波城（Portland Oregon）。一到機場，眞高興，就見到我的小弟妹，毛林淑瑛博士，她遠從亞利桑那州費尼克斯城飛到，以便陪我同往波特蘭城，採訪中美友好。她很聰明，竟先訂好了我倆在飛機上並排的座位，使我倆得順路暢談家常。

抵達波特蘭城

美國聯合班機係當日下午四時四十分準時飛到波城機場，來接我們的是一位美國老朋友華爾德．亨尼森（Walter Henningsen），他們夫妻兩人很熱心照應我從前保送到那裏的一些男女學生，愛護他們猶如自己的子女。他們自己也有三個兒子，和我那時的學生，年齡相同，相處友愛如兄弟姐妹，使我深感欣慰，因此我每次來到波城都以他們的家如自己的一樣。

我的小弟妹因和他們賢伉儷相認識以來，就成爲莫逆之交，彼此常相通長途電話，比如這次我要去波城看他們夫婦的信到了之後，亨尼森夫人卽向我小弟妹邀請，趕來一同開心開心。他們確實是我自由中國的朋友，而厭惡中共。

這對亨尼森夫婦，雖是貿易商大家庭，在俄勒岡州的政治上也相當有力量，所以我在波城兩天中，第一與第二天晚會與晚餐都由他們包辦，其情形略述如後：

九月三十日的晚上，由他們夫婦事先請好亨夫人娘家的兄弟和他們的太太來到，同時我的中國好朋友沈昌明夫婦教授來到，所以連亨家主人夫婦，和我與小弟妹一起，共有十人晚餐。晚宴是西餐，有各色各樣美酒，和鷄牛羊鴨肉以及素菜等，都蠻高貴可口。此後大家一起談論了中美有關問題，同時我也關心地問起他們子女的現狀。

十月一日，早上到該城的總主教耶穌聖心座堂，舉行彌撒聖祭，拜訪座堂的主任蒙席和助理神父略事交談。此後卽回亨尼森家中早餐。早餐後我開始念我的「日課經」，並求天主光照我的理智、堅強我的意志、擴展我的心靈，恩賜我這一天所思、所言、所行、所爲，都能光榮祂，裨益世人。此後我就是和一些中外朋友通電話，例如陳龍澤夫婦，本城最大中國餐館——龍鳳大酒家的老闆；甄揚名夫婦，本城第二中國大飯店——華園餐館大老闆。一打通電話，他們兩家主人都要我和我的中美好友訂一個在他們餐館裏飲宴的時間。我很誠實地答道：只有今天和明天中午有空，因爲後天我們已飛往華盛頓州西雅圖城去了。他們各人立刻和我訂定了這兩天的一天。隨後，我又跟路國華夫婦教授通電話，以及洪滿和醫生夫婦。其他的二十幾家美國朋友，在今天下午稍晚時，亨尼森夫婦爲我所籌辦的鷄尾酒會上都可見到面談，而且還有一些新朋友將要來參加。此外，酒會後還有近三十人的大晚餐。在這兩次聚會上，我都要給來賓作有關在臺灣中華民國各方面進步與改革實情的簡報。

爲甄揚明和陳龍澤兩處的午餐，我除帶同我的小弟妹外，只有亨尼森夫婦和沈昌明夫婦一齊去而已，因爲其他朋友午間實在抽不出足够的時間來，由於在美國上班的時間是很忙，何況這兩家中國大餐館離城中心都相當遙遠。

今天下午五點到六點半的鷄尾酒會，前來參與的貴賓大概近一百人，我都一一由亨尼森夫婦介紹，和他（她）一一握手言歡，其中有州長夫婦、州務卿夫婦（John＋Norman Paulus）若望和羅孟・保祿斯是我數年前就認識的。羅孟州務卿去年競選俄勒岡州長僅差少數選票而落選，我曾鼓勵她再接再厲，她也同意下次再來，因爲她是我中華民國的好友。其他來賓的姓名，我在此不贅，因爲讀者並不認識他（她）們。我只說：這次的鷄尾酒會是設於波特蘭的婦女俱樂部（Portland Women Club），這是全美國唯一的婦女俱樂部，一切設備都很高尚別緻，而其創辦人卽是亨尼森夫人的母親，是她捐出這一幢大樓房和美麗的花園。在波特蘭城提起 Madame Gard（賈特姆夫人）是大衆既很熟識，又很敬佩的。晚宴也是設在這婦女俱樂部的高雅餐廳裏，其酒席菜餚之珍貴，盆碗器皿之講究，眞令人大爲驚訝，來賓都無口不碑而大贊賞的，我則以「從未見這漂亮的俱樂部」而羨稱它。在此席上十五分鐘演講，請恕我從略，因爲不然的話，這篇述事文不知要長達幾萬字了！

飛到西雅圖

這是美國華盛頓州西北部最大的城市，我曾來過多次，尤其在我保送中國留學生時。今天（十月二日）我和小弟妹淑瑛飛到此地時，正是下午四時半，當時有三家朋友來接我們，每家都想請淑瑛到他們家去做客，並借此請我們跟他們聚餐，以和他們的友朋作一次聚會藉以晤談。我一向的原則是誰先請，我就先接受。因此，這次有張遺訓和喇華琴、胡治安和何小雲、以及盛強琛和莫小敏三家先請，而胡家因爲當我尚在臺灣時就來信請我了，所以爲第一天晚餐，張家爲第二天晚餐，盛家爲第三天晚餐；至於明天和後天兩個午餐，等我住到耶穌聖心天主堂以後，向中外友人通電話時再說。

關於小弟妹淑瑛則可以在這三家趕來機場爭取的，在每一家住一夜。其先後次序如訂下的晚餐一樣，首住在胡家，次住在張家，末住在盛家。假如以後有特別緣故，則可以改變，這樣使三家都高興，不就很好嘛。

我這次之所以住到耶穌聖心大教堂的原因是，正在這二、三、四日內，西雅圖總主教雷蒙・罕特嚇誓（Raymond Hunthousen）在聖詹姆斯主教座堂，爲其祝賀主教的銀慶大典，作三日之慶祝，所以來祝賀的主教和其親友都住在裏面，無空房可以供應我客居之用所致。不過，我倒為此很慶幸，因為這一個機會，不特可以使我向罕特赫誓總主教親身趨前道賀，而且還可以遇見千百位賀客，使他們見到我，能知道在臺灣的中華民國是如何的美好和繁榮，享受民主與自由。

至於我這次所寄住的耶穌聖心大教堂，內有三位神父、一位修士，並附設一個八年級的完全小學，有師生七百多人，亦是我為祖國增加美國新朋友的契機。該堂的主任神父為喬治．陶松（George Dowson），他是一位極有愛德的人，當我在他那裏作客時，他對我的熱情友誼，誠摯招拂，令我終生銘感，但願天主永遠佑護他！其他兩位神父和一位修士也是如此。其中一位，若瑟．M．顧拉里（Joseph M. Curali）因為他負責主管耶穌聖心堂小學，特別請我向全體老師與學生演講，其題目為「在臺灣的中華民國」，我就借題告訴他們：全中國的前途操於中華民國手中，絕對不可能讓中國共黨所宣傳與標榜的長久霸佔下去……聽眾都大為鼓掌與奮。

寫到這裏，我必須提及的是，我的老朋友湯元吉兄和謝維敬嫂，我這次除了有兩次和他倆賢伉儷聚餐外，還到他們府上去特別拜訪。他倆的身體都很健康，精神亦很是不服老，尤其是嫂夫人。但他們所日夜念念不忘的是在臺灣的中華民國不要有所分裂，而要處處為國為民團結一致。還有盛強琛與莫小敏兩位，以及王浣梅與歐陽世亮，暨劉漢渝和蓋羅甫，他們三對夫婦對我的愛戴，令我時常欣慰與感激，每次我到西雅圖時，他們無不特別款待的。

這次胡治安與何小雲兩位，特請假三天陪伴小弟妹淑瑛，開車到處觀賞名勝雅境，眞令人感激。我因須在這二日內多拜訪和接見中美友朋，所以只能抽出一半天的時間和他們同歡共遊！

五日正午，我與小弟妹同時起飛，她飛回她家，亞利桑那州鳳凰城，我則直飛紐約市。她因途中要換班機，中途相當長久的時間等待，所以我們飛抵各自的目的地時，可能差不多同時。我是紐約時間晚上九時正到達甘迺迪機場的，有我五個兄弟中僅存在世上的一個，振耕五弟和弟妹鄭開瑛來機場迎接。一年不見的親人，現在一到紐約，立刻見到，彼此之間的快樂與興奮，是可以想見，而難於表達的！

到達紐約城

在紐約，我的常住所為中美聯誼會，陳之祿神父本會的老練多才多藝的總幹事，以及其他職員都站在大門前迎候，使我深感回到美國臨時之家的溫馨快樂。陳神父和我，其時雖已深夜，還是相談良久，尤其是關於明天晚上的，中美聯誼會所主辦的，雙十節國慶大宴會。

關於中美聯誼會籌辦雙十節餐會事，美國《世界日報》曾刊出下列新聞：「本報紐約八月十五日訊：中美聯誼會及中國文化協進會籌辦的第三十二屆雙十節餐會，定於十月六日（星期二）在紐約市華埠銀宮酒樓舉行。

餐會負責人陳之祿神父表示，餐會是紀念中華民國創立七十六年，也是為中美聯誼會籌款。中美聯誼會為以透過宗教、教育及文化促進中美兩國了解的非牟利團體。

陳之祿神父表示，除了餐券可供中美友人定購外，並有紀念年刊，歡迎華人商號及個人刊登廣告以爲贊助。本年餐舞會中，並將頒獎中美兩國對促進兩國友好有卓著貢獻的人士。

中美聯誼會三十二屆雙十節餐舞會聯絡電話爲陳之祿神父：（二一二—七八七—六九六九）通訊地址爲（86 Riverside Drive, New York, N. Y. 10024）。」

有關中美聯誼會十月六日餐會，中美人士共祝雙十國慶，美國《世界日報》，於十月七日，有下面的新聞：

「本報紐約六日訊：中美聯誼會慶祝中華民國七十六年雙十節國慶餐舞會，六日下午六時在華埠銀宮大酒樓舉行，中美人士四百多人參加了盛會。

這是中美聯誼會第三十二屆雙十國慶餐會，會長毛振翔神父自臺北來紐約親自主持。餐會中並且致贈『中美聯誼會獎』給馬丁基特（Martin Kittle），『于斌樞機獎』給高登何西（Gordon Hoxie），表揚他們對促進中美兩國友誼所作的貢獻。

參加餐會的有北美協調會紐約辦事處副處長鄧申生、新聞組主任王曉祥、中華公所代主席李維國、譚國楨、伍球俊、鍾喬征，以及許多美國友人。餐會前有吳文秀及美籍歌唱家分別高唱中美兩國國歌。隨後，在輕鬆音樂伴奏下，歡樂而熱鬧的舉行慶祝餐會。末後，由會長毛振翔神父致謝辭。

毛神父致辭，先行申明他對出席參加雙十節餐會的中美貴賓由衷感謝，萬分重視。他說：他的感激是附有贈品的。這個禮物，雖是無形的，卻是有價值的忠言。就是，他回憶一九三九年四月六日，由法國巴黎乘諾曼第郵輪到達紐約，見到美國的種種新氣象，無限興奮；慢慢覺察美國人民與政府均充滿朝氣，使他很快地深深地愛上了美國。當時，美國人民與政府是團結一致的，其精神是蓬勃的，其道德是勇敢的，其科技是猛進的，其經濟是向榮的，其政治是健壯的，其社會是安定的，尤其，其宗教信仰是切實虔誠的。但是，近年來，他感到很難過地說：美國好像缺乏精神、缺少道德，冷淡宗教，在科技上鬆弛，在政治上搖擺，在經濟上困難，在社會上混亂。其原因他認爲是由於一個要不得的錯覺，就是『人定能勝天』，眞不知：誰要靠自己的能力去戰勝天主，那是要遭遇天翻地覆的。所以現在臺灣的中華民國政府，在教育上提倡宗教，例如宗教課程在臺灣是鼓勵教導的；在道德上禁止墮胎殺嬰，例如墮胎在臺灣是違法的，安樂死是不值得討論的，而在美國，宗教是不許在公立學校教授的，墮胎是合法的，安樂死是試圖的……這就是何以中華民國的臺灣，從各方面都有能力去推進，而美國卻顯得不那麼起勁的緣故。因爲宗教與道德是任何國家要興盛的原動力。因此毛神父誠懇地期望美國能回到一九三九年以後的二十餘年，繼續領導世界，繼續爲世人的典範！但必須堅信眞正的宗教，謹守道德的規律。

毛神父演講後，全體來賓均站立起來熱烈鼓掌，表示敬意與欽佩。且有些聽眾搶著跟毛神父握手致謝，說他的演講眞感人肺腑，因爲是從他心中說出的精誠之言！」

國慶大宴會後

因爲我這次來美的旅程，在臺灣時，僅計畫到紐約而已。其原因是由於我今年七月下旬，曾在耕莘醫院開了刀，割除腹中的長瘤，不敢預料是否身體的健康，尚能讓我如往年一樣的繁忙急迫地在四十天內，探望二十幾個大城市，今天飛到此城，過一天又飛往那市，直到離開時，都不勝緊迫。曾經不時有朋友勸阻我說：「神父，你已經是七八十歲的人了，年齡是不饒人的，請多多珍重珍重」。

所以我到紐約之後，不計畫多旅行，而打算在幾個在社會及政經上更有利於我國的大城市，以及這些城市附近的要鎭，多探訪與接觸有能力幫助我國的人士。

以往我在紐約是，一旦結束了雙十國慶，就行遠離的，即使偶爾回來，也只是經過的暫停罷了。但是，這一次我卻共住了先後十二天之久。在這十二天中，每天雖然不需要乘飛機遠行，但是，也未曾休閒過，因爲每天都須參加這個開會，那個聚餐的。這樣做，我還是覺得爲精神，爲身體更輕鬆。由於乘飛機遠行，多次把寶貝的光陰花在飛機上，或者更無聊地留在機場上等待晚到的，或遲遲不起飛的飛機，實在令人乾焦急與無奈何！

關於開會嗎，紐約華僑有幾十個社團，幾乎每一個都邀請我去出席，我當然無法做到，只能隨我的精力和時間的許可，前往參加幾個，例如我北美協調會紐約辦事處處長吳祖禹大使的雙十節大晚會，其盛況有千餘中美人士應邀參加，在這種機會上，我樂於多花些時間跟來賓多作接觸與交談，以利我國家；再如紐約華埠美東聯成公所，楊裕芬僑領所主辦的「雙十國慶中華書畫展」，在會場上要我演講，我亦應從不辭，因爲書畫是永久代表我中國亙古常新之文化的；又如紐約中華公所雙十節國慶，整天的慶祝，有遊龍舞獅的羣眾遊行，有多姿多采的種種娛樂節目，有僑團大宴會等等。凡是這些有意義的慶祝，陳之祿神父及我總是同行去參加的。因爲我們兩人自羅馬傳信大學以來，就是相親相愛如兄弟，有福同享，有苦同擔的。當然在我倆的生活中，物質的享受很少，而精神的享受無窮。

關於聚餐嗎，每年我來到美國短暫的，在每一個城市探訪中美朋友時，每天中午及晚餐都是應邀吃豐富的菜餚的。在紐約時，陳神父無不與我同時被請的，所以這次我留紐約的十二天，就有二十四頓美食盛餐。而每次不同的東道主，平均都邀上半打陪客和我與陳神父聚餐晤談，並給我們介紹他們的友人和我們相認識的。因此，我每年來美四十天到處之訪問，不特和老友重溫友情，而且增加新交識的朋友，也都是爲我們的中華民國增加不少新朋友。

到紐澤西州杜蒙鎮

今天是舍弟振耕六十一華誕，也是陳之祿神父七秩大壽，所以依照往年的規律，我當陪陳神父駕車到紐澤西州（New Jersey）杜蒙鎮（Dumont），應弟妹鄭開瑛和我三位姪女之邀，前往他們家中，好好地爲他們兩位壽星祝壽，祝福他倆壽比南山，福如東海！但陳神父曾多次提醒我，快給他找一個年輕的中國神父來中美聯誼會幫助他，因爲他已接近老人了。我則對他說：到了必要的時候，天主自然會妥善安排的，請勿爲此而操心吧！其實，在過去五、六年來，我一直在注意著這件事。但是這樣的人選，符合條件的，實在不容易發現。因爲要能爲中美聯誼會愉快地服務，必須要有完全自我犧牲的精神，由於這裏唯一的享受，就是眞愛人；人若有問題來找你，你都要樂於接見他，同情他，並用各種辦法去爲他解決難題，此其一；第二：你在人際的關係上必需是廣泛的，常是受人歡迎，而且是在需要時，你的朋友肯因你的緣故，而不慳幫助你所要他伸出援手的人的；第三：這樣一位年輕的中國神父必須有正確的對人、對事、對物的正確觀念，他的判斷當是客觀而無私心與無成見的；末了，這位神父的智識與能力必須是中上的，道德必須是崇高的，不然是不容易受人尊敬，而在無辦法中能有能力找出辦法的。因爲中美聯誼會的本身是，從無而生有，從有而增長，從增長而擴充的。這些年來爲中國留學生貢獻了令人驚訝的服務，例如數以千計的獎學金啦，爲中國男女青年解決了各方面的問題啦，爲中美兩國人民間交結了千萬朋友啦，在抗日反共上爲中華民國爭取了許許多多的有形無形援助啦。現在中美聯誼會房地產的價値亦够可觀的，而且其出版的刊物如《牧靈與神學》月刊（*Homeletic & Rastoral*

Review）在世界上讀者，至少在十萬人以上，其主持正義、保護眞理、實行仁愛的影響之大是難以估計的；再如在世界許多國家，尤其歐美，每星期有八十五個電臺，以兩次二十分鐘的時間，廣播中美聯誼會所編製而寄送的錄音帶，宣傳世界反共權威人士的言論，其對於反共產主義的貢獻是無人敢小看的；還有，中美聯誼會所出版的其他許多書籍，其有功於宗教信仰的堅定，於道德勇氣的喚醒、以及於神修生活的提昇，更是有目共睹的。所以敬請愛護中美聯誼會的友好們，請多爲中美兩國彼此關係祈禱，使這個友誼日益加強，而使天主在天永受光榮，並使善人在世常享平安。

十月十二、三兩日，我因在紐約有中美友朋之約，重返紐約市區，以應李撫琳、李撫名、黃蜀蓉、楊祝華、許品、許小方、陳彌雲、利宅娜和安多尼．庇護（Regina＋Anthony Plus）、張立訥等之約會。這十位朋友，除和我交談外，中午晚餐並請我吃中西餐，以繼續互商事宜，我則一一應從，視時間方便而定。

十四日回到了紐澤西州中部之一的城市，普林斯頓，這是紐澤西州中部享有自治特權的城市，由於在世界著名的大學普林斯頓所在的關係。在該大學擔任各學院教授者，我中國人有二十幾位，即由我親自保送來美的就有五、六位。所以我這次來到此地，就住在程心一和辛華珍夫婦家裏。他們有三個很聰明的子女，長子以翼，專長天文物理，在約翰霍布金斯大學（John Hopkins University）研究院主持應用物理實驗室，次子以哲，專長心臟科專家，幼女以潔，專長金融管理，三人都有傑出的表現。至於他們的父親，專長航空科技，他對於飛機的製造、設計、改良等等，可說是權威，和他談起這門學問，眞令聽者興緻勃發，聆教不已，欽佩無遺；他們的母親不特是一位極慧淑的賢妻良母，而且也是一位化學家。這樣的一個充滿人才的家庭，而且待人接物又是那麼的富於愛心和週到，誰不願意多跟他們來往和接近；所以胞妹振蓮女士也早一天到他們家裏。

在普林斯頓大學約有兩百個中國學生，大半是由中國大陸來的。據說從亞洲來的學生共有一千人左右，而他們的指導者(Director)爲陳國瑞女士，她是我在二次世界大戰勝利後由大陸保送留學美國的。我到普林斯頓的當夜，他到程家來晤談時，曾要求我明天午餐時，與普大全體亞洲學生同時聚餐，並向他們公開演講，因爲這是他們每星期一次週餐會演講。我聽了之後，頗感這機會難得，但卻已另有約會，而且來請我的毛桂林、桐林、臺林，是從遠處駕車來接我去，定於同日午前來到，並事後要把我送回紐約去，以應我於晚餐前的約會的。所以衡量輕重之後，我只好婉謝，並許下下次有機會來普林斯頓再說了。

此日傍晚，毛氏兄妹等駕車把我送回紐約中美聯誼會之後，我就開始因應司徒鄭碧霞、文伯銓、廖素珠、蔡伯軍、廖美瑛、季兆榮、徐祖愈、趙之壁等來訪並長談各方面的事情。此後並請我和他們聚餐，這是十月十六日的事。

(四)

十七日，因爲五弟振耕和弟妹開瑛堅持要爲我晉鐸五十年金慶，作個小規模的慶祝，就是借全家福大餐館請一桌特別豐富而珍美的酒食，和我的特別親友在一起聚集。我因無法推卻，只好接受。所以得與下列十四位親友歡聚，他（她）們是：陳之祿、陸德瑛與鄭喬治、于綿綿與鄭履義、朱士林和傅曉岩、盧惠英和俞炳昌、劉愛理和王保祿、毛振蓮、毛振翔、以及兩位東道主。當然，這種出於五弟和弟妹的誠心與善意，我是十分重視與感激的。但願天主保佑和降福他們全家！

賓州費城和德拉威州維明頓城

我因為要大大縮短這篇報導文，以免太長，所以在以後的訪問城市裏，我只簡單地提出所見談的人與地罷了。在費城這個大城，我曾花了三天，所見的中美友人實在不少，但在此只提陸英耕爵士夫婦，他們請了三十幾位朋友，在他們府上歡迎我一起聚餐，和長談費城中國教堂和學校的發展，中國大陸與臺灣的今後統一問題，美國和自由世界對臺灣海峽雙方將來的變遷等等。

美國朋友，我這次特別拜訪的有(Msgr Charles Devlin)查理・滕佛陵蒙席，和其他七位與他一同服務聖若望大教堂的神父；(Msgr Martin Mcdounaugh)馬丁・麥克陀拉蒙席、以及四位他的助理神父，同進晚餐長談，(Fr. William J. Saller)威廉・丁上・賽萊、以及和他住在一起的二三十位神父。

因爲上述這些神父蒙席，都主持著數千教友的大教堂，所以我特別注意抽閒去拜訪他們，由於他們影響力實在不小。一旦我和他們友好，他們不特自己要同情我中華民國，而且也會使他們屬下的男女教友歸向我們，加強我們反共的力量呀。

當然，費城中國城的救世主天主堂，因爲我在近五十年來，在那裏花了不少心血，並在那裏天主仁慈救援了我，賜我得以名實相副的成爲第一位中國在美國的傳教士。並因此今天有許多中國神父能在美國各州向華僑宣講耶穌基督的救世福音，設立中文學校，傳揚中國文化，這是我所不能忘懷的。我每次到費城時，無論如何繁忙，必須去看看這裏的教堂與學校，拜訪這裏的修女老師，並向此校的學生講解中華民國的種種，使他們不致忘掉他們的祖國。唯一遺憾的是，當我在費城的三天，因爲去年十一月一日才到費城爲華僑教堂服務的鄒保祿神父不在，使我未能見到他。據說：鄒神父那時領了一羣美國教友到歐洲去觀光了。

關於德拉威州維明頓城（Delaware, Wilmington），從前我在那裏有畢業生不少。在杜邦公司就業的，曾有過三十餘位科技專家。而現在，因爲多年來我和他們失掉聯絡，無法找到他們。唯一我這次找到的是，唐奎源夫人梁國湖女士。奎源業因癌症逝世，而其遺孀梁女士和三個子女仍在原處。不過三個子女都已畢業、就業、成家。而梁女士很熱心，堅持她可以特別請假，駕車到費城來拜訪我，向我報告過去這些年來，她家中各種情況，我當然十分歡迎，因爲唐氏一家是我很喜愛的。

唐梁國湖女士，是阿佛列・杜邦研究所服務處的監督兼經理（Alfred Du Pont Institute Supervisor Manager Department Labolatory Services），她是一位在科學上有深造，且爲人很精幹，服務又周到的炎黃後裔，中國人的榮光。

在費城社會上，我華僑熱愛中華民國，並因其所專長而具有領導才能者，有吳欣、毛燮文、向維摩、李方濟、鍾若望、張麗慶、黃伯英、凌春林、凌琼仙、鄭道林、鍾悼利、伍玉珍……等。這些人士是我所保送來美留學的英才。

馬里蘭州巴的摩爾等城

在巴的摩爾大城，我特別要看的是，革命元老徐桴的女兒——徐正茵，因爲她是專於聾啞教育的，在巴城很享有盛名。但不幸的是，她與李斐理結婚後，不到十年，她的丈夫就病死了，所以我要去特別安慰她。

另外一家美國朋友，（Leo Majors）李奧・梅喬斯，他們夫妻兩的兄弟姐妹共有十八人，而且每人結婚後都生有五、六個子女，並且都是中等階級以上的有爲人士，所以我要借重他們的影響力量，以加強我中華民國在美國的實力。因爲在巴城，我僅小住了一日夜，所以亦够我忙碌了。

華盛頓特區

在華盛頓，我這次共住了五天。在這期間，我探訪了許多中美朋友。但由於本文已太長，我僅提及和美國參衆十數位議員談論中美貿易差距的問題，尤其是臺幣繼續大爲升值，美金不斷大爲貶值。我只提出我與內華達州選出的聯邦參議員，哈利・利德（Harry Reid）的談話作爲一個例子：

㈠美國對外貿易的高度逆差，是我中華民國人民與政府所了解與同情的。但是你們政府著重於臺幣大幅升值到百分之五十，實在是破壞我中華民國均富的事實。因爲你們這樣做，使中華民國的少數大企業家愈來愈富，令許多中小企業家愈來愈窮。因爲大企業家，在貿易上有大量的出口貨，也有大量的進口貨，他們在外匯上是不會有所損失的。但中小企業家們，大都是只做出口生意，而很少做進口生意的。

㈡但是，人民間的窮與富，相差愈大，社會愈顯得不公平。因此社會愈容易動亂。但一個動亂頻繁的中華民國，對美國是有害無益的。因爲中華民國一直是美國的忠實朋友，其相牽連是一定的。

㈢這是衆所周知的：顧客買貨物，其首先所要的，不是貨物的便宜，而是貨物的有用與美好否，因此美金大大貶值，美國出產品雖然更便宜，但對中國人不一定有用處和喜歡，何況並非美國貨出口多，就一定賺到大錢。

㈣近年來，美國產品已遠不如以往，因爲你們的工藝實在沒有從前那麼精密堅實。這是美國人自己也承認的，由於其偷工減料的趨向很風行。所以我勸告你們要三思而後行，宜另找貿易逆差的改良方法，別再拘泥於美元不斷的貶值，因爲這對美國人民喜愛出國旅遊與經商者，損失實在更大！

麻薩諸塞州波士頓城

十月二十七日中午，女高音李美梵，中國兩位名音樂家，李永剛和周瓊教授的萬金小姐，先駕車來到華盛頓總主教公署，請我到（Flagship）旗艦海鮮餐廳用午飯，然後送我到機場乘二時正的班機飛往波士頓。該班機於五時到達，由陳銹教授來接我到他家客住三夜。

在波士頓的三天，我雖探訪了不少中美朋友，但我在此特提及李凡教授夫婦和梁老太太，因爲陳、李、梁三家是我最要好的老友；當然我亦不能忘掉我的親侄女——立霞，她尙在哈佛大學醫學院做三年級學生。

其餘的從略，但不能不提及在波士頓最重要的一個訪問。有關這個訪問，紐約《世界日報》

有如下的報導：「中美文經協會毛振翔訪眾議院多數黨領袖。向麻州全體眾議員演講，表示堅決反共信念。（本報波士頓訊）中華民國文經協會常務理事毛振翔神父，十月二十八日（星期三）下午一時在旅居此地的僑民陳銹教授夫人傅沛平女士之陪同下，前往麻州州議院，拜訪眾議院多數黨領袖 Charles Flaherty（查理・佛拉海蒂）。佛氏在其辦公室接待訪客，並邀請北美協調委員會駐波士頓辦事處處長林水吉、副處長烏元彥、秘書程其蘅，以及 Stephen Carol（史蒂芬・加羅爾）等十一位眾議員在其辦公室共進午餐。

參加的州眾議員包括交通委員會主席史蒂芬・加羅爾、罪犯司法委員會主席Salvatore Dimasi（沙發多來・廸瑪西）、Thomas, Finneran（湯瑪斯・芬宜蘭）、John Mcgovern（若望・麥加文）、Marie Parente（瑪利・巴倫德）、Marie Howe（瑪利・何奧）、Joan Menard（瓊・梅納德）、Peter Forman（比得・佛孟）、Stephen Angelo（史蒂芬・安琪羅）Angelo Scaccia（安琪羅・司卡超）十位訪華的眾議員。和從未去過臺灣的眾議員 Shannon Obrien（夏隆・歐伯蓉）。

隨後，佛拉海蒂氏陪同毛振翔神父前往眾議院議場參觀，由議長 George Kever（喬治・季佛）向全體議員介紹毛神父、林處長，並邀請毛神父上臺致辭。

毛神父在簡短致辭中表示，他早年來到波士頓向中國城的華僑傳教，與此地天主教教會有很深淵源，尤其感謝庫輿樞機主教（Richard Cardinal Cushing）主持籌募一百萬美金鉅款，贊助輔仁大學在臺復校。

毛神父曾向麻州全體眾議員表示其堅決反共的信念。因爲共產黨主張無神論，反對天主，迫害宗教信仰自由，破壞天賦予人不可侵犯的權利。一個眞正的天主教教士與教徒，必然反對共產主義和共產政權。波士頓城是在全美國最多信奉天主教的一大城市，你們州民三分之二以上都是天主教教徒。但是近年來天主在州民的心目中似乎受到委屈，例如你們州裏所選出的聯邦參議員愛德華·甘廼迪，從一九六二年至今已經在位二十五年。他在位那麼長久，其表現，無論爲美國，或爲自由世界，似乎愈來愈差勁了。願你們告訴你們選區的選民下次選舉聯邦參議員時，可以換換新人了！

毛神父自一九四八年卽被中共判爲『國際戰犯』，因此，當中共提出優渥待遇邀請他回去訪問時，他立刻拒絕了。演說之後，全體眾議員都起立鼓掌，表立敬意。

毛神父在今年初，麻州參眾議員訪華期間，曾代表中美文經協會理事長查良鑑在臺接待訪客。此次訪美，順道來波士頓探訪好友們。毛神父在波市停留三日，於十月三十日離去」。

內華達州拉斯維加斯城

我這次專程飛往拉斯維加斯城的主要目的，是今年我由臺北飛抵舊金山時，我國北美事務協調委員會，駐舊金山辦事處副處長茅承祖，曾和我約定，在我回國途中到洛杉磯時，先到內華達州拉斯維加斯去拜訪前內州州長邁克．歐加拉亨(Mike Ocallaghan)，因爲歐氏很支持我中華民國。他在內華達州很受民眾擁護，他是拉斯維加斯《太陽日報》的總裁，在該報上每週三次發表他的專欄 Where I Stand 頗受讀者讚譽，他控制城內的兩個電視臺，在政治選舉上，凡他所支持的，無論聯邦參眾議員，州內之參眾議員，沒有不當選的。而歐氏爲我的至交，所以我於三十日早上八時五十分乘美國聯合公司九十號班機，由波士頓直飛洛杉磯，以便下午一時偕同茅副處長同赴拉斯維加斯。抵達機場時，由歐州長親自來接，並蒙好友 William Morris（威廉．毛禮斯）在他自己的三十八樓 Land-Mark 大旅館裏做貴賓。到時即給我一張貴賓卡，要我在卡上簽名。這樣，我在拉城的兩天，在旅館內所設有五家餐館，無論我和我的朋友吃什麼、喝什麼，只要簽個名就可以，眞正享受。感謝天主，感謝老闆。

其實，我在拉斯維加斯，除掉歐州長和毛老闆兩家外，還有其他幾位好友，例如 John and Julia Vargas 夫婦和 Gus and Pat Cardinalli 夫婦等，此外還有聖安納天主堂的 FR. Mcleight、Fr. Fisher、Fr. Dister 等，所以在兩天之內，要接受每位友人的請客，確實時間不够分配，但和他們以及他們的親友陪談，我都給予充裕的時間，因爲這是有益於我教我國的，何況他們都是拉城的上等人物，纔有影響羣眾力量的。

加州洛杉磯

十一月一日，我在拉斯維加斯的兩天逗留，可告結束。先向 Landmark大旅館主人，威廉・毛禮斯夫婦在他們家中的電話裏致謝辭行。可是他倆賢伉儷，無論怎麼忙碌，定要趕到旅館來，親自給我送行。這種盛情厚誼，我並不堪接受，但卻由衷歡迎，因爲在此的兩天中，雖在電話中我都曾跟他倆人個別談過話，但卻未曾有機會晤面交談。等他倆來到之後，我自然樂於和他倆座談。

當日上午十一點半，Cardinall 上校夫婦來車接我出去，到一家中國銀龍大餐館有兩位從中國大陸來的中國夫妻陪客聚餐，希望我能幫助他們在美國留下來久住。這種案件，我近四五年來，每年都遇到十幾件，但都是難以解決的問題，因爲美國移民局根本拒絕接受申請。不然實在太多了，因爲由大陸來美二萬多留學生與觀光客，據移民局人告訴我，約有百分之九十二不想回去的，這亦足見中國共產政權是多麼失民心了。

照例，我從拉斯維加斯三時半起飛的 Delta 公司班機一九二一號，可於下午四時二十分飛抵洛杉磯的。但是，不幸，這家班機因爲臨時需要修理，竟遲到八時半才飛到。這使伍競仁及鄭境宇夫婦焦慮萬分。因爲晚了，伍夫人餐園的顧客正雲集時，他們無法抽身來到機場親自接我，頗使他倆深感遺憾。因此當我一下飛機，開始向行李房行走時，就聽到 Delta 航空公司的廣播出：「Father John T. S. Mao Is Paged, Please Contact Delta Office。（有人在找毛振翔神父，請撥這航空公司電話取得聯絡）」我一找到電話，卽刻得到回答說：「伍夫人請毛神父叫一輛計程車，直駛伍夫人餐園，因爲他們店裏生意正是最忙的時候，不能來迎接，一切費用，伍夫人已經指示店裏接客員照付」。

我將行李拿出來之後，卽叫了一輛計程車，並告訴司機說：「到伍夫人餐園，你知道嗎？」「這是很有名的餐館，當然知道！」「那好，我們就走吧。」

待我一進到店內，有個店員立刻報告說：「毛神父來了，快請伍夫人來。」她和她先生卽時趕到，來歡迎我。那時已經九點鐘，桌上已擺滿了大盤盛筵，並有四位大陸來的客人在等待我。其中一位是上海電影製片廠的導演謝晉。當伍夫人把我們彼此介紹時說：「今晚這席餐會，係臺灣來的毛神父和大陸來的電影員結合在一起的，眞湊巧，諒兩方不會介意吧？」我立刻回答說：「只要是中國人民，無論那裏來的，我都歡迎。但願其中沒有一個是染上赤色的！」謝晉立刻接著說：「中共已經大爲改良了」。「這就不誠實了。老實說，我了解中共的一切比你們從大陸來的更清楚」。「眞的，鄧小平要完全退休了。」「請不要騙我，因爲他決不肯放棄軍權，在共產區域，槍桿子是一切權威的總匯」。謝和其他三位都定睛瞄著我，我繼續說：「今晚我很高興能和你們同席共談，不過你們必須心口一致，不然我就會離席的」。於是他們同聲表示願意聽聽毛神父的高見。我於是就大講鄧小平的一生，從十六歲在法國當共黨職業學生直到現在……談到一點鐘之後，其中一位女的挿嘴說：「請看，毛神父的一舉一動，一言一行，眞是一個電影明星的角色，謝導演，爲毛神父拍部電影好嗎？」謝靜默無言。我卽說：「只要你們敢拍，敢在大陸演出，我一定同意。」「我們不敢！」「足見大陸政權是專制獨裁的，你們應該團結起來推翻它。」他們都默默無言。此時我們已經長談兩小時了。

在這種尷尬的情境下，機警的伍夫人乃前來說：「你們看，毛神父累得兩隻眼睛都睜不開了，我要送他回家休息了。」他們四人於是一致對我說：「神父講的話，句句都是眞實，我們很欽佩你。謝謝你，今晚由伍夫人招待，使我們得到這個好機會。」他們並向伍夫人說：「我們都很感激妳的盛筵款待。晚安，再見了，伍夫人。」

這次我在洛杉磯，因爲共有五天，所以接觸的朋友特別多。但我歸心如箭，竟把六日中華航空班機〇〇五起飛的時間弄錯了。不過這錯誤之形成是由於聚星旅行社，在給我的Itinerary（旅行路線單）上寫著十一月六日星期五十五點十五分，而在給我的飛機票上寫了十三點十五分。而我卻未曾注意到「單上」和「票上」的時間有差異，所以待我於十四點到達中華航空機場時，我的送行人陳梅純和我自己，從遠遠見到中華航空那邊的櫃臺空空如也，心裏很是驚奇。及走到了櫃臺前，只見到一位職員，詢問何以今天客人還沒有來？他答說：「飛機已於一點一刻飛到臺灣去了」「怎麼一回事，在我的旅行單上明明寫著三點一刻，怎麼可以提早飛走呢？」「不是三點一刻，而是一點一刻！」聰明的陳梅純就說：「神父！請你把飛機票給我看看」。她一看就說：「神父，是一點一刻」，我於是才明白我錯了。既如此，總要找個補救的辦法，乃問櫃臺員：「明天中華航空有班機飛臺灣嗎？」「有的，在同一時間，但客人已滿，且有五人在等待，可是你今天的飛機票當作廢。」「能有辦法使我得到一席座位嗎？」「請到辦公室裏面去問吧。」一進到辦公室，我就先自我介紹說：「我是毛神父」，那室裏的辦事員就很客氣地站起來說：「你是毛神父，我能爲你服什麼務？」等我說明來意，他就叫我拿飛機票出來。他立刻在我的飛機票上改正爲七日的班機。我除掉謝謝他外，並問他明天機上一定有座位嗎？他答說：「毛神父，你來就是了，不會沒有座位給你的」。

陳梅純就很高興地說：「請你今天到我們家裏去住，好嗎？我們現在把你的行李再放到車廂裏。」蘇孝農和陳梅純兩人是在一九七九年八月十八日，特從美國留學回國，請我給他倆在臺北市聖家堂，在隆重彌撒聖祭中證婚的。婚後他們新婚夫妻又回到美國去，一直和我通訊，總是請我到美國時，到他們家裏小住幾天，我則從來找不到機會，所以今天他們感到意外興奮。把我一接到家中，他們就跟遠在華盛頓的大姐，陳梅麗通長途電話報告：「大姐，我們請到毛神父今晚住在我們家裏！」那種興奮愉快的表現，使我深感天主的奇妙安排是多麼的悅樂人心，是多麼的顯出教友信德及愛德。我這遲一天回到臺灣，雖然會引起不少在臺友朋，尤其是聖若望教堂教友們疑慮，但這只要事先通幾個長途電話就可以妥解的，但陳家與蘇家在美，在臺的親戚很多，因著這一電話通知，擴展到多少人爲他倆和小兒尚倫慶幸呢。而且住在他們家中 Buena Park 城裏這一天，我可以休息輕鬆一番，除和他們交談之外，沒有其他人來找攀談，我這是多麼安靜的一天。當然七日早晨到聖庇護教堂舉行彌撒聖祭時，曾和那裏的三位神父交談一會。

結論

今年訪美的四十天期間，從西部到西北部，到東部，到南部，到東北部，再回到西南部，經過城市雖然沒有去年那麼多，可是接觸到人士卻比去年多。在這眾多人際關係上，我遇到最多的問題是下列三個：

㈠依據臺灣《中央日報》、《聯合報》、《中國時報》的報導，在臺灣政府要強制拆除聖若望教堂，這是什麼一回事？難道臺灣政府和中共在大陸一樣，要迫害宗教嗎？難道你毛神父一輩子爲國家這麼賣力，政府還要難爲你嗎？我則答說：「我的聖若望教堂仍然完整存在，因爲總統、行政院長、監察院長、司法部長、省主席、省建設廳長等，在接到我的「陳情書」後，都回信指示臺北縣政府當依據我的陳情書辦理。不過到現在臺北縣政府尚未給我一個書面的保證，而且上述三大報章至今亦未刊登對此事改正的新聞，這是令人覺得在臺灣的中央和省級政府官員是好的，但是縣市政府以下的有些官員是令人氣憤的。這當然亦顯得上面命令對下面不能貫徹執行。我已經爲此事向國民黨中央負責人提醒告訴。我相信遲早這件案子會令我滿意解決的。但願不要拖延不做！

㈡民進黨，什麼東西？他們十幾個中央民意代表，立法委員，國大代表，竟敢無法無天，擾亂社會安定，破壞會場秩序，醜化國家形象，搞什麼臺獨啦，廢除憲法啦，臺灣人不是中國人啦，要和中共談判啦等等。爲什麼政府不制裁他們？他們既然不是合法政黨，爲什麼還要跟他們開會溝通？請毛神父解答。我認爲這一切之所以能在臺灣存在，因爲臺灣對民主政治的實施，尚在初期，尚難於完全執行法治，而且可以說：執政者尚在學習，因此處處顯得猶豫，事事不敢決定，也因此顯得軟弱無能，更因此民進黨乘機爭取權利，以爲粗暴行爲就是獲得權利的手段。豈不知今天在臺灣人民普遍知識相當高，而且因爲經濟繁榮，要追求的是安定的社會，和平的生活，加強國際的地位，設法統一中國等。民進黨若不改變作風，將來一定被人民唾棄，因爲近來人民對他們的觀感已經愈來愈對他們不利了。

㈢毛神父，近幾年來，據許多方面的談話，聽悉中共領導階層曾多方面設法，請你回大陸去看看，你有何感想？是的，每年我來美的這四五年中，屢有大陸上的人來看我。他們普遍對我說：「毛神父，我中國是否應該統一？」「我是最要中國快快統一的人」！「那麼請你不要再反對我們吧。」「只要中共完全放棄共產主義、共產制度，實行王道，摒除霸道，我不但不反對，而且還要擁護你們」。「這是做不到的」！「那只有你們皈依三民主義——中國傳統文化，幫助我們來統一中國了」。「這也是做不到的」。「你們做不到，我們卻堅定要做到，因爲這是所有眞正的中國人都熱切企望的」。「這樣說，中國永遠不能統一了」。「我不能苟同你的悲觀；假如照你所說的，那麼中國不能統一，罪在於你們，而不在於我們」。「那可否請你到大陸去看看？」。「除非你們放棄共產制度，實行中國王道，我決不會接受你們的邀請，請別多麻煩，再見！」這就是我的感想，「我可解答你的問題嗎」？「我懂了，謝謝！」

本文刊民國七十七年八至十月號《憲政論壇》

七、話人口辨仁暴

《中國論壇》半月刊第一八二期首頁刊出黃光國先生撰〈人口政策的仁暴之辨〉一文，指責衛道之士不該把一胎化暴政與優生保健法混爲一談，且謂「眞不知居心何在」等語。我們不知道黃光國先生看過優生保健法草案的全文沒有？該法案第九條條文如下：

第九條：懷孕婦女經診斷或證明有左列情事之一者，得依其志願施行人工流產：

一、本人或其配偶患有有礙優生之遺傳性、傳染性疾病或精神疾病者；

二、本人或其配偶四等親以內之血親患有有礙優生之遺傳性疾病者；

三、有醫學上理由，足以認定懷孕或分娩有招致生命危險或危害身體或精神健康者；

四、有醫學上理由，足以認定胎兒有畸型發育之虞者；

五、因被強姦、誘姦或與依法不得結婚者相姦而受孕者；

六、因懷孕或生產將影響其心理健康或家庭生活者。

這裏所應指出的是「人工流產」實際就是「墮胎」，而墮胎違反刑法，刑法第二八八條至二九二條對墮胎有處罰明文；又民法總則第七條「胎兒以將來非死產者爲限，關於其個人利益之保護，視爲既已出生」，而憲法第十五條更明定「人民之生存權……應予保障」，該優生保健法的「優生保健」全是「煙幕」，名不副實，南轅北轍，眞正內容則是「墮胎」。試觀前述第九條一——六款條文內容，尤其是第六款，那一點不是墮胎?!由於墮胎違反現行民法、刑法，又與憲法牴觸，所以該法案於去年提經立法院審議時，引起極大之反對，而全國宗教、文化、婦女團體，尤其是我們天主教文化協進會更爲堅決反對，並曾召開座談會，將反對決議及理由寄各黨政機關及立法院，又在立法院列席報告，列舉種種理由，力言不可使墮胎合法，故迄今「優生保健法草案」未能完成立法程序。

憲法是國家根本大法，也是政治安定的基石，在蔣總統經國先生和行政院孫院長一再聲言堅決維護憲法完整之時，竟有人還在力行倡導牴觸憲法的墮胎殺嬰，不知其用意何在?!至於節制人口的家庭計畫，好方法很多，世界衛生組織推介的自然調節節育法，簡單易行，準確可靠，所費不多，且無任何傷害和副作用，主管機關不採納這種名副其實的優生保健節育措施，眞令人莫名其妙。該法在臺灣由天主教負責推廣已有十年以上，績效宏大，教會當局擬致力擴大推介，只因限於經費致難擴充宣傳實施，如政府能在此事上與我天主教合作，則節制人口的功效勢必大爲增加。

黃文第二段有「看到這樣的結論眞令人『啼笑皆非』」之語，其實，讀了黃文之後，我們同樣有「啼笑皆非」之感；如本段末尾：「可是，如果從現在開始，一對夫婦只生一個孩子，只要再過十幾年，大陸急速（成長的）人口便能收到控制」；又如第六段：「當然，我們的宗教人士要據以聲討中共的一胎化暴政，我們也無話可說」；以及其後的「中共乃不得不吞下一胎化政策的苦果。」這些文句，其含義，其語氣，使人看上去好似出自中共的「義務辯護人」之口？也使讀者們覺得是「作者」在替中共說話，爭取同情；尤其第五段末「事實上中共報刊也經常長篇累牘報導並抨擊這類不仁道行爲。」這類語氣更特別具有替中共辯護之嫌！中共既然經常抨擊這類不仁道行爲，爲什麼不取消這種暴政呢?!

黃文第七段「千萬要把握分寸『辨明是非』」一語，我們倒是確實做到了：

「仁」是道德，「暴」是罪惡，道德與罪惡都是客觀的事實，不是主觀的，墮胎、毀嬰是暴政，是罪惡，不論何人在何地做都是暴政，是罪惡。因此，我們既譴責中共推行墮胎殺嬰是暴政，我們當然應該完全摒棄墮胎、殺嬰，否則便是五十步笑百步。因此，四月一日（黃文誤爲四月二日）反中共墮胎殺嬰暴政座談會的六十餘位包括中央民意代表、各大學教授、宗教與婦女領袖的出席者發言內容是正確的，而主席據以作成的幾點結論包括「建議政府向立法院撤回優生保健法」特別是其下的「以劃清仁政與暴政的界限」一語，確實是做到了「辨明是非」。

最後，要特別強調的，現在我們政府正倡導以三民主義統一中國，三民主義是仁政，共產主義是暴政，耶穌說：「好樹結好果子，壞樹結壞果子」，這是道德的自然律，是普遍被接受的，中華民國在臺灣實施三民主義，結的「繁榮富足」的好果子；中共在大陸實施共產暴政，迄今仍是一窮二白，所以結出了「強迫墮胎殺嬰」的壞果子，我們要擇善固執、嫉惡如仇，決不容許在我們的好樹上，讓墮胎、殺嬰這種壞果子來破壞，而且要積極地使我們結好果子的好樹普遍地生長在我大陸國土之上。我們對墮胎、殺嬰暴政是堅決反對到底，決不因人因時因地有所不同，這是爲維護我中華民族命脈、憲法尊嚴和社會安寧所必須堅持的「思想與觀念」，也是人口政策的仁暴之辨。

本文刊民國七十二年六月《中國論壇》半月刊
原題爲〈駁黃光國先生人口政策的仁暴之辨〉

八、反對人工流產合法化上總統書

蔣總統經國先生鈞鑒：一元復始，萬象更新，歲逢甲子，雙雨雙春，百載難逢，必有祥禎。鈞座受命於國家危難之際，恪遵　蔣公遺訓，創造安和樂利之社會，深獲全民感戴。茲當第七次國大召開在即，懇請俯順輿情，競選連任。俾能領導政府，完成復國偉業。惟現在立法院審議中之優生保健法，實以人工流產爲中心內容，牴觸憲法，嚴重違反我國優良倫理文化，戕害婦女健康，及民族生機，尤對政府形象，及　鈞座令譽，均有極不良影響。且爲各宗教、文化、婦女團體所堅決反對。爲固國本，增團結，敬祈令飭行政院中止該法案立法程序，撤回修訂，摒棄人工流產，及藥物避孕不當措施。改採自然有效節育及人口教育，使其確具優生保健實質意義。如此國家幸甚。

全國宗教、文化、婦女界反對人工流產座談會主席

中國天主教文化協進會理事長

毛振翔敬上　七十三年二月十四日

九、請協調撤回「優生保健法草案」

以人工流產（墮胎）及藥物避孕爲中心內容之「優生保健法草案」內容牴觸憲法、醜化政府形象、傷害國民健康，有百害無一利，敬請協調撤回作重大修訂再行送審。

行政院院會於七十一年五月二十日通過衛生署所擬以人工流產（墮胎）及藥物避孕爲中心內容之「優生保健法草案」，移請立法院審議；同年十一月經立法院內政、司法兩委員會聯席會議初審通過，但因資深立委及各宗教、文化、婦女團體一致堅決反對，後者並向立法院遞送請願書十次以上，又向有關黨政首長及全體立委呼籲，致該案未提院會討論，迄今一年有餘，仍在立法院擱置中。綜合各方反對該草案主要理由如下：

1. 牴觸憲法及法律：⑴憲法第十五條「人民之生存權……應予保障」；⑵民法總則第七條「胎兒以將來非死產者爲限，關於其個人利益之保護，視爲既已出生」；⑶刑法第二十四章第二八八條至第二九二條對墮胎有處罰明文。在上項法條未修正或廢止前，不能制訂以墮胎爲中心內容之「優生保健法」，更不能美其名爲「人工流產」而規避墮胎刑責，以維法律尊嚴。

2.醜化政府形象：中共理論錯誤、生產落後，最近大行「一胎化」殺嬰暴政，廣受國人譴責，臺灣經建成果輝煌、人民豐衣足食，且有糧滿之患，如仍開放墮胎無異五十步笑百步，使政府形象醜化，尤其現在號召以三民主義統一中國， 國父在民族主義中主張增加人口、先總統蔣公不僅主張數量增加，而且要求品質提高，今竟謀以墮胎壓低人口數量，以避孕藥物導致殘障增加，降低人口品質，自己先不尊重三民主義，如何能以三民主義統一中國?!

3.傷害國民健康：優生保健法草案第八條「避孕器材及藥品之使用，由中央政府定之」。目前衛生單位所供應之避孕器材如保險套、避孕藥等；保險套拒用率達百分之五十，前年衛生署擬大批進口避孕藥狄波供婦女使用，該藥可致癌及導致停經及點狀出血，嚴重傷害婦女健康，各界強烈反對，當局放棄採用，現所使用之樂無孕，雖未立卽發現具體不良影響，惟所有避孕藥，其原理均爲干擾賀爾蒙分泌及排卵，能使遺傳基因發生變異，導致不孕，停用後並可孕產畸形及低能兒，使殘障兒出生率提高，傷害國民健康，適與優生保健背道而馳，近十年來殘障兒出生率增加，多爲服用避孕藥之副產品，値得警惕。

4.人口下降迅速已無墮胎必要：前年衛生署長許子秋於立法院就優生保健法立法需要提出報告，強調臺灣資源缺乏，人口成長過快，必須藉墮胎以壓低人口出生率，藉墮胎以提高人口品質，行政院經建會訂定民國七十八年應將臺灣人口出生率降至千分之十二點五，由於近數年來政府大力推行家庭計畫，同時社會結構亦由農業轉進爲工業，小家庭制增多，大家已自動延緩生育時間，減少嬰兒人數，報載衛生署主管官員表示臺灣人口出生率降低甚速，超過預期標準，已可提前達到千分之十二點五之目標。故事實已無墮胎必要，至孕婦因疾病或其他防止生命上危險之需要而墮胎者，刑法第二八八條有「免刑」之規定，更無另立新法之必要。

各方對優生保健法草案反對之強烈及普遍，爲政府遷臺三十多年所未有，國大前年舉行年會對該草案中之墮胎亦持堅決反對態度，曾一致通過決議，送請政府依憲法規定辦理（墮胎違憲）。多數資深立委亦持堅決反對，將來如提院會討論，勢必引起激烈爭執。若不擇手段堅持通過，將破壞憲法，鼓勵青少年濫交造成色情氾濫，使社會陷於動亂不安，後果十分嚴重，且省府衛生、警務、民政、社會各廳處長已表示反對，教會醫院及有宗教信仰醫生必拒絕施行墮胎手術，將來必不能有效執行，徒然減損政府威信。貴會依憲法規定，代表全國國民行使政權，責任重大，敬請審度時勢，賜予協調有關當局將該「優生保健法草案」自立法院撤回，重加修訂，廢除墮胎及藥物避孕不當措施，改採簡單易行無任何副作用之「自然調節節育法」等避孕方法，及以「人口教育」有效控制人口成長，增加具有實質優生保健意義條文（如勵行婚前健康檢查，患有法定遺傳性疾病，非施行絕育手術不准結婚等）再送請立法院審議，以福國利民，無任感禱。

本文原係向國民大會主席團請願書，其具名者有全國各宗教、文化、婦女團體負責人，刊七十三年三月《醒獅》雜誌及同年四月《憲政論壇》

一〇、反對戕害母性的墮胎合法

——慶祝母親節聯誼座談會紀要

編者按：爲慶祝今（七十三）年甲子年的母親節，本會與中國家庭教育協進會、中國道德勵進社（成立三十週年）聯合舉辦座談會，五月八日下午二時起在臺北市立社會教育館舉行，題目爲「如何做一個現代好母親」，由理事長毛神父主持，黃幼蘭理事長作結論，由於立法院正在審議優生保健法，旨在藉人工流產（墮胎）以降低人口，嚴重戕害母體健康與母性尊嚴，因之發言內容偏重在對「優生保健法」的評論，本會會員黃細滿女士所發行之《春暉通訊》刊載部分發言內容，由張惠元老師紀錄，特予轉載如下：

毛振翔神父致詞：

(1)沒有子女不愛自己的母親，因爲母親總是無條件地愛子女，完全爲自己的孩子，而自我犧牲。一個女人一定要有子女，才能稱爲「母親」。最近一些立法委員聯名贊成墮胎合法化，以保護母權，豈不知：女人不生孩子就不是母親，還有什麼「母權」可保護?!要知道：母與子是同時的，就是：有子才有母，有母才有子，兩者的權利是均等的。所以要保護母權，就須保護子權！

(2)贊成墮胎合法化的人認爲，世界上大多數國家都實行墮胎合法化，所以我們也當跟進。然而全世界一百六十五個國家中，僅有三十個國家實行此法，可是其中卻有一半國家實行後已怨聲載道，因爲手術後無法生育，導致偷嬰、販嬰等事件出現。如數年前北歐人來我國以高價偷買我國小孩就是。再如，在美國五十州裏面只有十四州墮胎是合法的，但是雷根總統一再宣布墮胎是國家悲劇，並且早就簽署限制墮胎合法案，當人家因墮胎受害，而我們爲何仍要跟著吃虧？歐美國家目前的性氾濫，卽是因實行墮胎合法化所導致。而我國五千年文化以仁爲本，如果通過墮胎合法化，豈不是和他們一樣腐敗，今後又如何能以道德、精神來領導世界?!

(3)所謂「優生保健法」實質上是以「人工流產」爲中心，這是牴觸憲法第十五條、民法總則第七條、刑法第二十四章第二八八條至二九二條，是醜化政府形象——與共匪殺嬰暴政相同，是傷害國民健康的。至於人口過多，自實行家庭計畫以來已大爲減低，據最近內政部人口政策報告「加強推行臺灣地區家庭計畫四年計畫」執行情形時指出，七十二年臺灣地區人口自然增加數爲二九一、五九八人，人口自然增加率爲千分之一五點七，較民國七十年尚未實施此項計畫前的千分之一八點一，降低千分之二點四，比較七十五年預定達成之千分之一五點九的原定目標，提前三年達成。此卽證明用其他方法去宣導，亦可減低人口自然增加之效率，而並非以墮胎合法化才能達到家庭計畫之目的，即是明證。

此外，墮胎是一項非常危險的事，因爲常見的併發症如子宮穿孔，強行繼續手術，則可能嚴重傷害到腸管、子宮動脈大量出血等；發生腹部劇烈疼痛、貧血、休克的現象，需立即開刀搶救，有的甚至要切除子宮，造成終生無法生育，這對母親的身心傷害影響極大。再者墮胎的器械、手術導致的細菌感染，多數會引起不孕的後遺症，這是絕對有害母體健康的。至於胎兒殘障與否，必須出生後才能清楚，如果因此要將這個有生命的胎兒拿掉，那麼得了不治之症的，或殘障的人，是不是也要將其毀滅呢？那裏有愛，那裏就沒有困難，即使是有困難，那困難也是可愛的，所謂「肚不痛，肉不親」啊！

(4)科學家們一直想知道胎兒在母體內會不會怕光，可是一直不敢做實驗，因爲用強光照射，胎兒會死的。這裏有一個實例，大約在八年前，德國的一位母親決定墮胎，他自願將他的孩子送給科學家做實驗，科學家用強光照射他，也拍了照，胎兒的生命當然也就結束了。可是在他生命結束以前，他曾舉起小手來蒙住自己的眼睛，他怕光，他的腦子已經告訴他外界有對他不利的事發生了，他只能假裝看不見，因爲並沒有任何人要保護他。胎兒舉起手來保護眼睛的照片出現在很多國際知名的雜誌上，我們試著想想，幾分鐘前，這位不知名的胎兒也許仍在快樂地吮指頭；現在，在他母親的意願之下，他的生命就結束了，生命何其寶貴，即使是小小的胎兒，也知道珍惜。

墨文藻律師——中國道德勵進社常務理事：

我完全贊同毛神父的說法。

(1)「墮胎」應否合法化，基本上屬於一個國家的刑事政策問題，而刑事政策的擬定，必須配合其社會政策與社會現狀。當前社會政策爲反共，而反共則是以三民主義統一中國，於此前提下，凡有足以違反道德規律，摧毀中華文化道統的思想行爲，都必須糾正與制裁，共匪實行一胎制，凡生女則殺，難道我們也要向他們跟進嗎？墮胎合法化若通過，那些贊成的人要負歷史責任。

(2)政府大力推行中華文化復興運動，並積極展開國民教育，由於形形色色的犯罪事件逐年增加，便可知當前社會風氣是敗壞的。此時此地，如何扭轉社會歪風，實爲當務之急，而積極加強法治功能猶恐不及，豈容再開放法律漏洞，而實施「墮胎合法化」。

(3)目前社會最嚴重的問題，各種犯罪事件增多，道德墮落，青少年犯罪不以爲恥等，十之八九都與色情氾濫有關，那麼更不應該通過導致色情氾濫的墮胎案了！

爲防止人口暴漲，對於推行合法合情合理的所謂「家庭計畫」，尤其是「天主教」所提倡的自然調節避孕法，我舉雙手贊成。刑法第二八八條對於孕婦因疾病或其他防止生命上危險之需要而墮胎已有「免刑」之規定，更無另立新法之必要。

中國道教會理事長鄧文儀將軍：

家庭制度的維繫很難，目前的三代同堂，對母親是很大的考驗。而做丈夫的，更須有忍德、等德、捨德（金錢上）、罵德（經得起太太罵，笑一笑就好了。）共同來維持家庭的和氣……。

柳嶽生教授：

中國傳統家庭的理論根據，五千年前卽有。宇宙本身卽是一個大家庭，內在精神原動力是「仁」，有生生不息之德，故儒家的仁，正爲中國傳統的文化思想。《中庸》二十章對仁的理論至實踐講得最透徹：「爲政在人，取人以身，修身以道，修道以仁。」「仁者人也，親親爲大，義者宜也，尊賢爲大。」中國有天人合一的思想，「仁政王道」的哲學思想乃由天而來。實現「仁政王道」後才能開物成務（詳見唐君毅《中國文化的精神價值》），儒家便是天德的自然呈現。所以我們不贊同「墮胎合法化」。

中國哲學不反對宗教，科學也不反對哲學，西方哲學是以性惡論爲哲學主流，因此哲學反對宗教，科學反對哲學，宗教哲學不被執政者所運用，不能運用宗教哲學誘導科學來照顧人類；誤用科學自相殘殺。儒家思想的實踐是「務本哲學」卽《論語》：「君子務本，本立而道生，孝弟也者，其爲人之本歟！」在現實生活中包容，實際上在消極中培養仁性。目前社會的毛病，在於以知識做為犯罪的工具。中國幾千年來，以道德領導知識，方能延續至今。今人忽視道德教育，等於將根截去，我們現在的教育從小到大都是「升學」教育、「功利」教育。知識愈高便須在哲學的領域上更求精進，所以我們現在應重視「道德」。

模範母親發言：

之一——陳王好女士：平日利用時間與子女相處，並觀察其優缺點，予以鼓勵及勸導。家中五子一女，一視同仁，從不打罵，一生勤儉。子女也都很勤儉，都很聽話。

之二——黃細滿女士：天主教規定七歲可以領聖體，也就是對自己所行的有思考判斷的能力，因此子女都很好。做母親的若不堅強的話，誰來保護我的孩子，從懷胎時就開始愛他了，這樣才是一位眞正愛孩子的好母親。

之三——蔡罔市女士：模範母親三個必備條件：愛、忍、讓。雖說「家家有本難念經」，但只要家人關愛、退一步、讓一步、不吵架、不爭辯，則家庭必和樂。

之四——葛荷心女里長：

⑴優生保健人人贊成，但不能只讓女性負責，男性結紮也應列為優生保健之一。兩個小孩後，就結紮便不會有不該生而生出的小孩。

⑵懷孕後六個月便應分居至分娩後四十二天。這一段時間後就像小別勝新婚，更為甜美。對

母親的身體及胎兒的成長都有助益。

(3)因爲人口過多，而實行優生，幾次墮胎下來後，生的一定是優良品種嗎？

天主教女青年會總幹事蔡淑昭女士：

既有憲法很明確的保障生命，則對社會應該是有影響的，尤其是對於沒有能力保護自己生命的人。法律在保障人性的尊嚴，而墮胎的合法化，除了元兇之外，還要找個幫兇（醫護人員）來共同殘害一個生命，以使自己活得自私自利，還以爲心安理得，這根本是抹殺了人性尊嚴而玩鬼把戲！

模範父親陳璽中先生：

(1)優生保健法美其名曰優生，而實際是將胎兒打掉，不是爲解決人的問題，乃是爲問題而解決人！

(2)因此青少年犯罪不以爲恥。應從基本做起，卽確認「禮、義、廉、恥」的重要性。

(3)我們以恢復中國文化爲前題，做大陸的榜樣，絕對不能和大陸一樣實行墮胎合法化。

文協會員楊慧仙女士：

大陸是因實行暴政生產落後，所以顯得人口太多，民生困苦，而實行殺嬰；但臺灣並無此情形。談到優生，德國實行的最徹底，婚前檢查，凡有遺傳疾病者，可以結婚，但不准生育，這才是眞正的優生。優生應著重先天的預防，教育比生育還重要。

結論：

黃幼蘭理事長：不墮胎的才是好母親。假使實行墮胎合法，父母可以親手殺死自己子女，那麼親情就不存在了，更毀滅了人性、道德。我們並不反對優生保健法，但反對墮胎合法化。優生保健法應有其眞正的內容，不同意衛生署所提，是藉「優生保健」之名而行「墮胎」之實。

一一、上書總統請終止批准「優生保健法」

經國總統鈞鑒：敬陳者振翔頃自美國歸來，在美體察美匪關係進展令人戒懼，携回 *the Human Life Review* 雜誌一册，首篇刊載雷根總統反對墮胎一文，謹影印附呈，至祈抽暇核閱。

此次立法院審議優生保健法，持續兩年，委員反對劇烈，有斥之爲亡國滅種之法案者，有斥之爲殺生毁健掛羊頭賣狗肉者，已嚴重損傷政府威望。今年四月十七日立委王德箴等七十人連署提案，要求將該案退回重審，經黨部從中疏導取消，五月十一日林棟等五十人又提出修正案，旨在從嚴限制墮胎以免傷害婦女。中常會指示法案名稱不變但條文內容可以斟酌，態度尙屬開明，惟立法院黨部在執行上十分偏差，三次召開協調會，發出書面通知，嚴令黨籍委員投票支持修正案，原訂六月二十二日表決，因無必勝把握，復展延至二十六日表決，是日立法院黨部書記長、副書記長四人，穿梭在場監視委員舉手，致林棟委員五十人之修正案僅三十一人支持，而洪文棟委員之修正案雖僅十四人連署（主張恢復行政院第九條原條文）竟得一百多人贊同，所通過者等於無條件無限制之墮胎合法，嚴重違背國家利益，而黨工干預投票手段之惡劣，不僅使國人失望，更爲外人所卑視。

茲當該法案即將咨請　鈞座公佈前夕，懇請以先總統　蔣公一生英名爲重，懸崖勒馬不予批准而發回覆議，憲政研討會已著手研究三民主義人口政策，研究以最自然方式節制人口成長，毋需墮胎殺生之殘酷手段，倘　鈞座不加深思，草率批准公佈施行，則美國墮胎悲劇必將重演斯土，其對同胞之殘酷傷害，無異爲毛澤東第二，振翔多年愛國事蹟有目共睹，敢再進諍言，敬祈睿詧。肅此順頌

鈞安！

鐸末　毛振翔敬上　七十三、七、三

本文刊民國七十三年七月十六日《工商世界》周刊

立法院通過優生保健法

毛神父再上 總統書

台北市介壽館

總統府

蔣總統經國先生鈞啟

天主教文化協進會總會毛緘

地址：台北市光復南路三十二巷三十四號

電話：七七一一二九五・七五一一二三五五

105

經國總統鈞鑒：敬陳者 振翔頃自美國歸來，在美体察美匪關係進展令人戒懼，攜回 *the Human life review* 雜誌一冊，首篇刊載雷根總統反對墮胎一文，謹影印附呈，至祈抽暇核閱。

此次立法院審議優生保健法，持續兩年，委員反對劇烈，有作之為亡國滅種之法案者，有作之為殺生毀健掛羊頭賣狗肉者，已嚴重損傷政府威望，今年四月十七日立委王德箴等七十人連署提案，要求將該案退回重審，經黨部從中疏導取消，五月十一日林 棟等五十人又提出修正案，旨在從嚴限制墮胎以免傷害婦女。中常会指示法案名称不变但條文内容可以斟酌態度尚屬開明，惟立法院黨部在執行上十分偏差，三次召開協調會，發出書面通知嚴令黨籍委員投票支持修正案原訂六月廿二日表決，因無必勝把握，復展延至廿六日表決，是日立法院黨部書記長、副書記長四人，穿梭在場監視委員舉手，致林 棟委員五十人之修正案僅卅一人支持，而洪文棟委員之修正案雖僅十四人連署（主張恢復行政院

第九條原條文）竟得一百多人贊同，所通
過者等於無條件無限制之墮胎合法，
嚴重違背國家利益，而黨工干預投
票手段之惡劣，不僅使國人失望，更為
外人所卑視。
茲當該法案即將咨請　鈞座公佈
前夕，懇請以　先總統蔣公一生英名
為重，懸崖勒馬，不予批准而發回覆
議，憲政研討会已着手研究三民主義人
口政策，研究以最自然方式節制人口成
長，毋需墮胎殺生之殘酷手段，倘
鈞座不加深思草率批准公佈施行
則美國墮胎悲劇必將重演斯土，
其對同胞之殘酷傷害，無異為毛
澤東第二，振翔多年愛國事蹟
有目共睹，敢再進諍言，敬祈
睿詧。肅此順頌
鈞安！
鐸末　毛振翔　敬上
七三、七、三、

二、安樂死之路行不通

(一)**從宗教信仰之路開始**：人類是依照天主的肖像造成的，他的生命是極其尊貴的。而且因天主聖子，耶穌基督取了人性，降生成人，居我人間，替人代罪，受盡人間之苦辱，死於十字架上，爲人類補贖了背叛天主之無限罪惡，恢復了天主與人類之和好，因此使人類在現世所受之苦辱，因耶穌基督之名，得能成爲立德立功之憑藉，作爲獲享天國永生之代價。足見人生現世之價值何其昂貴。如此，則安樂死尙有何路可走呢！

(二)**從倫理道德之路跟進**：人的生命既具有絕對之價值，則其生命尊嚴之原則，自當成爲人類組織社會生活之基礎。現代倫理道德之規範，均遵照人類生命尊嚴之原則而維繫。倘無此原則，社會秩序由何依據得以維持！人類自由主義之傳統，莫不基於生命神聖不可侵犯之理念，認定個人生命具有至高無上之價值。除卻自然死亡之外，莫不摒棄一切人爲之干涉者，人之終生均不斷享有生命存在之自由；就連生命享有者本身，亦無妨害此項自由之權利。人爲的否定生命，無論其如何似是而非理由之充足，都是侵犯自由，絕不能予以容忍，卽使有足以宥恕之理由，絕不能容忍其行爲視爲正當者。因此，安樂死尙有何路可走呢！

㈢**從科技醫療之路繼續**：近來醫療科技之進步，日新月異，以往不治之病症，今日都不難醫治，則目前之絕症，安知非明日之常症？倘以安樂死對待其患者，難免有剝奪該病人治療機會之嫌疑。此外，醫療之診斷難免有錯誤，這是人事之常態，因有諺云：「錯誤，人事也」。倘在此案情上承認安樂死，則患者之症狀，旣仍不無隱憂存在，而處之以必死，豈非犯武斷殺人罪。更有進者，現代痲醉劑壓制痛苦之能力，日見成效頗著，正可避免或減輕激烈之痛苦，實無尋求安樂死之必要！

㈣**從近百年歷史觀**：贊成安樂死者與反對安樂死者，在先進國家如英美兩國，安樂死之立法化運動者，雖曾經許多次，盡了九牛二虎之力，試圖通過各種安樂死之法案，以周諮博議之能事，圖謀造成社會之共鳴，且提到議會審議，但每次均遭失敗之命運，至今在世界百五十九個國家中，仍未見有正式安樂死法之出現，所以我中華民國一些企圖引進安樂死法案之人士可以心死矣！

㈤**植物人受關懷**：全國第一個植物人養護研究專責機構「中華民國植物人養護協會」，日前奉內政部核准正式成立，該會爲提供積極服務，亦將籌設臺灣地區重度殘障人養護暨機動沐浴服務中心。

該會主要的工作，包括對臺灣地區植物人的個案探討與研究，並協助民間分散各地區有需要的植物人家屬，做個案證明及鑑定事項。

另外，將本「西醫爲體、中醫爲用，以良知關懷奠根基」的原則，推動和協助臺灣地區植物人集中養護的服務工作，並主動協調有關社會福利工作的各公私立單位，共謀植物人與重度殘障者防範的工作。

㈥結論：由此觀之，植物人受政府機關之關懷，則其他重度殘障防範的工作亦可由社會善心人士協同政府，廣爲推動，如此卽可表揚、證明我爲王道之邦，足以作爲世界表率，更可增加社會服務工作與慈善事業，俾使其人道生活更形積極，並使其天賦生命尤能昇華吧！

筆者因一向尊重厚生之道，故對於任何殺人害命之事，無不竭盡所能阻止者。當然，在衛國戰爭致敵死命上，在社會害羣之馬的死刑上，在正當自身防備意外境遇上，理當除外。因爲這一切行爲，雖均是侵害他人之生命，但其爲公益計，爲保護自身計，實具有足够之理由，宜不致引起社會道德之非難，且能使道德勇氣彰顯，正義公道發揚也。下面致我國今衛生署長一函，卽爲此而寫也。

純仁署長惠鑒：頃閱報載　閣下日前在立法院內政委員會第二次全體會議，答詢時反對安樂死一節，無任欽佩，此事討論多年，各宗教及文化人士，咸認不妥，非僅涉及法律道德，且流弊重重，一如優生保健法之假藉提高人口素質美名，而無限制施行人工流產，實卽允許墮胎殺生之違法行為，曾受各界人士與資深立委之堅決反對者然。閣下為全國最高衛生首長，在立法院作此明確之主張，應可打消安樂死之不當擬議，杜絕爾後無限之紛爭，誠屬可喜。閣下接掌衛生署之前，我國衛生行政績效不彰，國民健康常受傷害，輿論迭有反映，所幸中央有慧眼，識英才，自　閣下蒞任以來，衛生工作已逐漸步入正軌，此次反對安樂死，尤可安人心，杜流弊，預想今後全民健康及社會福祉，將可多一層保障與增益。

特函致意，順候

時祺

毛振翔　敬啟

七十五年五月七日

一三、致黨政首長建言函

請對遊行滋事者依法究辦

總統先生鈞鑒：敬陳者，自　經國先生崩逝，鈞座依憲法規定迅速宣誓就職，繼承大統，全國各界及我教會人士莫不深慶得人，展望國家前途將期日新月盛。惟邇來「民進黨」徒，無視法律尊嚴，聚眾騷擾大湖山莊及臺視公司，毆辱警員行人，向民主法治挑戰，影響社會安寧。懇請鈞座確切督導執法單位依法究辦，以儆效尤。肅此敬頌

主佑

中國天主教文化協進會理事長

毛　振　翔　敬上

七十七年四月七日

國華院長賜鑒：敬陳者，邇來所謂「民進黨」徒聚眾騷擾大湖山莊及臺視公司，毆傷警員行人，目無法紀，若不從嚴懲辦，勢將擴大動亂，影響社會安寧及國家安全至鉅，本會全力支持　院長執行「集會遊行法」之決心，敬請飭屬依法究辦。專此順頌

公　綏

中國天主教文化協進會理事長

毛　振　翔　敬上

七十七年四月七日

錫俊秘書長賜鑒：敬啟者，邇來所謂「民進黨」徒聚眾騷擾大湖山莊及臺視公司，毆傷執法員警及行人，目無法紀，若姑息養姦，勢必擴大動亂，影響國家社會安定甚大，應請依法究辦。秘書長蒞任以來，落實黨務革新，邁向民主開放，各界咸表推崇，然民主而無法治，則暴民政治產生，屆時中共勢必乘機武力犯臺，後果堪虞，至祈督促從政黨員，確實依據立法院通過之「集會遊行法」處置此次不法事件，以表明我政府執行之決心，伸張政府公權力，敬請卓參。專此敬頌

公　安

中國天主教文化協進會理事長

毛　振　翔　敬上

七十七年四月七日

李秘書長復函

中國國民黨中央委員會

振翔理事長道鑒：接奉四月七日

手教，敬悉一是。荷承　關注當前國內情勢，至深感佩。所提

高見，不僅為

先生仗義之言，實建立政府公信心，伸張政府公權力之亟務也。耑此復

謝，並頌

時綏

李　煥　敬啓

民國七十七年四月廿八日

貳、宗敎篇

一四、天主教的信望愛三德

前言

今天我們所要講的信望愛，有超性和本性的兩種。其所以爲超性的，由於人的生活是隨從聖神的；其所以爲本性的，由於人的生活是隨從肉性的。

隨從肉性的人，其所切望者爲肉性的事，導入死亡；隨從聖神的人，其所切望者爲聖神的事，導入永生。因爲隨從肉性人的切望是與天主爲敵，決不服從，也決不能服從天主的法律；凡隨從肉性的人，決不能得天主的歡心。至於隨從聖神人的切望，既因耶穌基督而與天主和好，生活在耶穌基督內，便無罪可定了，因爲使人成義的天主偕同我們，誰還能反對我們呢？（羅八4—11.）

在個別講解信、望、愛之前，我要特別指出：我們日常所念的〈信經〉經文，通常稱爲〈宗徒信經〉，共計十二個「我信」。被認爲是十二位宗徒所編，每位各就一個信條。這種說法，依據樞機神父亨利．特呂巴克（Cardinal Henri Delubac）研究所得，不僅顯得太簡單，而且在神學論上是不適合的。其理由是：這篇〈信經〉是經過聖教會熟思深究，蒙天主啟示而頒定的當信之道，它是由三部分結構而完成的——它是天主聖三對世界工程的表現。特呂巴克樞機又謙恭地表示，不過我們可以象徵性地說：這篇十二信條的〈信經〉是順序排列於天主聖父、天主聖子、天主聖神的。他更鄭重地說：這篇〈信經〉除非在這種光照之下，予以接受，並堅信無疑，就難免走錯方向，而把它成爲人工的製品。

這位特呂巴克樞機神父是和我國于斌總主教同時陞爲樞機的。事先教宗保祿六世曾要他先領受主教的品位，他卻很謙虛地婉謝了。他是十九世紀末期出生於法國的，五十年前我在法國里昂大學攻讀哲學博士學位時，他已是一位著名的神學家與《聖經》學家。我在這篇演講中所引證的是他所著的《基督宗教教徒信仰》（*La Foi chretienne*）一書中所摘出的。

教宗若望保祿二世在他新近所公佈的「救主之母」通諭中有三處關於聖父、聖子、聖神，即「人類救主——聖子」，「富於仁愛的天主——聖父」，「主及賦予生命者——聖神」。教宗特別提示我們旅居於現世的天主子民「必須主動地大開信望愛之心，以獲取救主的恩寵」。這足見信望愛是多麼的重要。

信德——基於真實與精知

所謂「信」，就是對於一些事或一些人，予以堅定的信仰，卽使沒有證據，亦是如此。有些人說：他們不能相信天主，因爲沒有憑證足以證明天主的存在。其實他們只要周圍觀察，就可以發覺天主存在的明證。「因爲自從天主創世以來，他那看不見的美善，卽他永遠的大能和他爲神的本性，都可憑他所造的萬物，辨認洞察出來，以致人無可推諉。」（羅一20.）

我們在《聖經》上可以找到我們信德的基礎，而且是從好幾面顯現出來的。現在略述幾端如後。

㈠我們的救援是靠著信德的。「就是天主的正義，因對耶穌基督的信德，毫無區別地，賜給了凡信仰的人；因爲所有的人都犯了罪，都失掉了天主的光榮，所以衆人都因天主白白施給恩寵，在耶穌基督內蒙救，成爲義人。這耶穌卽是天主公開立定，使他以自己的血，爲信仰他的人作贖罪祭的；如此天主顯示了自己的正義，因爲以前他因寬容放過了人的罪。」（羅三22—25）

㈡我們因信德而生活。你們假若要爲天主度一個成功的生活，你們就當以信德而生活。耶穌說：「你們對天主當有信德！我實在告訴你們：無論誰對這座山說：起來，投到海裏去！他心裏若不懷疑，反相信他說的必成就，就必給他成就」。（谷一一22—23）這就是說，你能克服你生命中最大的困難並爲天主而生活。你能應用你的才能與影響爲天主而生活。你能呼求天主的能力以克服嘮嘮叨叨的習性。

說到信德有移山倒海的力量。我曾經有過多次的經驗。現在略述一二：

一九三九年春，我奉于斌主教之邀，由法國里昂大學經過巴黎乘上法國大郵輪諾曼第號於四月六日駛抵紐約，擔任當時在美國爲抗日戰爭，作國民外交宣傳的于斌主教私人秘書。

到美國後，我卽陪同于斌主教奔走美國各大城市，大聲疾呼，喚起美國人的同情，阻制日本軍閥侵略中國。但因日本的欺騙手段，以其宣傳品，先入美國各教堂、各學校、各社團，聲言日軍之所以開入中國，乃是爲救中國脫免於赤化，使美國朝野人士認爲我們抗日是糊塗，致使我們當時所能收到的效果，竟少於事倍功半。數月後，于斌主教卽離美返國，把我留下，以繼續他所開始的抗日救國工作。

在當時的情況之下，我總覺得最有效的抗日工作，莫如每個中國人，堅定自己的崗位，善盡自己的職責，交識來往的人士，支援我們的國家。則其力量日就月將，敵人自必日趨衰弱，勝利之劵，操諸我手，僅時間問題而已。

本來，我送于斌主教到舊金山乘輪回國後，就可以到芝加哥華僑那裏去傳教的。可是，天主卻要先讓我受一個考驗，因爲我送于主教到舊金山時，就得到芝加哥總主教蒙特倫樞機逝世的消息，所以待我回到芝加哥時，由於繼位人選尙未由羅馬教宗派定，誰也不理睬我，雖然在一個星期之前，蒙特倫樞機曾在接見于主教和我時，因爲發覺我是羅馬傳大畢業，和他有先後同學關係，且親情地抱親我，邀請我來向芝加哥華僑傳教，並保證他一定如老大哥愛護小弟弟的照應我。

事既如此，我甘願接受天主的安排，另找光榮祂，救華僑靈魂的出路。於是，我當夜離開芝加哥，乘上火車赴紐約，因爲那裏的總主教，史培爾曼樞機，在我面前，曾親口向于主教說：「待你回中國了，請讓振翔到紐約中國城來傳教」。可是待我到了紐約，去拜見史培爾曼樞機時，先由他的秘書凱而蒙席，問我有什麼事。待其秘書將我的來意報告他之後，史培爾曼樞機就叫其秘書對我說：「關於向華僑傳教的事，你可以直接向本總教區的秘書長佛蘭西斯．丁．邁甘德耳蒙席接洽。」

和紐約總教區秘書長談話時，他竟官腔十足的說：「你要在紐約中國城傳教，必須先有羅馬教廷的批准。」「這是紐約總教區的工作，不是教廷的工作」，我解釋答道：「只要你的主教和我的主教兩相同意卽可。」「我的主教沒有同意」，秘書長反駁說。「那麼請你打電話去問他好了，我剛從他那裏來。」「我不跟我的主教打電話，你如要向華僑傳教，應先把羅馬教廷的批准書給我看！」

這種不合乎聖教法典的要求，我自然不能照辦。每當在人事方面行不通時，我慣常就向天主去訴說。所以我就跑進隔街的聖巴特里克總主教座堂裡，跪在耶穌聖體面前，對吾主耶穌說：

「吾主我天主，祢是知道的，我獻身於祢，是爲救我中國人的靈魂，而現在因爲日本帝國主義，侵佔了我的南京教區，使我目前無法回去傳教。我要求祢在紐約區代表，准我向當地的華僑傳播祢的福音，竟遭到拒絕，這叫我怎麼辦？」作罷這個禱詞之後，我還是跪著，深沉緘默，完全交付於天主的安排。驀然，若有聲音對我說：「你爲什麼不到費城去？」

隨著這個聲音，我就立刻站起來，跪謝耶穌聖體後，走出教堂，回到我住的地方，拿了行李——一個手提箱，到火車站去買票赴費城。坐在火車裏，自言自語問：「到費城去幹嘛？」於是拿出日課經本來唸日課經。當火車快要到費城前，忽然想起了費城總教區的副秘書長，威廉·丁·卡凡諾蒙席。他是在五個月之前，當于斌主教和我初次訪問華僑時，在宴會席上，和我並排相坐的。

我當時想著，等火車一到費城，立刻去拜訪卡蒙席，如蒙他留住，則今夜可不必他去。不然只好提著箱子，向前進，天涯海角都可以。眞奇怪，一見卡凡諾蒙席，他卽說：「你一定是天主聖神派遣來的。」「怎麼一回事？」我問。他於是繼續解說：「你還記得嗎？五個月以前，在華僑歡迎于斌主教的宴會上，他曾問了我們的樞機，在費城的華僑中有多少教友。當時我們的樞機主教不知如何回答，所以待你們走後，他就叫我去調查。但經過三個星期的詳細調查，我竟找不到一個中國教友。我據實向我們的樞機主教報告之後，他就命令我向華僑傳教，設法使他們皈依天主。可是經過四個月的努力，我是到處碰壁，一籌莫展。但我不能因此認輸，因爲這樣做會使樞機主教對我失掉信任，那將使我的前途暗淡無光。所以前九天，我以費城總教區副秘書長的身分，給本總教區的兩千餘位修女，發出了一封信，請她們於上星期天開始，舉行一個九日敬禮，懇求天主聖神施恩，賜我在費城的華僑中能傳開天主的福音。今日是九日敬禮的第五天，而你居然來到，這一定是天主聖神派你來的，所以你一定要留在此地，向華僑傳教。」

我聽了這番話之後，心裏才明白，那「你爲什麼不到費城去」的聲音，乃是天主聖神的指示。所以我就對卡凡諾蒙席說：「好吧，我就在此地幫助你兩三天吧！」「兩三天不够的。」「那麼兩三個星期吧！」「兩三個星期還是不够的。」「我們不必談時間了，現在就開始工作吧。」

因爲那天正是星期五的下午，所以我們就到中國城去，一家一家地拜訪華僑，尤其注意年輕的一代，請他們明天下午二時，到我們十五街的「本篤廳」來相會。居時，來到參與開會的約有五十人，大多數爲華僑青年。他們在那裏且吃且玩，很是開心。我於是請他們明天星期天下午二時再來，他們都肯定的答應說：「我們一定來。」可是，第二天下午一時三刻，我到本篤廳去等到兩點半鐘，未見一個僑胞，我只好等到晚上再到他們家裏去查問。

當天晚上，我所到過的家庭，都見到那些青年。我問過每一個青年：「你爲什麼答應我今天下午二點到本篤廳而沒有遵約？」「我們當到主日學校去。」「從幾點到幾點鐘？」「每星期天從下午一時到四時。」「你們喜歡去上主日學校嗎？」「我們更喜歡到你們那裏去。不過我們怕美國牧師跟我們爲難。」「那好，你們下星期天，也應該去上主日學校，我將到那裏去看一看，你們是否眞的去。」

後來，我告訴卡凡諾蒙席，這些華僑青年，星期天下午之所以未來本篤廳實踐約會，是因爲他們到基督教堂去上主日學校了，並不是他們不守信。我下星期天下午一點鐘之後，將到那基督教堂去看他們。請你通知所有的修女特別爲我祈禱，使我此行得以順利進行。

當我走近那基督教堂時，適值有一位基督牧師向窗外觀望，待他看見我時，就喊說：「毛神父！毛神父！」我仰頭一看，才發覺這位招呼我者，是上次在華僑宴會上我所認識的摩爾牧師。當他走到門外來和我握手時，就說：「毛神父，請你進來參觀我們的地方。」我應請而入，他領我參觀了一樓的一切，並向我說：「神父，在二樓，我們有一羣中國青年在上主日學校，你願意看看他們嗎？」「一定，我要看他們。」我興奮地答道。跟這些華僑青年見面時，摩爾牧師介紹我，並要我給他們演講。我卻因時間侷促婉謝了。

正在要離開之前，我向摩爾牧師說：「這裏有幾個青年，是我所認識的，我想請他們出去有點事，你可以准許嗎？」「當然啦，你有他們的姓名嗎？」我立刻把衣袋中事先準備好的一張十人名單取出來交給摩爾牧師。這十人中有五男五女，我認爲是比較有領導能力的。

當這十個青年一一應摩爾牧師之召出來後，我就向摩爾牧師致謝道別。偕同他們離開基督教堂，前往「本篤廳」。我問他們十人：「你們願意和我在一起，抑或回到主日學校去？」「我們要常常和你在一起，不想再回到主日學校去了！」「你們要和我在一起，當學習天主教的做人道理。」「我們要，我們要，但我們怕美國牧師難爲我們。」「那麼，從這個星期六下午二時開始，你們就繼續來此吧，並可以請別的中國青年一起來。假若因此美國牧師跟你們爲難的話，我一定會替你們說情的。」

就這樣的，我們開始了費城華僑的傳教工作，一切都進行得很順利，雖然不時有困難發生，但蒙天主保佑與降福，我們都能面對問題，迎刃而解。因此不到四個月的每天晚上播種、耕耘、灌溉，我們竟有六十二人，聽完了聖教要理，經過了嚴謹的考試合格，才得由費城總主教道海蒂樞機，親自予以施行洗禮，成爲天主的義子，進入聖教會的大家庭。當六十二位華僑領洗時，請有一百二十四位美國熱心的男女教友，來自社會名流，做他們個別的代父代母，結上了神親神眷的關係，意外地提高了華僑的社會地位，使他們成爲美國各地報章的重要新聞人物，這亦是天主的許多恩賜之一，我留美華僑都感到不勝光榮。

㈢我們應有信德，卽使不懂。許多人有一種錯覺，以爲能解答懷疑者的難題，就可以達到信仰的目的。其實不然，因爲人之所以不信仰，不僅是不了解的緣故。因此無神論者，卽使看了許多有關於有神論的好書，聽了多次有關於有神論的精論，還不一定會接受信仰的。所以宗教的信仰，不僅是一種只爲「討論」的目標，而且亦是一個爲「信奉」、爲「生活」、爲「愛慕」的對象。換句話說：信仰亦是意志的問題。

且看，耶穌基督在世時，祂雖是智慧的本身，祂卻未能說服法利塞人和一些罪犯。這些人雖然都很敬重祂的智慧，但卻不相信祂。耶穌基督在復活了死去四日的拉匝祿之後，曾對在場的觀眾說：「你們當中有些人，就是每天見我復活一個死人，也不會相信我的。」因此，理智的認識，不是信仰的唯一要素。很明顯的，並非博士都是聖賢，或是愚人都是不肖。相反的，一個愚魯的自負者比一個智巧的自負者，得救機會更多呢。

要知道，爲接受天主的眞理，除掉天主的寵佑爲首先的要素之一外——這寵佑，天主是隨時都樂於施予的，道德的要素爲皈依者是最重要的。實在，有些人沒有來到眞理之前，是因爲他們不認識的緣故。但是，更多的人，沒有來到眞理之前，是因爲他們的現實生活使然。阻止人與神結合的原因，不是他的思想，而是他的「生活」。令人遠離基督和祂的教會的原因，不是基督的信條，而是祂的「誡命」。爲說明這點，我願意提出三種信仰的道德要素，就是甲、以善意對待眞理，而不要以惡意去拒絕它；乙、要遵從已知道的眞理，而不要以懶惰去埋沒它；丙、要改良生活的習慣，而不要以逃避去容忍它。能如此，則天主所願意者，我們都可以代行，因爲天主已把我們當爲祂的精工利器。

望德——基於忠信與踐言

每個人在世上都期望更好的條件——一個更理想的工作，一輛更漂亮的汽車，一幢更舒適的房子。望德是一切德行中最具威力的，因爲它激厲我們於繼續不斷的信仰。

天主把希望放進我們心中，是爲使我們得救。我們以實行信德而實行望德。「信德是所希望之事的擔保，是未見之事的確證。」（希一一1）望德則是沮喪的救援，受考驗者的忍耐。

㈠有基督和你同在，你是有希望的。「你們住在我內」，耶穌說：「我也住在你們內。正如枝條若不留在葡萄樹上，憑自己不能結實；你們若不住在我內，我一無所能。」（若一五4）這樣，使得你們的生命值得生活。但是，更重要的是，把你們自已放在基督的愛中。耶穌對我們鄭重地說：「你們應該存在我的愛內」，又，這就是說：「你們要遵守我的命令，正如我遵守了我父的命令而存在祂的愛內一樣。我對你們講論了這些事，爲使我的喜樂存在你們內，使你們喜樂圓滿無缺。」（若一五9—11）

一個基督宗教徒的正常生活，就是跟基督看齊。也許我們度慣了隨隨便便的生活，反認爲這不正常的生活爲正常，這是要不得的。

從烏煙瘴氣裏久居後，初次出來的人，聞到新鮮空氣會奇怪地問：「這是什麼？」同樣的，有許多基督宗教徒，因爲久未領受告解聖事，一聽到基督能使他們得勝罪過，也會大吃一驚。

天主願意祂的子民成功，祂對若蘇厄說：「你應勇敢果斷，因爲你必須使這百姓，佔領我曾向他們祖先起誓賜給他們作產業的地方。你只要勇敢，堅定果斷，不偏左右，謹守奉行我僕人梅瑟所吩咐你的一切訓示，好使你無往不利。」（蘇一6—7）天主把征服敵人工作，緊繫於精神的希望上。

「這部法律書總不要離開你的口，你要日夜默思，好叫你能遵守奉行其中所記載的一切；這樣，你作事必能順利，必能成功。」（蘇一8）當你失敗或放棄，天主會感到難受。祂樂觀你的一切成功。望德在你接受勝利時，滿感欣慰。憂慮是自求失敗；這憂慮慣常保證你所憂慮的事敗北。

㈡你是有希望的，因爲事事協進於善。氣餒不是別的，只是基督宗教徒失掉希望而已。有一個婦女說：「事情不能轉好了。」她所怕的將來，正像那個人所主張的，「事情越來越壞了。」

有一個中年人，腿上裝著鋼板的支撐，因爲他小時患了小兒痲痺症。他可能抱怨不能參加運動，但他卻沒有，而愉快承受這一切係來自天主。每一週，他都預期著天主爲他所安排的日子來到。他也很有信心地曉得，有一天他可以沒有枴杖與鋼板行走，他掙扎的痛苦會結束。

《聖經》教導說：望德戰勝一切。「而且我們也知道，天主使一切協助那些愛祂的人，就是那些按祂的旨意所蒙召的人，獲得益處。」（羅八28）因爲天主的手掌握一切。你可能不喜歡你所遭遇的種種，但天主決不因此而驚奇。

你若熟悉《聖經》，則你就會每天預期天主在你生活中安排工作。「其實，凡經上所寫的，都是爲教訓我們而寫的，爲叫我們因著經典上所教訓的忍耐和安慰，獲得希望。」（羅一五4）

整部《聖經》的訊息能產生最愉快的人生。你對每天的開始，擁有一個光大的前途。卽使當時的環境並沒有改良，但天主要給你的聖寵卻是充足有餘的，很够你的需要。一旦你把你的生命託付在天主手中，你就不必擔憂；祂會照顧。

也許你目前正遭遇患難。但是，你要知道，這是人人生命中既難免，又必須的。因爲我們曉得：「磨難生忍耐，忍耐生老練，老練生望德，望德不叫人蒙羞，因天主的愛，藉著所賜與我們的聖神，已傾注在我們心中了。」（羅五4—8）

㈢你須有望德，因爲你死後要進入天堂後耶穌基督曾許下，祂在天堂裏爲我們預備一個地方（這是望德），而且祂還要回來接我們去，幾時我們逝世（這是豐裕的希望）。「你們心裏不要煩亂，你們要信賴天主，也要信賴我。在我父的家裏，有許多住處。我去爲給你們預備地方；如不然，我早就告訴了你們。我去了，爲你們預備了地方以後，我必再來接你們到我那裏去，爲的是我在那裏，你們也在那裏。」（若一四1—3）致命者證明說：「我寧願短命而善終，不願長壽而兇死。」因爲善終可以升天堂，兇死於罪惡要下地獄的。

基督宗教徒並不特別關切「我能活多久」，他關切的是，「我怎麼能善生？」你懷有希望，就會使你生活有分別；你的望德越大，則你對現世的問題越不在乎。

㈣你當有望德，因爲耶穌要爲你而來。有一個小女兒拿著一條絲帶到她母親面前說：「請梳理我的頭」。母親有些困惑說：「平常妳都不喜歡我爲妳梳頭（因爲她母親曾多次要爲她梳頭，使得她在別人面前顯得美麗，她都一再拒絕了），爲什麼今天要我爲妳梳頭？」「因爲主日學校的老師說：耶穌能隨時來臨，而我要爲祂準備好看的。」小女兒回答說。《聖經》教訓我們說：「要有節制地、公正地、虔誠地在今世生活，期待所希望的幸福，和我們偉大的天主及救主耶穌基督光榮的顯現。」（鐸二12—13）凡希望耶穌基督的來臨者，都會加強自己克服困難的力量，通過艱鉅難過的關頭。

實在，因爲我們天主教的望德是建立於天主的忠信上——既許必踐；是建立於天主的全能上——能踐所許；是建立於天主的仁慈上——肯賜所許。

由於前面所述天主對我爲祂開始向美國華僑傳教的種種，我似乎發覺：天主要選一個人做祂救靈的工具，祂必先予以考驗，看此人是否更依靠祂，抑或更依靠人。凡以天主之名工作，而實則全依靠人者，則此人一定是自高者，決不願隸屬於天主的。這種人雖以天主之名工作，一旦待其事業成功了，必要歸功於自己；待其失敗了，必要歸罪於天主的。因此天主先予以考驗，使他到處碰壁落空；假若他能因此醒悟，奔赴天主臺前，承認自己沒有天主支柱，是一無所能。於是，全心呼求天主憐憫，指示途徑。依靠天主，爲天主工作。則這人一定蒙受天主錄用，其今後所度的人生，和他全部的精神生活，自有耶穌基督作他的模範。他的人生就得到了指南。因此，他可以立刻脫離那對自己的苛刻要求，就是那撇開天主的幫忙，全靠人的力量，而去擔負拯救人類的重任。反之，他若沒有這個依靠天主幫忙的希望，那他在人生的旅途上就難免志趣卑污，永遠墜落，這爲他是何等悲慘呢！

在此我要特別說明的是，所謂依靠天主，不是叫人因循、退縮、被動、旁觀、不自發奮而僅恃外援的依賴，卻是在所負的使命上，對所承辦的事務中，主動參與，努力邁進，充滿信心，盡其在我，朝著正確的目標，竭盡心力，勇往直前，去耕耘，期發芽，望開花，待結果的依靠。

懷著這種心情，抱持這種精神，在費城的開教工作有所交代之後，就是由卡凡諾蒙席主持下去，我則拿著有關費城華僑皈依天主，領洗進教的報章新聞前往紐約市。

到了紐約市，我卽直去拜訪紐約總教區的秘書長佛蘭西斯·丁·邁甘德耳蒙席，先給他看費城華僑領洗的報章大照片、長記述。他一看到就說：「我們本市的報章都曾登載過。」我說：「費城的華僑只有紐約的六分之一，而那裏教區竟做了那麼大的傳教工作，而紐約竟一無所爲，難道紐約的中國人都該下地獄嗎？」「我們沒有神父懂中國話，能向他們傳教。」我拍拍胸腔說：「我能夠。」「那太歡迎！」邁秘書長回答道，「你願意住在那裏，我都可以爲你安排，並供應一切膳宿和零用。」「我要聖安德肋堂，因爲它位於中國城邊緣，地方很大，爲中國人聚會很適宜。」邁立刻撥電話給聖安德肋堂的主任威廉·蓋與蒙席說：「蓋與蒙席：我是秘書長，可否請你幫個大忙，因爲我現在派一位中國人毛振翔神父，在本教區向中國城的華僑傳教；這位毛神父，人很好，你一定會喜歡他的。」聽到蓋與蒙席答以「很歡迎」時，邁又說：「請你一定好好招待毛神父，我會十分感激你的。」

於是，邁秘書長就送我出門，叫了一輛計程車，爲我付了車費，把我送到聖安德肋堂門口，我見到蓋與蒙席，滿臉笑容歡迎我。先把我送到爲我住的漂亮客房，並介紹住在的其他五位美國神父，和燒飯與打掃佣工，再領我參觀該住宅的各種設備，如飯廳啦、客廳啦、開會廳等，當然，尤其廣大而莊麗的聖堂。

最後，領我到他辦公室坐下長談。在談話中，蓋與蒙席特別對我說：「毛神父，今天你來到此地，向華僑傳教，眞使我不勝興奮，因爲過去二十年來，每天我見到這些誠實、勤勞、可愛的中國人，我不斷地懇求天主，派一個中國神父來救救他們的靈魂，因爲這樣的人民，一定是天主所喜悅的。神父，你的來到是天主俯允了我二十年的祈禱，願你常能留此爲中國人服務，領他們走向天堂，永遠讚美天主！」

第二天，我就開始拜訪紐約中國城的各組織單位，聯絡感情，然後挨戶訪問每家華僑，不久之後，許多華僑青年都跟我密切來往，我因蓋與蒙席推薦，認識聖母院的修女們，她們的院長瑪加利大修女對向中國人傳教最感興趣，連她竟有七位修女來每天晚上幫助我，爲不斷增加的中國望教者講道。這顯然是天主聖神在跟我們一起講道。

數月來，這紐約中國城的傳教工作，進行得非常順利，正計畫在兩個月之後，請紐約總主教史培爾曼樞機來，爲比費城更多的中國人付聖洗進天主教。但是，忽然間，突如其來的一個大嫉妬，造謠破壞這神聖的工作，反對聖母院的修女們和我合作，說他是史培爾曼樞機的代表，而毛神父根本不是。

聖母院院長，瑪加利大修女，被這位想搶功的，在中國廣東傳過幾年教的瑪利諾神父，恐嚇得要命，給蓋興蒙席通電話，要求他告訴我，不要再到聖母院來，因爲那位瑪利諾神父說：只有他可以向紐約中國城傳教。蓋興蒙席在轉告我這件事情時，顯得極其憂傷，並深嘆說：「這是多麼殘忍的妬忌！」我只安慰蓋興蒙席說：「讓他吧！他搶不去這個皈依中國人的功勞，因爲天主不會降福的！」

在這種情形下，我就向蓋興蒙席說：「我要暫時離開紐約，以應波士頓大學邀請我去作學術演講，這個消息在紐約華文報上已經譯出登載，所以我向紐約華僑可有個交代。」

反正，在那美國實行排華期間，中國華僑是不會信任美國人的，卽使這位瑪利諾能講廣東話。事實證明，我離開紐約後，這位瑪利諾神父想召集中國望教者到聖母院去繼續聽道，卻沒有一個人應從他。

雖然，這樣一來，紐約中國人暫時不會有領洗進教的，但是到了那個瑪利諾神父，在兩年中一無所成，引起了紐約總教區的秘書長邁甘德耳蒙席大爲震怒，把他趕出紐約教區之後，中國華僑又再回來聽道了。

其時，我不特在波士頓中國城，和蓋興蒙席合作，完成了傳教的基礎，而且在芝加哥也在中國城興起了學校，設立了教堂，組織了公教青年會了。

愛德——基於恩愛與美善

最大的德行是愛德。你的愛德，是你成為一個基督宗教徒的最重要指標。「我們知道，我們已出於死入生了，因為我們愛弟兄們。」（若一3—14）也許在你初做基督宗教徒時，使你最感到困難的事，是學習怎樣去愛。許多老教徒，雖然皈依基督，業經多年，他們卻遲於學習愛。愛是天主的本性，而我們當去愛才能相似祂。愛是基督宗教的基本法，而我們必須去愛近人才能是敬愛天主的教徒。

下面的四個原則要指示你去朝向愛，但它們絕不會生產愛德，由於愛就是天主。

㈠在《聖經》上學習愛，依據《聖經》查照「愛」這個字。注意耶穌所命令的，「我給你們一條新命令：你們該彼此相愛；如同我愛了你們，你們也該照樣彼此相愛。」（若一三34）之後，祂再肯定說：「這是我的命令：你們該彼此相愛，如同我愛了你們一樣。」（若一五12）這裏有許多原因，何以你們該愛其他的基督宗教徒，尤其因為天主促進你們愛近人。「關於弟兄的友愛，不需要給你們寫什麼，因為你們自己由天主受了彼此相愛的教訓。」（得前四9）聖保祿宗徒說。

㈡研習愛的本性。你大概要花你有生之年去研究愛的本性。愛是一個經驗。你不能把它放進一個試驗管中而去分析它。愛猶如水銀，一旦你認爲捕捉了它，愛就逃脫了。也許其難題正是我們愛的定義。我們強調愛的效果，而不注意引進這些效果之愛的條件。我們以爲愛是感覺。但愛遠深於感覺——它在行爲上表達感覺。當天主選上了愛你，祂越過祂內心深邃的感覺；祂爲你死了。當你愛你的兒女，你越過你內心的感覺。你爲他們工作，教育他們，爲他們犧牲，不斷地爲他們籌畫這個，打算那個。

耶穌說：「當愛你的仇人。」愛你的仇人是超越你內心裏正常的感覺的。你對他們應該做合理的事情。耶穌教訓我們怎樣去愛我們的仇人。懸在十字架上，祂說：「父啊，請你寬赦他們吧！因爲他們不知道他們做的是什麼。」（路二三34）耶穌觀察了那些向祂唾吐和給祂戴茨冠的人。祂看到了那些戲弄祂、掌擊祂、鞭打祂，並叫祂背十字架上哥耳哥達的人，祂仍然說：「寬赦他們吧！」這是愛德。

愛不是獲得，而是施予。愛是將你的生命給予你所愛的人。耶穌說：「人若爲自己的朋友捨棄性命，再沒有比這更大的愛情了。」（若一五13）當你捨棄你自己，你是愛別人的。

若望告訴我們怎樣了解愛：「我們所以認識了愛，因爲那一個爲我們捨棄了自己的生命，我們也應當爲弟兄捨棄生命。」（若一·三16）

當一個年輕男人與女人結了婚，他倆保證了彼此相愛。他們把自己交予對方。這是難以做到的，但這是愛。

今天年輕人以爲愛是容易的，因爲他們想愛是獲得，他們是錯誤的。色情是獲得，但愛是施予。你能給予而無愛，但你不能愛而無施予。假若你愛天主，你要爲祂變化自己。「所以弟兄們！我以天主的仁慈請求你們，獻上你們的身體當作生活，聖潔和悅樂天主的祭品；這才是你們合理的敬禮。你們不可與此世同化，反而應以更新的心思變化自己，爲使你們能辨別什麼是天主的旨意，什麼是善事，什麼是悅樂天主的事，什麼是成全的事。」（羅一二1—2）

㈢了解愛的要求。愛是一種施予的關係，依此關係，你放棄你的權利和你的自私的快樂。你接受別人，連你所不喜歡的人在內。

「但我是人」，你會抱怨說：「要愛我的上司可難呢。」請勿爲你怨恨和不滿有所藉口。是的，有些人眞難愛；但你當努力於此。跟有些人，愛油然而生。可是爲一個基督宗教徒，懷恨於心是決不可以的。

基督宗教徒的生活應該是和世俗之子有所異殊而更純潔的。因爲你以基督的標準度生，你就該是不同的。因爲你有基督在你心裏，你應該是更完美的。由於你是教徒，你應該以愛德爲你的特徵。

以一個團體來說，沒有人能像基督宗教徒更相似的。是他們的愛德吸引他們到一起嗎？當一個基督宗教徒走進一個羣眾中，他慣常可以認出另一個教徒。猶如神父從一個堂區旅行到另一個堂區，遇到教友時，就成爲朋友。有一位旅行傳道員曾述及說：他一坐進教友的車子裏，他們就成爲朋友，他表示說：對於一個教友，我們會感到一見如故，好像彼此相識好久一樣。但是，在我城市裏，我所認識的外教人，我就感到和他們很少有相同的興趣。一個深愛耶穌的人就大不相同。因爲祂在兩個心裏，基督給每一個人互相的恩愛。

早期的基督宗教徒彰顯愛德。若瑟夫（Josephus），他生活在原先基督宗教徒中，說：「啊，他們彼此多麼相親相愛。」有時，看見一個十九世紀以前的基督宗教徒的愛德，比觀看對街更容易，其原因是，在一個遠隔時間裏，我們看得更清楚。

但是，有些時候，基督宗教徒當痛恨。不過其所痛恨者絕非人，而是人的罪。有時候，要恨人所犯的罪，而不恨犯罪的人，實在困難，可是這是必須做到的。愛德與《聖經》教導你怎樣畫其中的分線。

㈣謹防愛情的虛夢。一個愛情「虛夢」的期待，以爲愛情好像草莓油酥糕餅。成熟的愛情不期待容易的生活。先期的門徒們等待了一個艱鉅的生活，但沒有想到他們跟隨耶穌的代價是那麼的高。祂叫他們離開父親、母親，而事實上是離開一切。他們的愛德導引他們承受許多苦難。一個「愛」的天主是不許我們規避艱難的。祂關切我們的品質勝過我們的舒服。《聖經》教訓說：患難帶來品質，災害增加忍耐。天主還用憂苦的鋤頭鑿通快樂的泉源。也許我們沒有眾多像約伯品質的人，是因爲我們沒有許多人像約伯那樣受苦的緣故。

一個兒子因癌症逝世，他母親誤解了天主的愛，抱怨說：天主對她太殘忍。她哀傷哭泣說：

「當我兒子死的時候，天主在那裏？」聰明的本堂神父答覆說：「天主就在妳兒子死的場地，而且坐在祂的寶座上。」

天主愛每一個人，我們雖不清楚，何以天主叫這青年死於癌症。我們亦不明白，何以天主使這女人孤獨，但天主坐在祂的寶座上，卻曉得「使一切協助那些愛祂的人，就是那些按祂的旨意蒙召的人，獲得益處。」（羅八28）

是的，一切存在都是愛，因爲創造萬物的天主是愛，所有的人類都趨向於愛，因爲沒有愛，他們不能生存。因此，我既因天主之愛，而得生於天主教家庭，又因天主之特愛，而得成爲神父之一員。所以我進入修道院之前，我永遠不能忘懷的那位本堂神父，張公其藏，他不特以他的身教，而且還以他的言導，不時影響我說：「天主要你成爲一個好神父，終身在世愛慕祂，藉以多救中國人的靈魂，永遠跟祂享福於天堂。」這一切到現在對我的印象仍很深。

我從小就得到庭訓，要眞的愛天主，就須常聽天主的命令，而天主的命令常是由人轉來的，因爲天主不直接指示我們，除非在極其緊急關頭。

所以當羅馬教宗——其時的庇約十二世，派定了撒母耳·斯提溪主教爲芝加哥總主教後，不久我就接到他一封來信說：「你的主教于斌曾經向我的前任蒙特倫樞機許下：『你當來芝加哥向中國人傳教。』你是否還要來，請答覆。」我看到這封信之後，就立刻去報告波士頓總教區的副主教庫輿——以後陞爲波士頓總主教，陞爲樞機主教，成爲我的至交，及輔仁大學的大恩人。他是捐了第一百萬美金者，作爲輔大復校用的。

庫與副主教聽了我的報告之後，立刻反應說：「你在此地向華僑傳教很成功，爲什麼要離開波士頓，這是全世界最好的總教區；芝加哥有什麼好？」「我並不是願意離開波士頓，尤其您對我那麼愛護；還有歐公倫樞機主教，其他許多神父友朋，以及我們在此地的中國教友與華僑等……，但是，因爲我的南京教區于斌主教曾把我許給故蒙特倫樞機，而他的接棒人斯提溪總主教問我是否還要去，我怎能答以不要呢？因爲若這樣做，我就是不服從我主教的指示，這是要使天主不喜悅的。」庫與副主教聽了我這番解析後，也就只好同意我離波士頓前往芝加哥去了。

乘著火車，向著距離有一千五百多英哩的芝加哥進行時，我心裏的千頭萬緒，互相動盪，因爲在送于斌主教到舊金山乘輪返中國以來，雖然只不過六、七個月，但其間所經過的事情可眞不少。其中甜酸苦辣都有。現在離開可愛的波士頓以及其中許多友好，實在令我感到惜別多多，而現在前往的芝加哥，將對我如何？假若不是爲愛你的緣故，天主！我眞不想去呢！但是爾之聖意承行吧，天主！不要照我的意思。因爲你曾說過：「我的思念不是你們的思念，你們行徑也不是我的行徑。就如天離地有多高，我的行徑離你們的行徑，我的思念離你們的思念也有多高。」(依五五8—9)

到芝加哥後，我卽去向總主教報到。斯提溪總主教簡單地指出：「我們請你來以三個月工夫試試看，你是否在芝加哥中國人中，於傳教上能有所成就；若然，則請留下傳教，否則，就不必開始。」我聽了這話，心裏就向天主說：「我唯有盡我所能，至於成功與否是屬於你，不在乎我。」接著，斯總主教又說：「我已經跟歐白楊副主教商定，你可以住在他的堂內，因爲那裏離中國城不遠。」於是，斯總主教就給他的歐副主教通電話，要他來將我接去。

這是一座近百年的古老教堂，周圍都是荒地，附近都是貧民。連歐副主教和其他三位蒙席在內，都在商業區，擔任「傳教發展委員會」工作的。這三位蒙席神父的年齡比我都大約二十歲左右。這堂區，天主教教友很少，它維持的經費全來自發展委員會的。所以我住在那裏爲他們是一個負擔。不過，我除了佔住三層樓的一間僅有一床、一桌、一衣櫥外，亦不過每日吃一早餐和星期六的晚餐而已，因爲他們四位上午八點半出去上班，普通除星期六外都不在家用午、晚餐的，我當然只好自己買餐吃了。

到了這住宅聖若望天主堂後，歐副主教訓令我說：「斯提溪總主教要我全權管理你，所以你每天早上六點半做彌撒。然後用早點，晚上不可超過九點鐘當回來。其餘的時間，你要努力到中國城去向華僑傳教，希望你在三個月內，能得到一些華僑皈依天主教。其他的一切都由你自己負責，諒你了解。」當然，眞爲天主工作者，「出外傳教，是什麼也不要帶；不要帶食物，不要帶口袋，也不要在腰帶裏帶銅錢。」（谷六8）「因爲工人自當有他的食物。」（瑪一〇10.）

但是，中國城的華僑，白天不到中午時便不起身，夜裏不到半夜三更不就寢，這和歐副主教給我指定的時間表，實在不適合。在這種情形之下，我自當以適應華僑的生活時間爲是。可是有一次，我因與僑界領袖開會，到半夜三點鐘以後才回到教堂裏，由於實在太累了，未能在早上六點半做彌撒，而開始做彌撒時已經七點半。因此，歐副主教指責我說：「振翔，你做彌撒的時間爲六點半，不是七點半，要記牢照做，知道嗎！」「是的，主教！知道了。」

所以自那次以後，我每次夜裏回到教堂太晚時，我就不敢睡覺，因爲怕睡過了，再受責罰，那就麻煩了。據說，這位副主教是不好惹的，何況我是在受試驗的時期呢。因此只好忍耐，爲愛天主而多自我犧牲，但願天主賞賜我歸化此地的華僑，則我什麼苦難都樂於承受。

當時芝加哥的華僑都認爲天主教對他們最不好，因爲基督教有三個不同的教派在中國城佈道，而天主教毫無表現。此外，成年的華僑，在當年抗日期間，凡由中國來的國民，其不作抗日宣傳者，就是不愛國，就是來美國渡寓公生活。但美國天主教方面卻不許神父作公開抗日言論，尤其日本的欺騙宣傳說：「他們進軍到中國是爲救中國免於赤化」的緣故。所以我是生活在兩面爲難之間，我該怎麼辦？

在這華僑和教會立場對立時，我慣常的解決辦法是，想出一個兩全其美而無我的妙法，那就是使華僑見到我抗日的言論登載在報章上，對我起了敬愛之心，而願意把他們的子女交給我領導，並使教會見到我對華僑的影響力，而願意在教會方面支持我，予我以幫忙華僑的需要。

我進行這兩全其美方法上，當然需要自我多犧牲，這就增加對天主的信望愛。自我犧牲在於早晨六點半彌撒之後，吃罷早餐，卽刻離開我的住處，乘火車到距離芝加哥約三、四小時的大城市，如密州的底特律、米州的聖路易、俄州的克里扶蘭等城市」，事先托友人在該地辦妥午餐演講。待第二天晨報和當天下午晚報登出之後，即請當地友人以快郵寄到芝加哥的兩家中文報館，譯成中文登出。華僑每次看中文報又見到我時，就說「你不是在底特律城演講抗日嗎？你不是在聖路易大呼打倒日本鬼子嗎？你不是在克里扶蘭城演講拆穿日本侵華的謊言嗎？」我則答：「是的，我剛回來呢。」

如此一來，芝加哥華僑欽佩我的抗日愛國，感激我的愛護華僑，而天主教方面看到我來到芝加哥之後，華僑見到他們顯得日益友善，更喜歡我帶領他們到中國城觀遊和聚餐，使華僑的生意日益隆盛，而我則慢慢地把他們領到天主臺前，使他們不特現世能有較好的生活，而且永生能獲得天堂的榮福。

感謝天主肯使用我作祂的工具，自一九四〇年六月二十九日，由波士頓奉命來到芝加哥，到九月二十九日卽有二十四位芝加哥華僑成年人和高中生，經過了三個月，每晚兩小時的工夫，勤學天主教道理，經過個別考試及格，在芝加哥總主教斯提溪手中，借著聖若望堂，領受了聖洗聖事，成爲天主的義子，開始了芝加哥華僑皈依天主的首批人士。

當日二十四人領聖洗的盛舉，值得在此一提，因爲這是在人間廣揚教會令人感動的方法，也是中美人士因天主得以融洽交流的實證。

那天參與盛典的計有一千五百人士，從華僑方面，除掉男女童子軍音樂隊外，約有千名華僑出席，每位都穿得漂漂亮亮；從天主教方面，應請的除了總主教和兩位副主教外，計有百位神父、蒙席、百位修女、及其他政府各部門的顯要。諸如芝加哥市長夫婦、警務署長夫婦、高等法院院長夫婦，因為他們都是虔誠的天主教教友，所以都應邀為領洗者的代父代母，這樣的代父、代母共有二十四對。

由中國城進行到聖若望教堂，計有一英哩，由童子軍領隊，其前有耶穌的大苦像十字架，兩旁配稱著中美國旗，隨後有極大多數的步行隊，最後為貴賓轎車隊，至於新聞記者團依照他們的選擇自由進行。那天的聖若望大堂擠得滿滿的，這是多年以來難得的壯麗景象，這消息傳遍了美國各地區，實在是我在美華僑的又一次榮光！

結　語

由上觀之，信、望、愛三德為使天主與人類之間，彼此互相交往，亦步亦趨，是極其重要的。因為若無信德，人就不能成義；若無望德，人就沒有理想；若無愛德，人就完全迷失。

但人要成義，不能靠自己的能力，由於眾人因了亞當的罪，都在罪惡權勢之下，所以人非藉著基督救贖之恩，誰也不能成義。而要承受基督救贖之恩，必須對耶穌基督有信德，不然是毫無辦法的。（參考羅三章）

其次是望德，有望德卽有高超的理想；這理想之實現在於把天主的道理充分地顯揚出去；這道理就是從世世代代以來所隱藏，而如今卻顯示給耶穌所創立的聖教會。這道理由於是天主親自啟示的，所以很奧妙。它的奧妙就是基督在你們之中，作了你們得光榮的希望。（參考哥一、二、三章）

末了是愛德，因爲愛德是天主，天主是眞理，眞理是光明，光明有生命，所以人若無愛德就不能有天主，沒有天主自然生活在黑暗中。那這樣的人不完全迷失，還能不陷入深淵裏去嗎？

這「信、望、愛」三德，既然是天主因耶穌基督的功勞，賜給我們的超性的恩寵，那我們怎樣可以保持它們而不致失掉呢？那只有信奉耶穌基督的言行，並把祂的言行實行於我們生活中。因爲唯有祂是天主——父的親生子。在耶穌身上，我們有個最完美的典型，以資效法，使我們一言一行，一舉一動，愈來愈相似祂，愈來愈成爲天主的肖像，則我們在現世所信所望於天主者，到永世就可以與天主面對面地相結相合，和天主聖三以及無數的聖人聖女們同享榮福於天庭。那裏都是「天主愛我，我愛天主，以愛還愛，天人合一」的無窮無盡的永生。

本文刊民國七十七年一月及四月《宗教世界》季刊

一五、《天主經》——口存心想

上天光榮下地平安天人合一

《天主經》是我們所能向天主奉獻的最美善祈禱，不僅因其爲天主之著作，而且由於其內容本身的傑出。聖奧斯定告訴我們：假若我們作所應作的祈禱，則除《天主經》的內容之外，我們不能說其他的了。

人的智慧與經驗，沒有天主的啟示幫助，絕對不能解答這些問題，就如我們「爲什麼」生在這個世界？幾時我們經驗到我們是在此地時，沒有聚積的經驗能啟示我們「爲什麼」造物主有心有意創造了我們？

老的天主教要理問答教導說：天主造了我們是，「爲在現世認識祂、愛慕祂、事奉祂，然後我們能和祂在天堂裏享受永福」。我們之所以知道這事，乃是由於祂自己對我們說了。祂那麼地愛了我們，竟致祂不願意離開我們，以免讓我們獨自受我們自己經驗的指使，致使我們永遠不能回來認識祂和愛慕祂。於是得不到永生永樂的幸福。

老哲學家與智慧人士們，蒙天主寵賜的感召，給我們證實說：大地上的一切奇妙化工證明天主的存在。但是這個證實，尚不足以令我們看清祂猶如一個慈愛的父親。假若祂自己沒有向我們保證這點的話，則我們就像孤兒們，在回想中曉得自己有個生他們的父親，但卻不知道他是一個恩愛他們與關心他們的慈父。這就是何以在長大時，我們如此感念我們父母的終身恩愛和深遠的摯情。

哲學家看天主爲一個首先的根源，一個無因素而爲萬物之因素的來源，但他們卻不認同祂爲生活的位格，而祂眞是（Living Person）生活的位格。所以在祂創造的萬有奇妙化工中，祂還是朝向我們，給我們講述祂自己生活的奧祕。我們在這世界上並非孤兒，因爲我們仁慈恩愛的天主愛護我們如慈父。實在，祂的慈父恩愛乃是所有恩愛得以命名的。就如一切愛一樣，祂的慈愛在我們身上啟發了依恃之心。這樣我們可以稱祂爲父親。實際上，我們更進一步，《聖經》學者告訴我們，在閃族語系中，在阿諾姆語（Aramaica）上，慣用「阿爸」（Abba）一詞，其涵義勝於單純的父親，可說這與美國話稱呼 Daddy 相似。這是更深奧更親切的稱呼。

證實我們對天主之愛的依恃，乃是提醒我們祂是在天上。這就是保證我們，祂住在一個皇國；這皇國超越一切變更及一切與世界的循環。這些變更與循環，在我們的經驗上，往往沖淡愛情。我們在天之父的愛是永遠沖不淡，改變不了的。這愛是常存在的。我們在祈禱時，向祂呼求，祂會俯聽我們，幫助我們實現這個勢不可當的眞理。

第一個祈求——願祢的名見聖

在《天主經》裏有七個祈求，其中所求的事物，不特是我們所想要的，而且爲我們的福祉，也是我們應該祈求的。

天主的名是常常見聖的——爲天使們和聖人聖女如此，爲祂存在的眞正的光輝也是如此。幾時我們祈求「願祢的名見聖」，我們同時懇求天主，使我們能個別地參與祂的光榮，祂的行列。《天主經》是個深刻的個人的祈禱。

哲學上說「所有的工作者，都有工作的目的」。例如一個營造者，除非他有蓋房屋的目的，他就不要蓋房屋。他要蓋房屋的目的，或爲自己住，或爲賣掉賺錢，或爲使他的工作隊有工作可做，既可使他們得到工資養家生活，又可準備房荒來時，多賺一筆錢。再比如一個厨師，他要烤餅，決不會無目的的。他烤餅，或者爲慶祝生日，或者作爲餐後的點心，或者會賣給人家。那麼，天主造了我們，祂心目中自然懷有一個特別的目的。祂的目的是爲創造一個傑作，一個精美的藝術品，藉以表達祂自己——一個像似自己的肖像，有能力來分享自己的永遠快樂者。

坦白說，天主並不需要創造我們，因爲祂在自己本性內是完全滿足，毫無所缺的。祂的幸福快樂在於天主三位之中，彼此共享無窮盡的友愛與共融。但在祂的美善與仁愛中，祂選定了能分享祂幸福的受造物，所以祂造了我們人。

因爲天主造了我們，是賦有能力欣賞祂的美善的，而我們卻往往因此闖出禍來。那就是妄用我們由天主所接受到的能力，而去追求在某時、某地、某情況下是錯誤的「好」事。其問題是，雖然天主所創造的一切都是好的，但卻不是樣樣事物爲我們都是好的。例如奶油是好東西，一個在天主所創造的萬物中，顯著金黃美色含著奶油香精味，但是健康卻比奶油更好。所以爲一個有高膽固醇的人，當選健康重於奶油，因爲奶油對他不好，這奶油雖代表一個好，而爲他卻應該放棄。現在爲我們在一切美好的事物中，其最重大的，不是別的，而是天主自己。祂造了我們的確實目的是爲分享祂的幸福快樂。爲這個目的，祂沒有造了奶油，沒有造了狗或樹木或健康等等，但僅造了我們人。聖奧斯定說得好：「主呀！祢造了我們單爲祢自己，我們的心若不停止在祢身上，就永不能安息！」

我們的最終目的是「善」，這「善」是我們所企求的，也是我們最珍惜的。因爲在這世界上除了天主之外，沒有一樣東西能使我們完全滿足慾望。那麼，這是很自然的，我們要重視與讚美這個「善」在萬有之上，由於這個「善」就是耶穌基督回答有一富貴少年問祂時所說的：「你爲什麼稱我爲善師，除了天主一個外，沒有誰是善的」（谷十18）。這也就是在四書《大學》上的「止於至善」。

我們的耶穌基督恩賜我們一個好機會，就是當祂對我們說：「幾時你們祈求說：『願祢的名見聖』，就是我們第一個最誠摯的祈禱。這祈禱安排我們在這塵世上，得能進入與我們人生的最終目的相接觸，而且還準備我們和一切相繼而來的懇求連繫。」

幾時我們祈求：「願祢的名見聖」，我們意欲「願祢在聖潔中受光榮」，這聖潔是屬於祢的特殊而獨有的禀賦，這使祢與一切受造之物分離。願祢是祢光榮和讚美的自己，並願祢的「善」盪漾於萬物之上，世世無窮。

第二個祈求——願祢的國來臨

天主賜給我們一個極貴重的禮物，我們稱它爲「望德」，它是一個找尋自己的渴望，一種正當的自私，藉此我們要成爲永遠幸福的一部分，就是天主的一部分。因此，我們決不要成爲永遠幸福的挫敗者，因爲不然的話，我們就失掉了唯一能使我們心滿意足的「善」。我們要永遠沐浴在祂的光榮中。這樣，我們向祂懇求說：「願祢的國來臨」。天主的國不是別的，乃是祂在那裏。祂是在祂所在之處，我們也是在我們所在之處。但是不幸的是，我們所在之處，往往不是祂所在之處，至少不是在祂的充滿光榮裏。

雖然天主在天堂家中是永遠快樂的，而我們仍在世上的旅途中摸索路徑，並遭遇很多難題與阻礙。這些難題與阻礙，我們把它們認爲是「魔鬼」、「世界」、「肉身」。

這三種大問題，其實在某些情形下也是好東西，不然它們就不可能吸引我們（其實，連魔鬼在天主創造的光輝中，也是好的，假若它們的自由意志不轉向到邪惡去）。這三種人類的仇敵，自己建立了國度，引誘我們去參與它們的公民陣營，要我們去遠離天主，反對祂的規誡，而投誠於它們。這種誘惑和吸引連我們中最好的，也難以避免。

「世界」時常向我們誇耀它自己多麼好，多麼美，並且許於供應我們所想要的一切，諸如財富啦、快樂啦、無憂無慮啦，而且還說：你是物質，我也是物質，所以我們應該携手同進，使這世界成爲我們的江山。「肉身」補充說：「但我能給你們一些更多的東西，就如充裕你們的精神，使你們能狂歡入迷，並可來和我同居等。」「魔鬼」有最後的話：「我能使你們成爲神明，我能給你們權威，這樣你們就可以不靠天主而和祂決裂」。這一切的一切都容易令人迷惑。

但是，我們生活在世界上，卻不是爲世界，不是爲肉身，不是爲魔鬼，而是爲在光榮中與天主相要好相交往的。只是天主的國爲我們現在尚不顯著，其極大部分仍留在將來。它還是來臨中的天國。就如旅行人，我們還須在荒漠中奮鬪；又如從前的猶太人期待著旅程的終點，同樣我們也等待著天國的來臨。

吾主耶穌曾向我們保證說：「在我父親家裏有許多房屋」，在那裏有我們的房間。主耶穌並告訴我們：「他到他父那裏去，是爲我們預備地方。」

這樣，我們經過這涕泣之谷的充軍塵世，我們向天父的永福之家，憑著堅強的望德，和不能動搖的信德，仰賴聖寵的佑助，得以保持天主常在我們眼前，猶如黑暗中的燈光，使我們總有一天，眼見「將來」成爲「現在」，而得歡喜無窮地進入天國說：「祢的國終於的來臨了！」

第三個祈求——願祢的旨意奉行在人間如同在天上

天主造了我們，是爲吸引我們向善，如同夜蛾爲燈光所吸引，或一隻熊爲蜂房所吸引——或螞蟻爲糖所吸引。但難題來了，幾時眞善與假善之間有分別，我們怎麼認得出來？當然，在此事上，我們往往會讓自己受騙。這件事在歷史上指出，在人類的原祖亞當和夏娃，在樂園裏就因禁果的色美味鮮，而一廂情願的順從感官的趨向而陷入於誘惑的吸引。直到我們今天的這個小天地，一直是如此。理知與良知的警告我們是：有害的、要致死的，我們似乎鮮能予以注意和聽從。

言至此，我們可能要問，既然是好的，何以會有害而致死呢？這並不奇怪，因爲此類遭遇屢屢會出現，例如冰淇淋是好的，而且在一個適合的分量上，是爲我們有益的。可是太多的冰淇淋就不好了，並且爲我們是有害的；再比如，一條響尾蛇是一個好動物，而且是一個美麗的動物（至少爬蟲類與兩棲動物學家認爲如此）。但是，你卻不要有這樣一條蛇在你家裏爬來爬去。因此，我們不宜爲任何只要是美好的東西所吸引受誘惑。我們要單單追求那些好東西，它能直接導引我們達到最終之善，就是天主。世界上有許多東西，當我們追求時，會使我們越來越接近天主，它們是我們的道德行爲，我們稱之爲德行。這德行使我們有力量——德行是能力——朝向天主，藉資贏得祂。眞的，天主爲我們安排了一個場所，使我們得以贏得祂的友誼交往。這就顯得好像一個五歲的兒童，當他父親油漆房屋時，他兩手捧著油漆罐頭，而後來卻能跟他的母親說：「爸爸與我油漆了房屋」。這話是正確的，因爲吾主耶穌對我們說過：「你們應該變成如同小孩」。

我們怎麼知道，什麼行爲是德行，是有功的？天主自己給我們答覆，說：我們承行祂的意旨，就是德，就是功。只要是祂的旨意，我們都要承行，一定常是好的。祂的旨意表達在祂的誡命上。耶穌在客西馬尼園中祈禱時，鄭重地聲明說：「父呀！不要照我的意思，而是照祢的旨意！」

天主的旨意常在天上受承行。是的，這是天堂。天使和聖人們常遵循祂的旨意，幾時我們祈禱：「願祢的旨意奉行在人間如同在天上」。我們向祂保證在現世承行祂的旨意，並且聲稱與天堂的公民互相交往，共相承行。

第四個祈求——求祢賞賜我們日用糧

以在現世承行天主的旨意，我們能直接贏得天堂。但現世有那麼多的事物阻擋我們人承行天主的旨意。大哲學家亞里斯多德研究說：我們最高貴的「善」在於默觀天主，而他更皺起面孔評論說：但我們人是如此的脆弱，連一個胃痛就能阻止我們追求那個目的。眞的，我們需要使用一切方法才能有效實行此目標。那生活在貧窮水平線下的人，花費最多的時間與力量在爲生活而掙扎。爲他們，修德行往往是個奢侈，而不是必要。

我們大家至少都須有一個簡單的生活要素，諸如食物、維持家庭、住屋、同伴、自由與休閒。只有在此時，我們才能尊嚴地站在一個人的立場。這就是何以有許許多多的基督宗教徒在第三世界國家工作，那麼注重物質的條件。這是一個好的作風，假若他們認爲這僅是一個方法，而不是人生的最終目的。當我們祈求我們的天父，賞賜我們今天的日用糧，我們求祂供應一切需要，以救援我們，使我們能做到亞里斯多德所說的「默觀天主」。唯有到此時，我們才自知地贏得我們的眞正目的，天堂。幾時我們祈求日用糧，我們意指一切的肉身需要。因爲，爲我們人，糧食常是象徵肉身的維持，因爲生活在時間繼續中的我們，宜於要求恒久的生活維持。我們祈求天主供應我們每天的食糧，爲使我們常能準備好承行祂的旨意。

但是，卽使有完全相稱肉身的糧食，我們還是不够的。它可能足以使我們成爲卓越的人物，或成爲大哲學家、或藝術家、或學人、或科學家。然而不足以使我們贏得天堂。爲得到天堂，我們需要天主的聖寵，這聖寵只有靠領聖事才能保證我們獲得。這樣，當我們祈求天主賜給我們日用糧時，我們巧妙地同時也請求祂賜給我們生命的食糧，聖體聖事。我們尙暗含著希望每天有彌撒聖祭，而我們個人能接近祂的祭臺，恭領祂聖子的聖體。僅在此時，我們確實可得到各種營養，肉身的和靈魂的，這才可能使我們有充沛能力而活動。

循著各種營養，物質的和精神的，我們所需要的這一切，藉賚使我們能獲登天國時，我們該密切注意到，在我們每個生活角落裏，常隱藏著一些危險的因素，阻止我們承行天主的旨意。它們是罪過，誘惑和單純的不幸。在其中最壞的是罪過，這是徹底地反對天主旨意的。罪過常是有損害的，但假若這是嚴重的罪過，那是大災害。就如聖保祿宗徒所警告我們的：「你們豈不知道，不義的人不得承繼天主的國嗎？你們不要自欺，無論淫蕩的，或拜偶像的、犯奸淫的、作孌童的、好男色的、偸竊的、貪婪的、酗酒的、辱駡人的、勒索人的，都不能承繼天主的國。」（格前六9—10）大罪是我們最大的仇敵，因爲它使我們的靈魂致死。

據說，眞福 Blanche of Castille 加西蒂易的白郞雪對她的兒子，法國的國王聖路易九世，當他還是青少年時，說：她寧願見他死了，而不願意見他犯個大罪。今天有些人聽到這樣的話，大爲戰慄，認爲這樣的人太沒有母愛了。其實，最大的母愛是，看自己的兒子離開這塵世，而得永遠與天主在天堂享榮福，而不是看他留在世上，冒著臨身的大危險，被隔離天國的進入。

第五個祈求——求祢寬恕我們的罪過如同我們寬恕別人一樣

幾時我們祈求，「求祢寬恕我們的罪過」，我們懇求天主，不單單不要看我們叛反祂的罪過，但要完全消滅我們反對祂旨意的忤逆，而在我們的案情上，求祂引進祂憑先知所許諾的：「你們的罪雖似朱紅，將變成雪一樣的潔白；雖紅得發紫，仍能變成羊毛一樣皎白」（依一18）。因爲假若我們要完成在天堂上和天主相親相愛，我們不能僅掩蓋我們罪過的痲瘋病症；我們應該洗得純淨純潔。唯有天主能赦免罪過，所以我們向祂懇求施此大恩。

但請注意，吾主耶穌爲我們在此乞求中放進一個栓子：「如同我們寬恕別人的罪過一樣。」啊，這裏有擦亮器——天主要求我們一個條件，在我們方面要甘心情願擦掉我們對人的仇恨。吾主耶穌的整個倫理道德訓誨，其金科玉律是：「假若我們要成爲祂天國的夥伴，我們應該做我們要求祂做的。假若我們要祂寬恕我們的罪過，我們也必須寬恕那得罪我們者的罪過。」

第六個祈求——求祢別讓我們陷於誘惑

罪過是最後的仇敵。但誘惑人犯罪呈示一個大危險，因爲它催促我們進入罪過的門口。這是特別有害的，因爲它時常纏擾我們，而且比罪過更爲普通。雖然聖洗聖事滌除了我你因亞當背叛天主的罪污和我們自犯的本罪。但是，我們衆人，連其中最神聖的，都應該度著一個因著我們原祖之罪而傳下的軟弱體格。我們是那麼的衰弱，而又被留在戰場上沒有貴重精密的武器。我們還傾向於效法亞當，加上誘惑飼養這傾向。罪過毀滅我們承行天主旨意的能力，但誘惑至少阻礙這能力增加和失效。誘惑猶如病毒與細菌，它在我們全身各處。我們猶豫我們怎能度過一天而免於受它們的這個或那個的傳染。假若我們是健康強壯的，我們平常能自早至晚而不致傷風咳嗽，但這並不因此使我們減少防範生病，反倒使我們試圖增加營養物和維他命等，並避免接近病菌。對於誘惑也應該如此，我們要設法保持我們精神壯強，藉以承行天主的旨意；每日要祈禱、勤領聖事，尤其是注意告解和聖體聖事。但是卽使如此，我們要了解我們仍然是罪人，並不知道幾時邪惡的衝動會來淹沒我們。在這件事上，沒有人比聖斐利伯乃里更爲清楚。他每天的晨禱是，「主，請祢將祢的手按在我身上，否則斐利伯會出賣祢的！」

我們懇求我們的天父「別讓我們陷於誘惑」，我們求此，不是說，好像天主是個邪惡的運送者，而是求祂能使最壞的誘惑遠離我們，或至少祂能給我們力量抵抗誘惑。猶如在細菌的案例上，那爲我們是不好的，假若把我們按置在一個完全消毒的環境裏。爲我們的健康著想，我們的身體需要一些暴露，藉以建立一個抵抗的力量。雖然天主不會誘惑我們反對祂，祂卻會准許我們受誘惑，以試探我們，是否對祂的約定忠守不渝。祂而且曾許可耶穌基督受誘惑，因爲這樣：「他既然親自經過試探受了苦，也必能扶助受試探的人。」（希二18）

雖然如此，吾主耶穌要求我們懇求天主，別讓我們每天被千百次的誘惑所克服。

第七個祈求——乃救我們免於凶惡

我們原祖亞當叛反天主的罪過，不僅使我們在道德上，顯得軟弱無能，易於犯罪，而且使我們在各種不幸上，受重傷，難於康復。照原始地來說，我們是享有一些特恩的，這特恩使我們能脫免種種不幸和災害，就是在物質上能免受痛苦，諸如從簡單的頭痛到死亡的解體，以及整個災難的遭遇都會免除。但是我們原祖亞當應受的罪刑卻使我們失掉這一切的一切。凡屬於物質之總匯的，都使我們重新開始受磨難，而無能力去防衛在空間伸展的任何東西，無邊無際的。

天主所創造的一切都是好的，只要它們善盡它們受造的用度。邪惡只能是一個造物的陰影，一個事實的消極畫面。它只能是實在的相似，而卻不是實在本身。猶如我們播映一個受造之物的畫面，它應該是實在的，但卻不是。因爲在那畫面上缺少一些要素。但是邪惡的破壞力量其危險卻是實在的。所以說的更切實一點，邪惡是一種毀壞，而不是一種實體，換言之，邪惡存在於美善的缺陷，而不是自然的存在。在這種情形之下，我們可以見到許多邪惡環繞著我們，那就是一切的力量足以在物質上和精神上腐化我們的。有些翻譯者將「邪惡」當做「兇惡」。在這個祈求上「兇惡的一個」就是魔鬼——撒旦。當然啦，撒旦的意旨能力是兇惡，而且盡其所能地毀壞我們靈魂的平安，因其引誘我們犯罪，並在有些案情上毀滅我們物質上的福利。但除了魔鬼之外，還有其他兇惡。這些兇惡也包括在我們懇求天主「乃救我們免於兇惡」內。這裏有物理上的疾病兇惡，有人類間的排外兇惡，貧窮兇惡、唯物主義兇惡、自私自利兇惡、天災的兇惡、不幸的兇惡，還有你所能命名的兇惡。

幾時我們向天父祈禱，在這最後而最普遍的祈求「乃救我們免於兇惡」時，我們懇求祂除掉一切阻止我們，並破壞我們企圖和達到與祂在天堂上共享榮福的障礙，而使祂的聖名永遠見聖。「見聖」是天主的獨有稟賦，所以聖教會常向天主讚美歡呼說：聖！聖！聖！因此祂和一切的受造之物是不能混合一起的，我們只能分享祂的聖潔。所以我們中國所譯的《天主經》在文言文上「我等願爾名見聖」，遠比白話文的「願祢的名受讚揚」正確。特在此一提，願能改正。

本文刊民國七十九年元月《文協會訊》第十九期

一六、《玫瑰經》的效用與德能

目前在我們天主教裏，而每天念一串《玫瑰經》的人，實在不多，這是很感遺憾的。但是，這種現象，並非只見於今天，因為一百年前，也有過此種遭遇，下面的一個故事就足以證明：

這故事的角色有兩個，一個是法國大學生，一個是法國的老年人。他們兩人在一八九〇年時，有一天同坐在一列火車上。當這個青年角色見到有個老年人，端正地坐著，手上拿著一串念珠，虔誠地念著《玫瑰經》，引起了這年輕人的驚奇，於是他就上前去向老年人說：

「老先生，請原諒我，難道時至今天你還相信這種愚昧老婦所做的，已經落伍的事情嗎？」老人堅定地答道：「我當然相信，你不相信嗎？」「我？我一點也不相信，我只相信科學！」「哎！科學，我要多多學習它。」這位青年提議說：「假若你能把你的姓名和地址寫給我，我可以給你寄幾本科學書籍，幫助你參考研讀。」老人立刻抽出一張名片給青年，在名片上印著「路易·巴斯德，化學家，巴黎科學研究所。」

這青年細看名片之後，就急忙在下一停車站，遠離走開了。是的，他遠離了，因爲他大概不好意思再面對這位老年人，大科學家嘛！

關於路易·巴斯德（Louis Pasteur），其簡歷如下：他生於一八二二——一八九五，法國化學家、微生物學家。早年研究酒類發酵問題，發現了高溫殺菌法。巴氏並研究了蠶及家畜的傳染病，挽救了當時法國養蠶育畜的事業。晚年致力於狂犬病研究，對後來的治療方法有重大影響。一八八二年巴氏成爲法蘭西最高學院的會員。一八八八年巴氏出任巴斯德研究所第一任所長。巴氏是近代微生物學的奠基者。

這樣的一位大名鼎鼎的世界科學家，在他逝世後，《英國百科全書》（*The Encyclopaedia Britannica*），有關於巴氏的頌詞結論說：「路易·巴斯德享有高壽，富有殊榮，是個虔誠而簡樸的天主教徒，是個偉大而慈祥的人類恩人，他在一八九五年九月二十八日安靜地善終於聖格洛德附近（Near St. Cloud），其地位於法國北部，距離巴黎僅五英哩。」

巴斯德辭世時，一手執著玫瑰念珠，一手握著耶穌苦像。「他一生所不能了解的是」，詹姆·華爾士（James'l, Walsh）寫道：「怎麼科學家們竟不能在天地萬物之間，人類週遭之中，共同認識造物主的存在並予以指出呢?!」

對《玫瑰經》的異議

現代社會人士對於念《玫瑰經》的異議是，他們認為無論默念，或公念《玫瑰經》，都未免太單調而乏味，而且屢次重複著《天主經》和《聖母經》就不能同時默想這經文所代表的神聖奧蹟。但是，在這些批評者中，常有許多人做著同樣的工作，開著收音機，聆聽著廣播的音樂，卻一日復一日而不感厭倦，並且還說音樂有助於他們的工作呢。他們竟忘了，我們人不特有個潛意識，而且有個認知的神靈。

更有進者，卽使你做著創造性的研究工作，須要集中意志，全神貫注，專心神往，決不可分心，你在遇到困難時，仍需要祈禱。請聽若瑟·海頓在完成他的名交響曲「創世紀」(Creation)後所說的話：「當我在工作上遇到困難時，我就從我的寫字臺裏起來，並在我的書房裏，雙膝下跪，手裏拿著念珠，忠誠地念《玫瑰經》，不久那我所需要的啟示就再來到我身上。」

說到海頓 (Joseph Haydn)，他生於一七三二——一八〇九年。他是奧地利作曲家，出生於車匠家庭，後得奧京名流幫助，終成大作曲家。一七九一到一七九三年間，曾兩度訪問英國，備受歡迎。在牛津州，有個學院贈以榮譽博士，被尊為奧國最偉大的作曲家，以其確立古典交響曲共百三十五首，故有交響曲之父的尊稱。著名作品有「神劇」、「創世紀」、「四季」，交響曲「驚愕」、「惜別」，皆膾炙人口。

再者，莫札特不亦從念《玫瑰經》裏得到啟示幫助嗎？是的，他得到過，我們有他的話，足資證明。在他寫給他胞姐的信上說：「我在王宮裏寫好了我的交響曲，心裏滿懷喜悅，並念了《玫瑰經》致謝。」

有關莫札特（Wolfgang Amadeus Mozart），其簡略如後：他生於一七五六——一七九一年，他是奧地利音樂家，五歲就能作曲，曾隨其姐遍遊德國大都市，及在比、法等國演奏，音樂作品甚多，包括鋼琴奏鳴曲、提琴奏鳴曲、交響曲、協奏曲，其中朱彼特交響曲、布拉格交響曲、歌劇、宗教樂曲，歌劇「費加洛婚禮」、「魔笛」及合唱「安魂曲」等，都為世人所激賞。

《玫瑰經》的超效能

歷史確實證明了《玫瑰經》的超性效能，而且這種證明，在不同的地方和不同的時間，都有事實的根據，決非一些想像的虛構，而事實是勝於雄辯的。所以為吾人最妥當的辦法是予以忠誠接受，堅定認同，不然恐難免悔之莫及。

㈠奧國（Austria）有一次被蘇聯共軍佔領了，便以祈禱出征反攻。其人民中的大多數人都簽了名，要每天念串《玫瑰經》，且信守不渝。於是在一九五五年五月十三日，法蒂瑪聖母首次顯現的週年日，蘇聯共軍開始撤退，而且在數日之內全軍撤出奧境。因爲奧國位於歐洲的中心地位，而且是戰略的重鎮，這蘇聯共軍的撤離，使整個世界吃驚，目瞪口呆！

但是名聞世界的，手足身上印有五傷聖痕的牛曼德肋撒，卻毫無疑慮地證明道：「這是奧國人民念《玫瑰經》的神能，救了他們的國家免於蘇聯共軍的控制。」

㈡九年後，一九六四年，在耶穌復活節前的「聖週」內，進行聖母《玫瑰經》遊行時，南美洲最大的國家巴西（Brazil），《玫瑰經》救了她免於蘇俄軍隊的佔據。因爲正在此時，巴西總統古拉特（Joao Goulart）已擬定了步古巴的領袖卡斯楚（Castro）的後塵，將巴西人民置於蘇聯的政權之下，但是《玫瑰經》使他失敗了。

這是事實，約在當時一年之前，我的好友彼東神父（Fr. Patrick Peyton），聖十字架會會士，在巴西境內，奔走各地，勸勉巴西百姓教友回頭悔過，依靠聖母瑪利亞，虔念《玫瑰經》，懇求聖母幫助，定可獲得國泰民安。巴西全國天主教友都聽進了彼東神父的勸告，並完全照做了，所以他們得到了聖母的恩愛與幫助，就在翌年三月二十六日，一大營巴西軍隊起義推翻了古拉特總統的政府，這正「恰好其時」。因爲起義的軍隊以後找到了一個秘密證件，指明「蘇聯共黨軍隊在兩天內要佔奪巴西。」

㈢《玫瑰經》在天主教的愛爾蘭（Ireland）國家，是極其受重視的，因爲靠著每天虔念

《玫瑰經》，愛爾蘭在多年持久與殘酷的教難迫害之下，保持他們對天主教的堅強信仰，對羅馬聖座的忠誠擁護。

在英國多年迫害之時，由於愛爾蘭人民都是天主教教友，所以凡發覺其中任何一個人，或參與彌撒聖祭，或接待一位神父，都須承受殘忍的各種苦刑，直到結束生命。爲對付這種死刑，愛爾蘭民眾，每天在自己茅屋裏，按時熱心公念玫瑰串經，懇求聖母憐憫，助佑他們克服一切困難，終於愛爾蘭得到獨立與自由，成爲對世界天主教會最有貢獻的國家，他們的傳教士遍於世界各地，是最受所在地人民歡迎的。他們對《玫瑰經》如此熱愛，竟稱之爲「乾彌撒」(Dry Mass)。

由上觀之，以及其他歷史的豐裕證據，我們毋須驚奇，何以聖鮑祿茂樞機（Charles Borromeo）竟以爲「在彌撒之後，《玫瑰經》是在一切祈禱中最神授的」，或者教宗庇護十一世認爲下面這句膽大的話是適當的：「給我一個念《玫瑰經》的軍隊，我將要征服世界。」

請好好想想，在過去五個世紀，吾主耶穌在世上的代表，羅馬教宗們，繼續不斷地，以言以行，提倡念《玫瑰經》。他們稱頌《玫瑰經》，他們推崇《玫瑰經》，他們自己日日念《玫瑰經》，在聖母節遊行時，還信步隨從遊行隊伍同念《玫瑰經》，並一端一端地體味《玫瑰經》的奧蹟。

當今教宗若望保祿二世，曾大聲呼喊說：「妙哉奇兮，《玫瑰經》的簡易，《玫瑰經》的深奧……再者，在『萬物瑪利亞』的背景後，在我的神靈眼前，呈現著耶穌基督一生的三個階段

——歡喜、痛苦、榮福！」

我們的注視瞄於基督

「在《玫瑰經》裏，聖母瑪利亞參與的工作——擔任我們救世主的夥伴(Co-redemptrix)」教宗良十三世，在他所寫的有關瑪利亞的許多通諭中，指出稱：「這個事實，早在我們面前舉行了。」

教宗保祿六世，以毫不減少的熱情指出說：「《玫瑰經》使我們慣於從最好的可能觀點上——從聖母瑪利亞自己的觀點上，去瞻仰耶穌基督，去使我們的心靈與注意朝向基督，朝向於祂生活的景象，和神學的意義，藉以獲取忍耐，及基督的和平與快樂。」

「以《玫瑰經》的德能，我們能夠把魔鬼驅逐於千里之外」，教宗亞德里安六世向熱心念《玫瑰經》的信友作了上述保證道。

聖教宗庇護五世，在見到耶穌基督的民兵，以少數的人眾，在雷邦多(Lepanto)海峽上，戰勝了從未打過敗仗的，而有極大多數的回教軍隊時，從他的神視中見到，「這個大勝仗是由於教友熱情地陪隨著聖母像遊行，同時虔誠地公念著《玫瑰經》而獲致的大功告成。」

這並不是秘密，聖方濟各塞納爵(St. Francis de Sales)，以其無窮盡的忍耐，和其無限止的愛心，深深地感動了加爾文（Calvinists）教徒，使其中有七萬人之多，皈依於天主聖教會。曾有人問過聖人：「你怎麼會有那麼好的性情？」聖人謙誠回答說：「這沒有什麼，我只不過每天用一小時的工夫，默想《玫瑰經》的奧蹟而已。」

聖路易・孟福德（Sr. Louis Montfort）留下一個成聖的單方給我們，而這單方是，當他在羅馬蒙列入聖人族時，教廷官方宣佈說：「無論任何人，心裏尊重《玫瑰經》，口裏每日勤念一串《玫瑰經》，則此人決不會變成一個異端邪說之流，或爲魔鬼所牽走而脫離天主；這個陳述是用我自己的血流簽證保障的。」

至此，這篇文章已告結束。但由於教宗若望保祿二世，在他一九八七年三月二十五日——聖母領報節，所發佈的「救世主之母」通諭中，有一個極其充裕思索的句子，且深深有關於本文旨趣的，我願將它寫下，作爲本文結論的「附錄」：

「在聖母瑪利亞的光輝之下，聖教會在婦女的臉上，見到一道美麗的射光，這射光反映出高貴的情感，藉此情感，人類的心靈有能力來作自我奉獻的全愛，這全愛滿足以堅忍最大的痛苦，發出無限止的忠誠，和不感疲倦的熱心，去工作，去服務，而且這個愛還能合併銳利的直視，言辭的鼓勵，及行動的支持爲其所運用。」

本文刊民國七十八年元月《文協會訊》第十七期

一七、聖人們的智慧

每個社會或國家，都有自己的英雄。中華民國有孫中山，美國有華盛頓，英國有納爾遜，法國有貞德，天主教的信德英雄是聖人們；上自童貞聖母瑪利亞開始，下繼續到現今。有新近立過聖品的聖女德和芬·佛納特，她是一八六一年在越南致命的殉道者。

自從去年六月間在法國里修聖女小德蘭聖地朝聖以來，我對於聖人的傳記尤爲樂於閱讀，可惜近年來我中國天主教出版界很少有此類書籍發行，我希望今後會有更多的，以資讀者效法。

近朱者赤

近來閱讀了少數聖人的傳記，使我深深地受事實感動，就是聖人們在許多事情上，可以作我們的老師，更有許多智慧足以啟發我們的心靈。

但是，看起來，似乎聖人們與我們之間有一個主要的難題，就是我們由於每日忙碌於世務，無暇去接受或聆聽他們。實在，我們與世俗糾纏眞是要我們的命，也顯得太過分了呢！

大多數蒙受立聖品的聖人們，都曾經享受過神秘的經驗——諸如聖女凱塞玲·西恩娜、聖女德肋撒·阿維娜、聖若望·十字架、聖依納爵·羅耀拉，以及其他諸聖。

神秘家是一個生活於超然境界者，也許不是恒久的，但卻是屢次而熱情的。神秘家是熱衷於精神財富，而冷淡於肉身財富的。神秘的祈禱是天主聖寵的恩惠，但其間似乎須有一個聯繫，位立於天主的聖寵和促成恩惠授予者的努力，至少在有些例子上。

嫉惡如仇

在閱讀聖人傳記數年以來，我特別注意到，聖人們對於罪過都恐慌失措，深惡痛絕。至於其它一切，他們都能容忍，但他們絕不容忍罪過，無論這罪過是出在自己身上，或出在別人身上。他們是勇兵戰士，非爲攻克世上王國，而爲打倒罪惡的邪魔。雖然他們深悉天主的仁慈和偉大，然而見到自己的過失猶如重大的罪過。這種情形依我們看來，似乎難免有誇大之嫌，但他們卻不以爲然，因爲他們把天主的無限及光榮，和他們的輭弱與過失，相形之下實在深感太不像樣了！

聖人們作戰武器有兩種，就是祈禱與克己。祈禱是和天主深交秘談——聖人們在此事上均爲專家。祈禱，爲有些人，似乎是一種聖寵的恩典，但爲大多數人，和天主相結合的祈禱乃是一種長久奮勉的成果——白天與夜間的。他們以疏忽身體的物理需要，來照顧靈魂的精神缺乏。

克己或禁慾修行，在我們這個時代，由於自私享樂主義的傾向，它雖然不受歡迎，卻是聖人們獲得與天主神交秘談的一個要素，而這個要素，除了自我犧牲之外，是無它方法可以彌補取代的，因爲這是爲解脫吾人貪戀世物，必要具有的成分。

任何人，其附屬於世界財物者，決不能將自己完全專務於天上之財富。誠如多瑪斯·阿肯彼斯所說的：「惟有輕視世物，謹愼地走天堂的道路，這才是最大的智慧」（參看〈師主篇〉一卷一章），聖人們也以言以行給我們這樣的忠告。

英雄無論在那一個國家，他們一生的言行，爲他們的國家與人民，都是最高價值的縮影。所以他們的國家與人民以立銅像，繪畫像，定慶日來紀念他們，光榮他們。

信德萬能

我們天主教的聖人們是我們的英雄。他們的一生的信德生活，臻於他們所能達到的最高境界，登峰造極。他們的信德生活所放射的神聖智慧，成爲我們倣效模範表率，我們應當從他們的智慧泉源裏，吸取精神生活的活水。

聖人們在精神的意義上，可用句美國流行格言來表達：「Got It All Together」。眞的，聖人們「一起得到這一切」，因爲他們得到了天主，而天主是萬有之源，萬福之根。聖人們之所以能得天主，是因爲他們一生追隨了天主耶穌基督，眞天主又眞人，並遵從了他的生活方式，專心致志於默想耶穌基督的言行，效法了他的遺訓芳踪。

愛的對象

由於上述的生活，更加上天主的聖寵，聖人們在世時，雖然不異於現在的我們，但卻能看清，能了解、能實行下面的一個眞理，就是在這個世界上「除了愛慕事奉獨一無二的天主之外，其餘全是虛中之虛，幻中之幻」（參閱〈師主篇〉一卷一章）。實在，世界上的一切，假若不是用來爲愛慕奉事天主，到了最後，那一樣企圖收穫不是虛幻呢？

有一句格言，我們都當切實記住：「眼看看不够，耳聽聽不飽」「所以你當將愛有形之物的心，全然脫離，而轉向無形的事物，因爲隨從情慾的人，勢必玷污良心，失卻天主的聖寵」。因此，明顯的，聖人與罪人的不同在於一個愛的對象的抉擇——天主與錢財！這也就是聖人的智慧，俗人的糊塗，其最後結局是一個升天堂享榮福，一個下地獄受永苦。

本文刊民國七十八年六月《文協會訊》第十八期

一八、神父的本來形象

無論他在那裏，一位神父是分享秘密者，他是重擔的背負者，他是安慰的泉源和有能力人的重要支持。他雖然沒有家眷和孩子，卻有千百人稱他為Father（神父）。窮嗎？他能使許多人感到生活富足；軟弱嗎？他能給別人力量。不重要嗎？他每天所做的事，其重要性卻非世上任何言語所能陳述。時常他忙碌而不察自己的重擔；為聽取人家的痛苦，他從不認為自己太忙。他是一天二十四小時的人：在吃飯時，他被叫走；在睡眠時，他被喊醒；在祈禱時，他被擾亂；他常準備著為他的人民服務。他是天主仇敵的打靶，而是天主窮人的磁鐵。偶而他令人注意，往往他的工作不為人所知，且通常他做最崇高的事情而不會使世人稱讚；他奉獻祭祀，以保存基督在他人民的生活中。唷，他是什麼樣的一個人！

譯自美國紐約中美聯誼會所主辦的《神學與牧靈》月刊 一九八七年十一月份——

Homiletic & Pastoral Review November 1987 原載《善導》周刊。

一九、天主教的宗教修養

前言

要發揮宗教力量，以改善社會風氣，如政府與宗教之間能彼此同心協力合作，以誠相待，以心相印，諒必會產生積極效果的。當然，每個信仰宗教的人，應堅定自己的崗位、善盡自己的職責，憑藉自己所信仰的宗教，誠信其宗教的道理，恪守其宗教的規誡，善領其宗教的聖事，凝聚其宗教的德能，分享與其所來往的人士，藉資支援國家，福祉人民。如此，則其力量日就月將，以之而安定社會，興旺精神，繁榮物質，則國泰民安矣，敵人其能奈我何？

為達到這些目標，其信奉宗教者，務須勤於宗教修養，以之自能發揮作用，就如本文所提及之一是。

這篇「宗教的修養」講詞，係於民國六十八年四月二十日，在中國文化大學宗教研究所午餐會上發表。當時我從美國國會山莊每天從早上上班開始忙到下午下班結束，個別拜會了參眾議員，商討為中美兩國未來之利益，必須制定一個新法律，就是現在的「臺灣關係法」，回到臺灣不久之際講的。

中國文化大學宗教研究所所長由創辦人張其昀曉峰先生親自擔任，我為宗教研究所的一名研究員。這研究所每月舉行一次午餐會，並由所長擬就講題，獲得應邀演講研究員同意發表意見，即成定局，並在固定日期到場主講。

對於這篇演講，我早已忘得一乾二淨，但是半年之前我外交部給我送來一套錄音帶，說：「這是我國在北美事務協調會在舊金山辦事處寄來的神父有關先總統　蔣公演講的紀錄」。我當時就收下並向送此錄音帶的外交部人士致謝，又繼續忙我的工作。

豈料新近我將這錄音帶交給中國天主教文化協進會總會秘書莊敬，並對他說：「這是我在舊金山紀念先總統　蔣公演講的錄音帶，請你將它抄寫出來，可在本會第十四期會訊上刊出。待莊秘書將它抄寫好了給我寄來時，我展開一閱，發覺這完全是兩回事，我就給他通電話說：「怎麼？莊敬！你抄出寄來的錄音帶文稿根本不是紀念先總統　蔣公的演講！」「我也越聽、越抄、越覺得奇怪呀，神父！」「但是那錄音帶確實是外交部轉過來的，我在這裏並沒有其他的！」

過了一些日子，我再詳細地看了一遍這錄音帶的講詞內容，雖然覺得它已過了八年多，但我認爲尚有留存的價值，以作爲將來回憶當時卡特總統宣佈與我中華民國斷交，並與中共建交情景的一點蛛絲馬跡吧。

我的宗教修養

創辦人，諸位同道：創辦人給我的題目是「宗教的修養」，關於宗教的修養，我把它實行到生活上，簡單地說只有三個字，就是「眞」、「義」、「仁」。

「我們要服膺「眞理」，因爲「眞理必會使你們獲得自由」（若八32），反之「虛僞要使你們陷於奴隸」，因爲「凡是犯罪的，就是罪惡的奴隸」（若八34）；其次是「正義」，由於「爲義而受迫害的人是有福的，因爲天國是他們的」（瑪五10），而且「飢渴慕義的人是有福的，因爲他們要得到飽飫」（瑪五6）；第三是「仁愛」，因爲耶穌基督對我們說：「最重要的是：你們應彼此熱切相愛，因爲愛德遮蓋許多罪過」（伯前四8），而況「除了彼此相愛外，你們不可再欠人什麼，因爲誰愛別人，就滿全了法律」（羅十三8）；更有進者：「你們該彼此相愛，如同我愛你們……如果你們彼此相愛，世人因此就可以認出你們是我的門徒」（若十三34）；但是：「假若有人說：我愛天主，但他卻惱恨自己的兄弟，便是撒謊的；因爲那不愛自己所看見的弟兄的，就不能愛自己所看不見的天主。我們從祂蒙受了這命令：那愛天主的，也該愛自己弟兄」。

（若一、四20—21）。

有修養就須有行動

在現世無論什麼知識與能力的存在，必須經過一個時期的考驗，才能肯定或否定這種知識與能力是否實在的或虛空的。關於宗教修養亦然；尤其應該考驗其人對於宗教信仰是否虔誠，不然是不可能有宗教的修養，更不必希望他能發揮宗教修養的效能。《聖經》上〈雅各伯書〉有言：若有人說自己有信德，卻沒有行爲，有什麼益處？難道這信德能救他嗎？假設有弟兄或姐妹赤身露體，且缺少日用糧，卽使你們中有人給他們說：「你們平安去罷！穿得暖暖的，吃得飽飽的！」卻不給他們身體所必須的，有什麼益處呢？信德也是這樣：若沒有行爲，信德自身便是死的。所以宗教修養必須配上所信仰宗教的行爲，不然是有名無實的宗教徒。

也許有人說：你有修養，我卻有行爲；把你沒有行爲的修養或信德指給我看，我便會藉我的行爲，叫你看我的修養或信德。你信只有一個神——天主嗎？你信得對，連魔鬼也信，且怕得打顫。虛浮的人啊！你願意知道宗教修養或信仰沒有行爲是無用的嗎？

既然我的宗教修養奠基於眞理、正義、仁愛，則我的行爲就時時處處不能不以從眞、從義、從仁爲出發點。

愛天主者必愛國家

老實說，我若不愛國家，則我對天主的愛也不是忠貞的。例如一九七六年十月八日，因監督板橋市聖若望天主堂鐘樓頂的修理工作，我在下面指揮在高達六丈六尺上的工人，因為要看得更清楚，故背向後退得太遠，竟墜落到河邊有一丈五尺高深的亂石頭上，目擊者認為我完了，但卻只有背脊骨折斷，左腳足踝跌碎，頭部並無絲毫震盪。雖全身感到不勝疼痛。頭腦尚保持清晰，當時仍省人事，這是天主的特別保佑，我是永遠不忘此恩的！

送我到達耕莘醫院以後，內外科醫師都來照拂，並給我打上全身石膏。躺在病床上，我念念不忘的是，中美文經協會訂於十一月十五日赴美訪問，作救國之舉，在推定的八位團員中，我為其中之一，而我現在如此，怎麼辦？我不時默禱天主幫忙，因為此次美國之行曾經過長久的籌劃，而我為團員中必須參加的一名。當我躺在病床上，幾乎每天都有團員來看我，見到我的病況，都以我不能參加而深嘆，我則以保證說：十一月十五日我一定和我們團員同行！可是，全身裝上石膏之後，起碼要過了六個星期之後才能拆除，而自十月八日算起，再加上六個星期的四十二天，就須等到十一月十九日呢。已來不及了，怎麼辦？

在此期間，我不時跟外科主任醫師商量，早日給我拆除石膏，他都答以「不可能」。於是在十一月五日那天上午，我從床上向地上悄悄爬下，慢慢地爬到洗澡間，再爬進洗澡盆，打開水龍頭，躺在澡盆裏，緊急按電鈴。於是護士小姐趕到了，見到我如此這般地，並聽到我對她說：「快請外科主任醫生來」。當我一見到外科主任，我對他說：「請快把我的石膏拿掉，不然水進去引起腐爛，你當負責。」外科主任說：「毛神父！我對你眞是沒辦法，你爲什麼要這樣做？」「因爲我必須到美國去。」「去幹麼？」「去救國！」「你先救救你自己吧，讓別人家去救國！」「假若每個人如你所說的，主任！國家就要亡了！」「我怕你這樣去美國，會死在美國。」「能爲國家而死，是我最大的光榮！」「好吧，我去拿機器來爲你拆開石膏好了。」「謝謝您！」

石膏拆開了之後，我就時常乘沒有人看著我時，從床上爬起來，一步一步地由五層樓階梯逐級地，不怕痛苦地，向下蹣跚，直到一層樓；然後，又從一層樓，按階梯一級一級地，向上爬登，奮勉學走。若遇有年輕醫生見我如此而勸阻時，我則答以一笑，並請他看看我滿頭白髮。就這樣地，我於十一月十五日和組成中美文經協會的八人訪問團，乘上中華航空公司班機，向美國出發，作爲期一個月的長途而忙碌的拜訪美國聯邦與地方政府。我當時身負鋼架，背雖仍痛，腳雖仍腫，卻婉謝輪椅服務之方便，處處顯出我是個正常健康的人，內心還自我鼓勵說：「你是天主的勇士，你是國家的強兵，有天主和你同在，無論去那裏都必安全！」

當天由臺北松山機場飛抵夏威夷檀香山後，在旅館裏休息了一夜，第二天重要的事務就是全團去拜訪剛剛選出來的美國聯邦參議員，日本後裔馬酥拉加（Spark M. Matsunaga）他聽完我們團長鄧公玄委員代表我們講話後，就說：「我老實告訴你們：我們跟北京一定建立邦交，今後就看你們反共堅定不堅定了」。那時我們團長眼睛看地，別的團員也默然不語，於是我便站起來，答覆說：「馬酥拉加參議員先生，我代表我中華民國人民向您保證，我們中華民國的反共不僅堅定，而且是絕對的，不達到最後勝利，絕不中止」。說罷便解開我的外衣給他看鋼架，「您看，三十八天前我脊椎骨跌斷了，還沒有好，現在我出來領導反共，您說堅定不堅定？」他說：「堅定，堅定，那就好了，那就好了。」從此之後，這位參議員成了我中華民國的忠實好友，我每年到華盛頓時都去看他與他長談。

從我跌傷，住醫院，這次和訪問團出國，第一次遇到馬酥拉加參議員有如此好的結果，這不是冥冥中天主所安排嗎？這還不足以證明《聖經》上所說的：「上主，祢爲敬畏祢的人所保留的恩澤是何等豐盛！」（詠三十一20）和「天主使一切協助那些愛祂的人：獲得益處」的明證嗎？（羅八28）

正義所在勇往直前

去年（一九七八）十二月十五日，美國總統卡特，震驚世界地，宣佈了與中共建交而完全跟我國斷交，這是我們國難最嚴重的時候，我就把我的宗教信仰修養儘量地表現出來。我就到美國去直接向美國當局表示，不然的話，恐怕來不及了。我之所以趕去美國，你們曉得我在那裏有不少有作爲的好友。當我到華盛頓時，我在白宮的一位很好而有權勢的朋友問我：「毛神父，您願意再見卡特總統嗎？」因爲一年半以前我曾進白宮看過他，我說：「我不要再看他了，因爲他蠻不講理！」這就是說：一個人，無論他權勢多大，職位多高，既行了大惡，犯了大不義，害了天下的人，我們若還去捧他的場，這就不合乎正義了。

不幾天之後，鄧小平來到了華盛頓，我這位朋友又問我：「毛神父，白宮要設大宴會歡迎鄧小平，你要不要來參加？」我答道：「爲什麼我要光榮他——中華人民的死仇敵，你開什麼玩笑?!」

在這個時候，卡特政府的人士在公事上是不會幫助我們的，我們也不必在他們身上花工夫。可是你們都曉得，美國的國家是由三個政權組織而成立，而彼此的權力都是獨立的。其中除了行政部門外，還有立法部門和司法部門；立法部門，大體說來，當然比司法部門爲我們更重要，而且對我們很可能有所作爲。所以我曾一一訪問美國的參議員和不少衆議員。當然在此期間，我特別多看民主黨參議員，因爲民主黨在朝，共和黨在野，不過我亦未曾疏忽共和黨參議員，因爲能有兩黨所有參議員都來幫我們國家的忙，就可以給卡特總統一個「下馬威」。

我所訪問的參議員中，有些對我很不客氣，當我要求他們爲保全中美兩國斷交之後的利益起見，應制定一個新法律時，他們居然拒絕贊同，我當時就對那些參議員個別說：你們美國政府往往與我們中華民國爲敵，而美國百姓則是我們的好朋友；你竟不想想：在第二次世界大戰時，我們是你們的戰友盟邦，可是正在此時，你們的羅斯福總統竟在雅爾達以密約出賣了中華民國的東北和旅順大連海港；大戰勝利之後我爲五大強國之一，而你們的杜魯門總統派馬歇爾將軍來我國強迫我政府與中共組織聯合政府。我政府爲了和你們美國的友誼，心想我國地大物博，爲朋友的緣故，丟了一點地皮，損失一些權利，沒有關係；還有你們的尼克森總統專程到中國大陸去，陰謀拋棄我國，我們還是跟你們做朋友；今天你們的卡特總統宣佈和我們完全斷交而與中共建交，我來請求你贊同制定一個新法律，以保全中美雙方的共同利益，你居然還拒絕！好罷，你們既然那麼可惡沒良心，我就去發動我中華民國所有的人民來反美！有關議員聽到我如此抱怨，見到我如此憤怒，都立刻平息安慰我說：「神父，您別如此忿怒吧，我就照您的意思投贊成票，在國會裏創制新法律吧！」這樣地，我們今天有個美國國家制定的「臺灣關係法」，藉以維持中美兩國的許多相對關係和共同利益。

對於「臺灣關係法」的成立，其間參與努力促成者，各方面有關人士很多，但我國當時在華盛頓中國大使館代表國家主持其事的，外交部政務次長楊西崑，因他事後比我早回國兩個星期，見我回臺後對我說：「毛神父，我已經向　蔣總統經國先生，和行政院長孫運璿當面報告過：臺灣關係法的促成，您出的力量最多，他們兩位不久都要個別向您致謝的；還有自我回來之後，我已經作了三次公開演講，每次提到臺灣關係法的成功，我都鄭重申明『宗教的貢獻最大』——這就是暗指您呢，毛神父！」我只感到很慚愧地答謝說：「謝謝您，楊次長，您把這項貢獻歸於宗教使我覺得欣慰」。

同時，楊西崑次長還繼續說：「神父，您怎麼辦的，整整一個月，每天從上午到下午到華盛頓國會山莊活動，周圍有那麼多的共匪監視著，而您竟未被他們發覺？我們大使館的人都不敢前往，您是如何進行的？」我笑著答說：「楊次長，您知道嗎？我是無人會注意的。因爲我亦不要求中國大使館撥輛車子給我用，我連計程車也不坐，我只是乘地下火車到（Union Station）火車站，然後約用十三、四分鐘步行到國會山莊。在路上遇到小兒們，我就給他們變「魔術」，若遇到成年人，按照他們的年齡，和他們攀談，說說他們歡喜聽的笑話，這樣半走半玩地前進，共匪們總以爲我是一個無事可做的華僑老頭，他們注意我爲他們有何用處？此外，我從來不事先和參衆議員們先約定的，因爲怕因此他們藉故避開我；反正，只要他們在辦公室，我就直接走進去請安的，等我說我有幾句話要向他說，美國人慣常是不會拒絕的，何況我是毛神父，在美國多多少少聽到過這個名字，而且大體說來都有好感的。」

參議員共計一百位，我僅訪問了七十位，而都答應了我一定幫忙，所以其他三十位，我就請他們轉達我的心意。至於衆議員共有四百三十五位，其中大多數有影響力的，我都晤談過，大致說來都很同情我們，還有其他無暇去拜訪的，也曾請我所訪問過的代爲轉達致意。所以在國會兩院投票時，一百位參議員中有九十四位投贊成票，有六位棄權，而棄權的原因，並非不贊同臺灣關係法，而是說這法律不夠有力量；同樣的，四百三十五位衆議員中有三百九十九位投下了贊成票，只有三十六位棄權，其棄權的理由和參議員的六位一樣。因此臺灣關係法的通過是百分之百的，這豈不是對卡特總統一個大下馬威嗎？在十天之後，這個法律若卡特敢不簽字，自然發生效用，所以卡特等到第十天的最後幾分鐘才行簽字批准，這亦可見他政客作風之一斑吧！

眞理必使人獲得自由

我宗教修養基礎，既爲眞、義、仁，則我對此三者的忠實奉行，是至死不渝的。因爲前面已經說明仁愛與正義的德行，給我效用不盡。現在我要來講述「眞理」在應用上的偉大能力。

在實用眞理的威能之前，我們先要曉得「眞理」是什麼？很簡單的，眞理就是天主耶穌基督，祂曾親自告訴我們：「我是道路、我是眞理、我是生命」，這就是說：沒有這條道路，就無處可去；沒有這個眞理，就無所認識；沒有這種生命，就無以生活。

耶穌基督這個道路、這個眞理、這個生命，其之所以可愛者，不是當它是抽象的，或是存於經典和規誡上的，而是當它成爲個人的人格。大哲學家柏拉圖有一次說過：「宇宙萬有之父是難以發顯的，即使一旦發顯了，亦不能和他交往。」耶穌基督如當時已降生成人，就會答覆柏拉圖說：「是的，天父是難以發顯的，除非經過祂兒子的啟示。」因爲《聖經》上說：「就在那時候，耶穌發言說：父啊！天地的主宰！我稱謝你，因爲你將這些事瞞住了智慧和明達的人，而啟示給小孩子。是的，父啊！你原來歡喜這樣。我父將一切交給了我；除了父外，沒有人認識子；除了子和子所願意啟示的人外，也沒有人認識父。」（瑪十二24—27）

現在我總以爲耶穌基督降生成人，來到世界之後的一切言行與事跡，作爲我思言行爲上的典範，以之我來待人接物，以之我來處事解難，以之我來規範我生活的進退，因此我常能適應現在生活的一切，並因此我得以展望未來的樂觀而有信心。

諸如卡特宣佈和我國斷交之後，我中華民國在美國的百姓中卻增加了更多朋友。眞的，從來沒有這樣多過。我們要知道，人民是永久的，政府是暫時的；有了永久人民的朋友，我們就不怕暫時的政府仇人。卡特不到兩年就再不能當美國總統了，這，我敢跟你們擔保，因爲我近來從美國東部到西部，走訪過費城、紐約、西雅圖、舊金山、洛杉磯，凡我所接觸過的美國朋友人人都說：「我們選錯了卡特，最好叫他回去種花生吧，沒有人再會選他的。」

我們愛國的中國人要從各方面多和美國人民來往，並告訴他們我們兩國人民的長久友誼，這樣，他們才會影響他們的國會議員，表達他們的立場，迫使議員們傾向我中華民國。你們曉得，美國參院外交委員會主席（Frank Church）佛蘭克·邱池，愛達荷州選出的參議員，他一向是自由派份子，對我們不特一點也不好，而且還在左傾，可是我們在他的州裏交識的州長和其他有勢力的人士，去警告他，如果他繼續做自由派，保證他明年競選連任參議員時一定落選，這樣迫使他做了百分之一百八十度的大轉變，這是《華盛頓郵報》最近登出來的新聞。美國究竟是民主國家，人民有選舉權；我不選你，你有什麼了不起！

一年半以前，我的朋友（Daniel J. Reidy）但以理・J・雷堤要我到華盛頓時，去看他支持選出來的眾議員法郎克，我曾去訪問他，和他晤談半小時，他竟口口聲聲和我辯論說：共產黨有什麼不好?!我離開他之後，立刻打了一個長途電話給我那位紐約朋友說：你爲什麼要我去看法郎克眾議員，他根本是個傾共者，你下次選舉時若不把他打下，我就跟你斷交。果然第二年選舉時他就把法郎克打倒了。於是我這位朋友對他太太說：現在別把此好消息告訴毛神父，下個月我們到臺灣去看他，用這個好消息來作爲我們送他的「見面禮」，他們眞的這樣做了，我當然很高興，也很重視那份「見面禮」。

華盛頓州選出來的參議員（Henry M. Jackson）亨利・M・傑克遜，對鄧小平十分高捧，他要給中共最惠國貿易優待，當然在國會裏他有他的勢力，但我們就告訴美國工人協會，如果你們美國給中共最惠國待遇，讓大陸便宜商品在美國傾銷，則你們美國工人如何生存？你們當趕緊寫信給國會：如果你們這些人民代表不爲我們人民的福祉設想，你們等著看吧，我們要你們走路，因此國會不但沒有通過，而且連議案也沒有提出。

有一次，有位美國保守派的記者請我吃飯，藉以寫篇有關在臺灣中華民國的文章。飯後我從餐廳趕快跑到白宮外面，那時正有反對鄧小平的集會遊行，我找到標語牌上面寫著（Free

China, Yes, Yes, Yes; Red China, No, No, No!）我一手高舉這塊標語牌，一手握著中華民國國旗，那時風眞大，天氣眞冷，我們卻滿懷熱情，從白宮遊行到國會，足足花了兩小時，一路高呼口號：打倒鄧小平，反對中共暴政！那天有五千中國人，還有不少美國友人參加，使鄧小平大吃一驚，因爲擁護他的遊行者不到二百人，其中多半是臺獨份子。（此時，聽眾插言說：這就是我們「自強」精神的表現，否則參眾兩院不會那麼多票支持我們；我們有了「自強」表現，他們便不敢輕視我們了！）

臺灣關係法何以不是官方的

一九七九年元月十二日，中美文經協會理事長查良鑑兄和我，由臺北松山機場乘上中華航空〇〇六號班機，經過東京，作一日夜之逗留，其主要目的是爲去看訪我的老朋友，美駐日大使邁克・曼斯斐德（Mike Mansfild）。他不久之前曾作過多年的美國民主黨參院多數黨領袖，而且因爲他在國會內繼續不斷地有三十四年的政治生活，他很熟悉國會議員和其中微妙關係。此外，因爲他學問淵博，爲人正直，待人接物有禮，所以頗受人尊敬，具有不凡影響，所以我要去向他請教。

十四日，我們卽飛抵華盛頓，準備次日國會復會時，卽行與參眾議員個別晤談。當時卡特總統首先鄭重申明：「國會對臺灣的任何新立法，我都要一律否決！」

我對於卡特這種傲慢的申明，既不能緘默忍受，又不敢袖手旁觀，因爲這是中華民國的大敵當前，我必須拚命應戰，不然則我國太慘了！

於是，我跑到國會山莊，向國會議員按戶順室逐一拜訪，要求他們趕快集合三分之二以上的票數，給卡特來個「嚴正的否決」。其中有些議員缺乏信心，認爲這是不容易做到的，我則鼓勵他們說：Where there is a will, There is a way.「有意志就有辦法」；有些民主黨議員對我老實說：「你要我們反對我們本黨的總統太困難了，神父！」我立刻諷刺說：「啊，你們是政黨至上，國家至下的！」「只好如此嘛。」「我了解了，政黨是自私自利的，不是爲國家利益著想的，哎！」他們定睛向我看著，似乎顯有「自貽伊戚」之感似的。

但是，許許多多的議員都很同情我們的遭遇，反對卡特對我們的虐待，所以他們不時對我說：「只要你們堅持到底，非獲得官方的關係，決不予接受，而我們定能爲你們爭取到這種關係，因爲這是有例可援的。不是嗎？當中華民國和美國維持邦交時，華盛頓和北京不是有聯絡辦事處，其職員都享有官方關係的權利嗎？」

在這個時候，每隔二、三天我都到中國大使館去看楊西崑次長，向他報告我在國會所得到的各種消息，並不斷地鼓勵他，在爭取官方關係上要堅定。他說：「我一定堅定，神父！我願意爲國家犧牲，成爲歷史的英雄！」

正在此時，麻薩諸賽州的參議員愛德華·甘迺迪（Edward M. Kennedy）和加利福尼亞州的參議員艾南·克蘭斯敦（Allan Cranston），兩人都是民主黨自由派，搶先提出了對臺灣的提案，這提案全美國報章都予以在首頁上發表刊載。

關於這一項提案，當日我去見了麻州另一位民主黨參議員保祿·E·宋加斯(Paul E. Tsongas)；他是甘迺迪參議員特別支持選出來的。我進到他的辦公室，他一見到我就說：「神父！我是自由派，我已經簽署了甘迺迪和克蘭斯敦提案，你曉得不曉得這個提案？」「我不但曉得，而且研究了，我不喜歡它！」「爲什麼？」我答：「在那提案上說，只給我們非官方關係。請問，你們還希望不希望跟我們臺灣的生意做得更好？」「當然！」「這怎麼可能？假若你們美國商人在臺灣做生意出了事，沒有官方關係，誰來保護他們；你們華盛頓政府對自己在臺灣做生意的人民是如此不負責任，你們這種政府眞要不得；還有，你們只跟我們做生意，這樣，你們是把我們當做一羣羊，要喝我們的奶，食我們的肉，剝我們的皮和拔我們的毛，一點責任感也沒有！其實，甘迺迪和克蘭斯敦的提案，完全是卡特的傳聲筒！我們怎能喜歡！」

「再者，卡特政府中有些人在臺灣做陰謀間諜，支持臺獨反對我政府，我今天把它揭發！」宋加斯參議員見我停了便說：「還有嗎？」「還有哩：你說：假若共產黨用武力來侵犯臺灣，你們只用口頭警告而不採任何行動；警告有什麼用？寮國你們警告了，安哥拉你們警告了，衣索比亞、阿富汗你們都警告了，現在這些國家在那裏？都在共產黨控制之下，眞是廢話連篇，只曉得講空話，而不做實事，我怎能不反對！」他說：「你不以爲這個甘、克提案可以作爲開始討論的依據嗎？」「作爲開始討論的課題當然可以，但是不可以滯留在這個提案的內容上，應該大事改良！」「好吧，我曉得了。」「僅曉得不够，必須去做！」「好罷，我就去做。」「眞的去做，抑或假的去做？我是要追踪的。」「就這樣吧，神父！」

我對宋加斯議員的談話僅是一個例子，並不是唯一的，因爲我接觸每個議員的講話都是隨機應變的，而非同樣一律的，所以效果往往是成功的。

甘、克的提案經過許多議員的意見修改，正要接近給我中華民國以官方關係時，卡特總統給我楊次長來了一個「哀的美敦書」，限定二十四小時內接受非官方關係，不然，凡持用中華民國護照的人，在「哀的美敦書」時限過後，卽須立刻離開美國，不然卽予驅逐出境。而美國在臺人民，卡特說：他立刻派飛機去接運回美。在此緊迫關頭，我 蔣總統經國先生爲全國人民的前途著想，忍痛地訓示楊西崑次長立刻勉強接受非官方關係，作爲今後強國富民的契機。

結論

今天在座的諸位，都是各宗教專家領袖，我這篇宗教修養的演講，東拉西扯，實在太不像話，尚請多多指正，並予包涵，是所至禱！不過對於我宗教修養的三個基礎，仁、義、眞，請許我特別指出：孔子曰「仁」，孟子曰「義」，孔、孟本是一家，所以仁中有義，義中有仁，兩者必須相輔相成，才能臻於中庸之道，因爲仁中無義，難免傾向姑息，而義中無仁，難免陷於殘忍；姑息要養奸的！殘忍則令人遠離。但是，仁也，義也都不能不與眞融合成爲一個整體，因爲這三者仁、義、眞都表現唯一天主的本性本體，這無形無像天主的本性本體，由於祂唯一聖子降生成人，使吾人能與祂接近，相交往來，而能效法祂的榜樣，聽從祂的教導，執行祂的旨意，成爲祂的子女，分享祂的神性，抵達祂的天鄉，共享祂的幸福，同受祂的光榮，這就是我宗教修養的目標，也是吾主耶穌基督的福音，就此向諸位宗教領袖致謝，並希望我這篇演講，不致遭遇不及格的評分。

二〇、金慶感恩羅馬朝聖

今年（一九八八年）係羅馬傳信大學，於一九三八年畢業班的金慶，也是我們由五十五個國家選拔到傳大深造的七十九位同學，完成司鐸修業，得以晉陞為天主教司鐸之年。由於我們這一班同學，雖於畢業之後，各自回到本國去擔任傳教工作，但我們之間常有一位同學負責彼此聯絡通訊，傳達有關事項。又因我們對母校感恩深厚，常與母校當局保持密切交流，所以這次母校特請我們今年回校團聚一週，以資大事為我們金慶感恩感德。

有關本班同學回母校的時期，確定於一九八八、五、三十下午六時正最後報到，並指定離別時間，最早為六月六日上午。當然如有同學願多留校數日，甚為歡迎。我因在臺本堂事務纏身，難於脫離，所以遲到五月二十九日下午始乘華航班機807號，由臺北飛到香港，轉乘意大利航空公司班機1799號飛往羅馬。翌晨六時零五分可抵達。豈料，一到香港向意航辦事處報到時，竟告以1799號班機未從羅馬起飛。我乃質問其事務員：「何以不事先通知貴臺北辦事處，使我們有所準備？」「因爲今天是星期天，臺北辦事處不辦公，所以無法通知。」事旣如此，夫復何言，惟忍耐而已矣！

此後我又問意大利航空公司在香港辦事員說：「那你們要怎樣解決這個問題？」「我把你放到國泰航空班機，飛往德國法蘭克福城 (Frakfort)，爾後於明天下午三時半轉乘德國航空公司班機 Lufthansa 到羅馬。」「爲什麼那麼呢？」「我把你這樣安排，就這樣吧。」我深歎這種意大利航空公司辦事員的態度太惡劣了。這是我第一次，也是我最後一次的遭遇吧？反正到德國之後再想辦法好了。

好不容易地，從香港於半夜時先乘上了國泰班機，經過十三小時的長途飛行，總算於德國時間，早上六時半抵達法蘭克福城。回想到昨天下午四時一刻，飛離桃園中正國際機場，中華航空公司班機，準時於下午五時五十分把乘客送到香港，多麼守時。但到了香港之後，竟須等待六點多鐘才得繼續轉到國泰班機，飛來到一個我無意前來的德國。而現在到了這法蘭克福城，若還要我久待到下午三時半才能飛往我目的地的羅馬，我眞不知要如何在這飛機場候機室去渡過！

於是，我立刻查問德國航空公司 Lufthansa 所在地。幸好，在飛機場裏有其辦事處，我乃問其辦事員說：「你們今天飛往羅馬的班機要等到下午三點半嗎？」該員很客氣地回答說：「我們每天有好幾次班機飛往羅馬，例如上午十時二十分就有一架班機去羅馬，你願意乘她嗎？」我很高興地答說：「我要」。就這樣地把我的飛機票給他改正到十點二十分的班機。

此後，我卽給羅馬傳大校長 Angelo Lazarrotto 通了長途電話，他一知道是我，就問說：「你怎麼六點零五分的意大利1799班機沒有來到？施森道蒙席早晨五時就親自駕車去接你，現在已撲空回來了」。我說：「眞是抱歉，我昨晚在香港時，曾鄭重地告訴意大利航空公司通知你們的，而他們對我的保證『必定會做的』，竟是如此」。哎！現在的人可靠的太少了！繼續著，我立刻告訴校長：「我現在德國法蘭克福城，將乘十時二十分的 Lufthansa 1526 班機，可於十二時三十五分到達羅馬國際機場。果然十二時三十五分飛抵羅馬後，見到校長和副校長 Secondo 站在迎客大眾前排，向我招手歡迎，我當時感到一路旅行的勞頓完全消散！

校長與副校長一見如故

校長一見到我就說：「我在香港見過你」，副校長則說：「我到臺灣觀光時曾看過你」，這麼一來使我和他們兩位之間更感親切。一路上，由國際飛機場直到傳信大學，副校長駕駛轎車，經過四十五分鐘路程，校長與我同坐一起，給我指著順路的許多新建設，並解釋它們是何樣的機構，我於是發覺在過去五十年中，羅馬城市增大得實在可觀，發展得眞是偉大。其可觀的對象越來越多了。

進到傳大母校之後，因爲當時他們兩位都尚未用過午餐，要我和他倆一齊進餐，我則因爲在飛機上已經吃過，乃對他們說：「我只要一杯咖啡陪同你們談談羅馬在宗教和社會方面的近況，使我能得到一個簡報，而不致糊里糊塗。」這樣在餐桌上，我花了他倆一個小時的寶貴光陰，半吃半談地很快就過去了。而我獲得的益處卻是無價之寶呢！

此後，校長對我說：「你同班的公共關係神父愛德華・米青松（Edward Mitchinson）在。」「請校長給他通電話，告訴他毛振翔神父來了（Father John T.S. Mao）。」他一接到電話，卽刻回答說：「我立刻下來！」

米青松神父與我一相見，我們兩人都高興得歡騰，彼此相擁抱，親吻兩頰，似乎要把過去五十年想念之情都表達勃發出來。接著，愛德華對我說：「若望，我昨天參觀了我們母校的許多新建築，你如不累的話，我陪你去一幢一幢地參觀，我想你一定會爲母校感到光榮的。」「好吧，我們立刻開步走。」

首先見到的是新圖書館，其中所搜集的書籍，係有關在世界各國的傳教資料，如有關某國人民的風俗人情，地理歷史，文化藝術，不同宗教的信仰，地方政府的傾向等。在這些事情上，這個圖書館，可說是世上最齊備的。

其次是現代各種科技方面的大樓，諸如設有各種科技實驗室，電影的放映，電視的播放，照相的攝影，以及各種錄影帶的製作。在校園的一路上，增添了一些涼亭，可以隨時坐下休息聚談；還加上了兩個聖母假山莊和噴水池。

再次我兩到了大演講廳，站在門外的管理員告訴我兩說：董高樞機正在裏面和兩百多位中南美與西歐的男女修會代表講話。我聽悉是董高樞機，就感到興緻勃發，因爲今年二月間他曾來臺參加我中華民國天主教的「福傳大會」。我聽了他數次演講和問答都很精彩，所以我對愛德華同學說：我們進去聽，你一定會很滿意。

若瑟董高樞機

我們一進到演講廳裏，董高樞機坐在演講臺上，一見到我們向前走近，就站起來問我說：「毛蒙席，你幾時來到的」，「剛從飛機上來。」「那一定很累了，快去睡覺。」「我一點也不累，我和我的同學，愛德華・米青松神父，先向您致最高敬意，並要聆聽您的講話。」於是董高樞機就坐下繼續問答在場的男女各修會代表。那時是下午四時一刻，直到六時半。其間所問所答的問題，都是有關中南美及西歐各國男女修會所負責的，不同性質的傳教工作。我和我的同學亦被問到有關我兩的個別工作。我只簡單地答覆了在臺灣板橋聖若望天主堂的堂區工作而已。

我現在僅提及一點，就是有位男修會會士向董高樞機問說：「何以昨天教宗發表二十五位新樞機，不多幾位中南美或歐洲的，而竟給亞洲有四位之多？」董樞機答說：「你們都應該曉得，天主聖教會是世界性的，而不仍是中南美和歐洲的，何況中南美與歐洲的樞機已經很多，亞洲還很少呢。至於這次亞洲新選出來的四位樞機都具有其資格和特長。」董樞機曾把四位亞洲的新樞機大略敍述了每人的優點。對其他三位，在此從略，但有關我中國樞機，香港主教胡振中之當選，董高樞機這樣說：「今年初我到過臺灣參加福傳大會，順便對臺灣各教區（共七個）實地考察，也訪問了香港教區，發現胡主教所主持的香港教區，其傳教成績比臺灣任何一個教區都好得多，教務欣欣向榮。第二，胡振中主教是『整個中國』的中國人，他生於中國大陸，他在臺灣苗栗傳教有十八年之久，他在香港做了十年的中國主教。第三，香港在一九九七年將交給中共，接受中共統治，實行一國兩制，將胡主教升為樞機，具有教廷親王的崇高身份，不相信中共敢動他」。

傳大金慶紀念的一週

五月三十日晚宴，七時半正式開始。這是母校當局為我們一九三八年的畢業班，精心細緻的安排。當時在校求學的同學和整個校園的負責人，都聚集在大餐廳裏，在他們唱著歡迎回校歌聲中，我們走進了餐廳中，朝向為我們準備了的筵席桌位，我們的快樂眞是難以描述！

但同時，我們連想到五十年前，我們離別母校，依依不捨地彼此道別時，共為七十九人，而現在三分之二以上，均已蒙主恩召升天，其尚留於現世者不到三分之一中，本以為可有二十人來到的，但到行前動身之時，竟有些因各種病症發作而不能啟程，更有些在共產黨佔領區，因為得不到出境許可證而被阻止。這樣在我們來到的八個人心中，其喜樂與悲傷該是多麼的複雜和深遠呢！

雖然如此，我們八人都表達出，自己太蒙天主恩愛了，至今尚能健在生存於世；我們太幸福了，傳大母校這麼愛護我們；我們今後的餘生，均將以之專為敬愛天主，服務人羣；願天主永受光榮，願人類都能得救！因為天主教的信仰基本目標是，為使人類中每個單位都能皈依基督，由於「在天下人間，沒有賜下別的名字，使我們賴以得救的。」（宗四12）。只有靠天主子，耶穌基督，人類的救世主之名而已。

實在，我們在羅馬的一星期中，每天所往的地區，所行的事情，所談的題材，無一不是為此目標而努力進行的。這樣，我們立刻在母校給我們的七時半晚宴之後，即退往小會議室，開會商討我們的日程與計畫，待一致通過之後，即行實施。

在羅馬旅居的次日

次日為五月三十一日，早晨五點起身，五點五十分念日課經，七點參與傳大母校公眾彌撒，七點四十五分早餐，八點十五分，到校長招待室開會，並聽取已為我們事先大致安排了的各種節目。

在這些擬定的節目中，令我們八人最感興奮的是，教宗若望保祿二世，有意在這一週內，有一天下午傍晚前，和我們在他的小聖堂內，舉行共祭彌撒聖祭，然後和我們共進晚餐，以便作家庭式，父母與子女的歡聚。

對了，我們八個人的姓名與國籍如下：中華民國的毛振翔 (John T.S. Mao)，澳大利亞的 Bernaro Kennedy，英格蘭的 Edward Mitchinson，南斯拉夫的 Don G. Brajkovic，挪威的 G. Hocenes，日本的 Lawrence Nagae，羅馬尼亞的 J. Deliman 和 L. Pandtea。在我們七十九位同班同學中，有一位是樞機主教，有二位是總主教，有十二位是主教，當然更多的是神父，而且通常他們的牧靈工作最爲繁重，對傳教的貢獻尤爲眾多。

和校長會談了一個多小時之後，我們快樂地回到自己寄宿的傳大新校舍第三樓，彼此分別作個人與個人的交談。如此地進行到中午十二時前一刻，此時我們都來到了母校聖堂的地下室，那裏埋葬著爲傳教而殉道聖人的遺骸，前輩同學聖人們的墳墓，我們大家齊集到那裏思慕先賢學長的爲主致命的功勛，作爲我們效法的表率。我們在那裏舉行第一臺共祭彌撒，以資感恩與仰慕諸聖人之情愫。在此感恩彌撒聖祭中，我被指定讀經，Deliman 誦道，Nagae 主教主祭，其他共十人一起共祭。其中兩位神父亦係傳大同學，但不是我們八人同年級的。

下午一時，我們金慶者與全校師生同時進入餐廳，一同共用午餐。不過我們共祭者十人坐在一桌，這是母校爲我們特別安排的。

依照意大利的慣例，午餐後須有短暫的午睡。我們入境問俗，一樣照做。然後到了下午四點半，我們步行到聖伯多祿大教堂朝聖，同時並參與每天於下午五時在該堂舉行的唱格里高里聖歌的彌撒，這種彌撒的舉行，每天來到參與的，人數總是十分擁擠，因爲它的禮儀實在感人，它的歌聲眞是悅耳。而且有許多神職人員與老教友偏愛它。

回校後，略看梵蒂岡的《觀察日報》，卽須用提早的七時晚餐，以便七時半能步行到教宗梵宮的花園，在聖母亭前舉行聖母月的閉幕大典，由教宗親自領念《玫瑰經》、講道、舉行聖體降福。當時來宮園參加者有三四千人之多，其中樞機主教有十五位，總主教、主教四十餘位，神父、修女無法計算，平信徒則爲極大多數。

我們八人因爲受到教宗的特別關照，被排列於十五位樞機之後，主教們之前，以便教宗更容易看到我們，注意我們。在進入之時，因爲樞機主教們比我們先到，所以在進場時，忽然有一位樞機叫我「毛蒙席，你幾時來到羅馬的?」我應聲轉眼一看，原來是前駐華教廷大使高理耀樞機。於是我兩就熱烈握手，略事寒喧，卽行分手。當時因爲還須前行數步，不能多談，但後來見到他離我站立之處，僅三人之隔，我曾問他「何以久不來中華民國訪問？您如願意，我可要求有關當局來函邀請。」高則答說：「早已接到邀請，但不能去呢。」我心裏有數，了解他的苦衷，所以就說：「過兩天我來拜訪您，藉以談談，」他表示很歡迎。

我跟董高樞機似乎有緣，昨天下午初到羅馬時，卽與他見談，並聽了他兩小時有餘的問答講話，今晚我又站在他的背後。當他聽到我的聲音，卽轉過身走向我打招呼，握手言歡。我乘此機會，摸出我衣袋裏裝著的一個紅包，內有一百美金現鈔，是我的一位虔誠教友，黃金蘭女士，要我代她到羅馬後，獻給聖伯多祿大聖堂，作爲她對天主的謝恩獻儀。我昨天下午到聖伯多祿大聖堂，到處找奉獻箱，以便投入這個奉獻，而善盡黃金蘭教友給我的委托。但是走遍聖伯多祿大聖堂，我終於找不到獻功箱，於是我自言自語的說：「聖伯多祿大堂是教宗的本堂，待我面見教宗時，親自交給教宗，而且在信封上我曾寫了「說明」，這是一位特別敬愛教宗的中國教友，黃金蘭小姐，獻給教宗的「孝愛敬禮」，請教宗笑納，並予她和她的全家賜予教宗的祝福。她的聖名是黃瑪利亞。

但是，待我這次見到董高樞機時，靈機一動，我覺得請董高樞機將它面交教宗更妙，因爲若由我走前去將它呈獻給教宗，教宗雖然離我只隔董高樞機一人之距離，則這樣一來，未免有公開宣傳之嫌，這是天主教人所不齒的，因爲吾主耶穌教導我們說：「當你的右手做好事時，別讓你的左手知道，因爲這樣你的天父在暗中會酬報你的。」董高樞機接受這奉獻時，顯得十分高興，並向我保證說：「他一有機會，就會面呈教宗的，這是一個很慷慨的獻禮。」待我們由教宗宮園步行回到母校，已經夜間十點半了，我們可算在羅馬的開始兩天，不但過得相當忙而且很快樂，也可以說，我們自早至晚都與天主同在，並與近人常處於友愛中。

旅居羅馬的第三天

今天的日程，除掉昨天早晨的神職本分，先予滿盡外，依據本校校長爲我們事先安排的事務是，上午由八點半到十二點半，我們應在聖伯多祿廣場和教宗見談。但由於教宗駕臨之後，先行巡廻成千成萬的朝聖客，一排一排地身經其間，和站在團體邊緣者握手祝福，然後坐進帷宮的寶座上，面向羣眾，以每一國朝聖國的本國話，根據他們的國情與文化和歷史，作一篇書面的演講。這一天教宗曾以十二個國家不同語言，發表了不同內容的訓話。我們雖然被排坐在面對教宗，而相距最近的位置上，但要等到教宗最後有空時，才來和我們一一握手，作個別的交談，問這問那的，表露著教宗對我們每人的關愛，常爲我們所屬的國家與教區特別祈禱，並予宗徒祝福。這使我們每人深感幸福與光榮，而覺得足足四小時陪同著教宗辛苦的牧靈工作，異常輕鬆而愉快呢！

趕回傳大母校後，我中華民國駐教廷大使周書楷先生，親自駕車來到，由於昨天我兩曾經約定，今天中午一時前，他親自來接我出去午餐，以便談談。

因爲只有我們兩人，所以當周大使問我喜歡吃中餐或西餐時，我卽毫無疑慮地答道：「吃西餐。」於是，周大使就建議說：「那我們到附近的哥倫比亞旅館好嗎？」「很好，因爲十九年以前我曾去過，那裏不但菜餚好，而且清靜易於交談。何況大使公務繁忙，我蒙您特別招待，豈敢多耽誤您的寶貴時間。」

我們一坐定，周大使就問我：「爲什麼這次教宗發表中國新樞機，不是羅光，而是香港的胡振中？」「因爲天主教的內情，外面人士無從知道，而普通只看外面的宣傳，」於是我就把前天我初到時，親自聽到傳信部部長，董高樞機所講的三個理由給周大使說了一遍，他就完全明白了。

周大使又問我：「許多人都認爲梵蒂岡會跟中共建交，毛神父，您認爲如何？」「絕對不可能，因爲教宗若望保祿二世對共產黨認識最清楚，不會被它欺騙的。」且想他是波蘭人，連共產黨的波蘭也沒有和梵蒂岡建交，怎麼會和中共呢？此其一；第二個理由是，梵蒂岡是天主教的大本營，一切以遵守宗教信仰爲前提，因此任何國家要想與梵蒂岡建交，必須先行保證在其國內，宗教宣揚有眞正自由，宗教行政權屬於羅馬教廷，不能有所干涉或取而代之，這中共肯做到嗎？第三，梵蒂岡與任何國家建立了邦交，只要這個國家的政府，眞正的實行宗教信仰與宣傳之自由，並實實在在地毫不干涉宗教的行政權歸於羅馬教廷，則梵蒂岡該不會與該國主動地宣布斷交的。所以在海峽兩面的中國，那一個合乎梵蒂岡天主教之原則與眞理呢？」

周大使聽了我這番答詞後，就說：「這也就是我的信念與認識。」此外，我們還交換了許許多多其它國內外的觀點與問題，在此從略不贅。

約下午三時左右，周大使又親自駕車送我回到傳大，我則於四時半又步行到聖伯多祿大堂，以參與五時正的高唱格里高里聖歌的拉丁文彌撒，因為它使我感到更能與人類的救世主耶穌基督共同奉獻自己於天主聖父！以得救贖。

今天晚上六點半，我們十人以東方禮儀在本校地下室聖堂，殉道者前輩墓前舉行彌撒共祭，由 Deliman 主祭，Pandrea 讀經，我們其他八人陪祭，講道由主祭負責。

七時半在母校餐廳進餐時，有教廷官方之攝影人員，送來近四十張有關今天上午教宗和我們交談時的鏡頭，要我們選買。我們見了這些鏡頭，似乎每張都喜歡，但是每張要六千里拉之價值。我僅選買其中的七張而已。晚餐後，校長、副校長請我們到二樓校長閱報室喝咖啡，以便彼此促膝交談，多交換各人的傳教經驗，這樣結束了旅居母校的第三個快樂的日子。

在傳大母校的第四天

六月二日，我們在傳大母校金慶感恩一週的「中間日」，整個上午我們可以自由安排，我則先在近邊聖物店裏買了二十五張卡片，上面印有教主各種態像的，寫上幾句話航寄給國內的親友，但是羅馬的郵政似乎有點問題，因為其中有些親友事後對我說，他們沒有收到，尤其寄到中華民國臺灣。至於寄往美國的，其中有少數親友也說未曾收到。

今天中午我們和母校的神父們在本校聖堂中，共同舉行彌撒聖祭，作為我們對母校的感恩祭。說到這座聖堂，我自然而然地想起了，這是五十年前晉鐸之後，我做首祭的聖堂與祭臺。我當時因為擔任同學之班長，所以享受此種榮譽，得為本校全體人員舉行首祭。時為一九三八年三月二十日。

今天下午五時，施森道蒙席，現任傳信大學部副校長，他自我來羅馬後，曾四度用電話要與我取得聯絡，但都因我外出，無法彼此交流，令我感傷，因為他是我很要好的老友，但我卻不曉得他的電話。幸好！今天早晨七點半他急忙趕來告訴我，他下午五點鐘來看我，然後六點鐘和我一同去中華聖母心會會院，和十幾位留羅的國籍神父聚餐，因為此刻他必須趕到大學去上班與教課。

說起中華聖母心修女會，我心中立刻感到愉快，因為她們的修會，自共產黨佔據大陸以後，就遷移到臺灣，開始在臺中市展開傳教工作，先以開辦醫院及診所，例如惠華醫院，再以創辦曉明女中等。我因在南京就認識她們，所以她們的傳教工作，一直是我很關心的事宜。

現在她們修會工作的伸展已經廣及到馬來西亞和羅馬，這確實是我中國天主教的光榮。現在她們在羅馬分會院有三位中國修女，即方茹琴修女、陳美琴修女和湯永春修女。當施森道蒙席和我來到她們會院，她們一聽到毛神父也來，顯得格外地親熱和興奮。

除來到的十三位國籍神父之外，使我那天亦能見到臺北助理總主教狄剛在場，自然覺得驚喜。可惜他那天因傷風而聲啞，本來由他主持的餐前感恩彌撒和聖體降福，卻由另一位年輕神父取代。因爲那一晚的彌撒是爲我祖國特別祈禱的。那天的晚餐是中餐自助餐，花樣眞不少，分量十分豐富，味道尤其可口，大家不禁吃得異常開心，而且也都兩大盤、三大盤，堆得滿滿地吃下了。這可見我們中華聖母聖心會修女在烹調術上之高明了。這一天的經過，使我感到意外地快樂，因爲得能見到十多位中國神父和修女。當施森道蒙席把我送回傳大母校時不算晚，正好十時整。

在羅馬的第五天

六月三日。今天整個上午，我的好友施森道蒙席特別請假，陪同我參觀羅馬梵蒂岡圖書館，因爲我有兩本拙著《孤軍苦鬬記》和《我這半生》要送給該圖書館。再到梵蒂岡當局，因爲要買一部新訂的拉丁文日課經，共四本，非來此不可，其他書局都沒有。我之所以要買這樣一部新日課經本，是因爲我目前持有的一部，已經用舊了，而且其中有一本曾經落在水中，訂頁已經散開，用起來不特不方便，而且看起來也不像樣，所以我早就決定，這次到羅馬後，一定要買一部新的。這樣一部塗金邊的日課經本，約要花四百元美金，我事先也準備了這筆款子。

但是，我這次一到羅馬傳大母校，一見到我同班的兩位由羅馬尼亞來到的同學：Deliman

and Pandrea，和他兩個別談話後，知道他們在共產黨佔領國內，坐監獄十二年，放出來之後，常被監視，毫無自由，生活極其窮困，這次能得准許來母校慶祝晉鐸金慶，頗屬意外，但限定在一個月內，必須回去……我聽了這些話之後，不勝感傷與同情，於是就拿出我身上的四百元美金現鈔，暗中給每人二百元，放棄買新日課的計畫，並對他兩說，以後再給你寄錢。

在此事後的第二天，施森道蒙席早上七點半急急忙忙地，乘在他自己駕駛的轎車裏對我說：今天下午五時來看我，現在要趕去上班上課，但同時他給我一個信封，我拆開一看，竟是一百萬里拉現鈔，我當時心裏感到很不安，決定下午五時等他來看我時交還他。一百萬里拉可折合近八百元美金，這足證明天主是多麼地愛護和照應誠實的善心人！因爲下午五時施蒙席準時來看我，我卽手執他早上給我的信封對他說：「請您收回去，我不能接受您這樣多的錢！」「這幾十年來，毛神父！您施予我的種種恩惠，豈是這點小錢所能報答的，您如拒絕，那要使我感受多麼痛苦，何況您現在羅馬，可以使用這點錢，而我現在有錢嘛。」既然如此，我就收下，並謝謝他。哎！我的天主呀！祢對我常是那麼的愛護，祢照應我又是那麼地無微不至！就說：在梵蒂岡第二屆大會議之後，有我永遠難忘的雷震遠神父好友送給我現有的這部日課經本，經過二十年之後，又有施森道蒙席送我錢，陪我去買另一部新日課經本，那我每天拿起日課經本，以完盡我神父的祈禱職務時，我怎能不懷念雷、施這兩位好友，並求祢多多地保佑和降福他兩吧。

午前一刻，施蒙席車送我回母校，使我得以於午時主持今天輪到我在地下殉道者墳地前，十人共祭的彌撒。此日彌撒中講道者爲同學 Bernard Kennedy 神父。

今天下午五時，我除到聖伯多祿大堂參與格里高里聖歌彌撒一小時外，在回歸的途中，我順便買了些聖牌及念珠，作爲送給我的本堂教友們配帶和念《玫瑰經》之用。其餘時間，我們都用來彼此暢談，因爲日子不多了。這又是一個充滿愛天主又愛人而快樂度過的日子，眞可感又可慶。

在傳大母校的第六天

六月四日。這是要多走動的一天。早上八點半準備先到傳信大學的圖書館，在那裏蒙席 Maksimillian Jezernik 要爲我們金慶壽翁拍照——個別和團體照，以備刊登在傳大學報上，並附載各金慶者的生平業蹟，以誌永念。此後訂於九時半乘專車出發向羅馬郊外，前往聖教初期時，因信仰基督蒙難者的避難地穴聖加里斯多陵寢（Cathcombe di st Calisto），在那裏埋葬著許多殉道諸聖遺骸。我們到那裏去追念他們，敬仰他們的芳表，效法他們的堅強信德，熱切望德，爲基督至死不變的愛德。同時我們在那裏舉行共祭彌撒，以慶祝他們獲得永冠，享受永福的榮光。

然後我們繼續前往干道夫（Castelgandolfo），先經過教宗夏宮，略事參觀，再到達傳大同學避暑的夏令營。這地方原來是羅馬皇帝加里古拉（Galigula）的夏宮，面積廣大，其長有一千餘步，其濶有百餘步。當年我們在傳大時，這個夏令營，各種設備俱全，諸如外有各種運動場所，內有各組學生宿舍、書房、會客室、會議廳、聖堂、餐廳、衛生設備、大厨房、健身房、病院、校長暨職員等房間，可說應有盡有，而且還有森林樹木，配有瀑布淸泉，假山聖母亭、十四處苦路像，眞是一個避暑的勝地。

現在這個傳大的夏令營，已成爲學年期中的「國際要理班教師訓練所」。這次我們抵達時，就見到其中有兩位由嘉義來的中國修女，一位姓王，一位姓李，她們一看到我們，就喊叫「毛神父」，我聽到自然難免驚喜。於是和她們攀談一時，知道她們今年七月畢業後，卽行回國到嘉義服務。我趕快送她們一人十萬元里拉，使她們在回國前多買些宗教聖物，以加強她們傳教方便。

在這個傳大夏令營裏，我們足足留連了三個小時，把每樣東西，都仔細觀賞，好像一房一屋，一草一木，都跟我們有切身的關係，發生彼此的情感，哎！傳大呀，傳大！我們永遠不能忘懷你，你施予我們的教導，我們一輩子都在實施，直到天主召叫我們到永鄉時，我們仍要擁抱你的愛主愛人的精神於永生。

用罷在夏令營修女們爲我們所設備的豐盛午餐後，我們就致謝道別，向回歸的道路進行。在路上，我們特別拜訪了聖衣會修女院，我曾想起了張淑增，她從前曾在此修過道，我特別爲她默禱祝福。

回到羅馬傳大母校，正值下午四時半，我又步行到聖伯多祿大堂，參與每日五時的格里高里拉丁歌唱彌撒，我每次側身於這種彌撒時，總會感念到我一生首次奉獻彌撒聖祭時的情景，當時堂內擠滿了與祭禮者，歌詠團唱著這樣的聖歌，至今似尚在我耳中，稱頌天主宏恩不已。

在傳大母校的最後一天

六月五日。這是我們金慶同學在母校的第七天。上午我們大部分時間都花在整理行李和彼此交談上。但早上七時半，我們一起在母校聖堂裏，和校內所有神父舉行彌撒聖祭，作爲我們對母校的再次感恩祭，禮儀十分隆重，合唱拉丁聖歌，當時我特別想起了，這是我首祭的教堂，首祭的祭臺，從此之後，我在世界各地的教堂，舉行了五十多年的彌撒聖祭，幾乎每天（除了極少數生重病的日子）在祭臺上和耶穌結合爲一，連繫著在場參加彌撒的教友，以基督的身分，手裏拿起麥麵餅，以基督當時在最後晚餐所說的話：「這是我的體」。又拿起葡萄酒：「這是我的血」，因著基督在最後晚餐賦予他司鐸的神品權，麥麵餅和葡萄酒的體質就變成了基督的體和血，有靈魂有天主性的存在。這是何等的權威，何等的品位，怎能不令人們羨慕無已，怎能不使有天主聖召修道做神父的人，不立刻拋棄世上的一切而緊緊地追隨基督呢！這是天地上下最神聖，最偉大的救靈工作，牧靈服務。

教宗若望保祿二世，自六月一日下午到意大利北部的坡隆聶大城（Bologna）參加慶典以來，一直在外忙其牧靈重任，到今天尙未回來，所以擬定與我們在其小聖堂共祭，和在其餐室同用晚餐的計畫，事實上已無法實行。爲此本校校長通知我們，今天下午五時赴聖伯多祿大堂，在教宗行大禮的正祭臺上，舉行彌撒共祭，有其他高級神職人士陪祭。我們自然樂於遵行，而且在此彌撒中要格外爲教宗祈禱，因爲他對我們的愛護，眞是慈父之慈父的典範。

七點半的最後晚餐是爲我們送行的。我們對母校當局，尤其是校長，給我們在這一星期之內的種種照應，實在深深地銘感於衷，今後我們回國後，更要努力光榮天主，救人靈魂，以不辜負母校對我們的期望。

晚餐後，校長和副校長，請我們到公共客廳聚談，以結束這一週金慶感恩節。我們同班同學八人都個別擁抱親面道別說：「天堂上再會了！」是的，在這塵世上，我們每人似乎可以和聖保祿宗徒一樣說：「我離世的時期已經近了。這場好仗，我已打完；這場賽跑，我已跑到終點；這信仰，我已保持了。從今以後，正義的冠冕已爲我預備下了，就是主，正義的審判者，到那一日必要賞給我，而且也賞給一切愛慕他顯現的人」（弟後四6—8）。

六月六日，這是我們向母校告別之日。我如過去一樣，早晨五時起身，先行我身爲神父的向天主爲人民祈禱，念完日課、舉行彌撒聖祭，以和天主結合在一起，然後向校長、副校長、校內服務的有關人士，一一作最後的辭別，乃乘上計程車，直向羅馬國際飛機場駛行，以便趕上九點五十五分，飛往英國倫敦的意大利公司班機二八二號，這是我在臺北時就訂定了的。這架班機，雖係在羅馬起飛的，卻又開晚了四十分鐘，眞令人難受。還有，羅馬的計程車費，除了付去飛機場高價費外，還要求加付回程費，算是來費的一半。當乘客說：「我並不要再回去了！」則答道：「這是我們此地的規矩。」所以乘客惟有遵守，不然就麻煩多了。我這次之所以乘計程車來機場的原因，雖然事先得到通知：「價值很貴」，但因校長與副校長在這星期一上午都很忙，無法抽閒。這些他們昨天都親自給我說明，此其一；其二是，我來到時，他兩都親自到機場迎接了我，而對其他金慶同學，其中無一人受此寵幸，我豈還敢企求；第三，我因身上有足够的里拉意幣，所以曾向對我說「計程車費很貴」的朋友們保證道：「我身上還有十二萬元里拉」。此次計程車費共計五萬六千里拉。到英國訪問五天後，我還要轉訪法國五天，然後卽行賦歸。關於英法之行，將另作記述。

本文刊民國七十年《宗教世界》季刊

二一、羅馬朝聖後訪英法

由於乘金慶感恩羅馬朝聖之便，我曾於一九八八年六月六日飛到英國倫敦，作五日之逗留。老實說：英國這個國家，因著她時常剝削和壓迫我中國人民，我對她一向不感興趣。所以我多次婉辭了英國友朋之請，不願把我的腳跡留在英國土地之上。

這次我之所以改變心意，是緣於一九八五年八月間，出我意料之外，英國劍橋的「國際傳記中心」（The International Biographical Center）竟選了我為「世界名人之一」（Men and Women of World Distinction）。該中心曾給我寄來一塊牌，長十四米，寬十米，精製貴重的證書，和一本金邊精裝的名人傳記，其中有關我過去大半生的搜集資料，不特豐富，而且著實。此外，從此之後，近幾年來，我還不時收到劍橋國際傳記中心發出來的邀請函件，請世界名人出席這個會議，那個旅遊。再者，有些世界名人，竟把他們的名著寄給我，以資交換分享。

在這種友情的逼迫之下，我乃決定了在羅馬同班同學慶祝晉鐸金慶之後，親自來英國考察，切身體驗一番，或許能因此歸化英國人爲我中國的眞正朋友呢。

當我到羅馬傳大母校見到我的英國同學，愛德華·米青松時（Edward Mitchinson），他知道我要去訪問英國時，竟興高采烈地說：「我十分歡迎你，並請你住在我的聖安納老人院。」他竟立時去信通知該院，爲我準備房間，我因爲初次赴英，也就同意了。

這次的旅程，由於主要的目的爲羅馬，所以有關飛機票的購買是托雍利企業股份有限公司的張淑增小姐代訂的。因爲張小姐是天主教教友，而且在意大利航空公司服務的，所以很自然地，她所安排的飛機，在可能的範圍之內，都是意大利航空公司班機。我這次的旅行自亦不能例外，而我對意大利飛機，不但毫無成見，而且心嚮往之。然而經過這一次初試身嚐之後，實在不敢恭維。例如此次由羅馬於六月六日上午九時五十五分起飛的 A2-282 班機，羅馬雖爲起飛點，卻遲延了四十分鐘；其抵達倫敦的時間應爲十一點二十五分，卻遲到十二點半。諸如此類的遭遇，我在這次整個旅程中，尙有可觀的哩。

前面曾提及，我到英國之後，準備在聖安納老人院，但在離開羅馬前夕，我的一位住在倫敦的中國朋友，張必剛神父來長途電話稱：「得悉你明天要到倫敦來，我要到飛機場接你，並請你住在我的教堂裏，」「你教堂有空房間嗎？」「這是一座很大的教堂，其主任爲英國蒙席，他人很好，我已經向他說過了，他也很歡迎你。」我於是說：「請你等一會兒，讓我向我的英國同學說句話。」待我向英國同學說明了，我將不住他的地方，並蒙他同意，我乃繼續向張必剛神父說：「很好，我就和你同住，明天相見。」

啊，天主！你每次在我意料之外，為我所安排的，總是比我所期望的，更好更美，謝謝你！謝謝你！

飛抵倫敦機場，辦妥移民局手續，在歡迎來客者行列之中，我遠遠見到張必剛神父，就感到欣慰。因為我進到這個陌生的英國首都，就有好友的嚮導，是多麼幸福的境遇！和張神父見面握手時，他介紹給我他的兩位教友，一對剛才結婚的新夫婦，正要出去渡蜜月時，被他拉過來駕駛車輛接我到他的教堂，因為張神父自己沒有車子。這種基督的愛德是那麼肯自我犧牲而令人感動呢。

這教堂的名稱是，聖巴特里克（St. Patrick Church），其地址為 21-A Soho Square, Lodon Wn 5FJ TEL 01-437-2010，其主任神父是——Rev Msgr Austin Garvey 奧斯丁・卡爾維蒙席。張神父在我們到達後，就伴我去向他致候報到，他顯得很仁慈可愛。然後張神父陪我到聖堂裏朝拜聖禮，向吾主耶穌致敬致謝。接著就送我到為我住用的客房。

因為有人來看張神父，我就對他說：「張神父，你忙你的公事吧，我要出去看看中國城。」這中國城就在附近，僅隔三條街之距離。

一走進倫敦華埠，我頓時覺得如回到家鄉，因為我做神父的牧靈職務開始，就是向華僑傳教，其對象為廣東華僑，而現在我要訪問的，還是來自廣東的；當時是在美國，現在不過是在英國而已。

在華埠先入我眼簾的是，高大的牌樓，上面寫著：「風調雨順」四個大金字，在另一個牌樓上寫著：「國泰民安」四大字。其街道較長者爲華都街、儷人街、爵祿街、新港街、登士街等。在這些街道上，有不少中國餐館、雜貨店、中國銀行、中國書局，內存書本，自大陸出版書籍，遠超過臺灣運來的。總而言之，這是一個小型的中國城。我除與少數華僑攀談外，並未做其他事項，就是到各處去散步散步，作爲我每天的健康操作，同時亦看看倫敦城的景色。晚七時即行回到教堂裏同神父們共進晚餐，以便敍述中英雙方彼此都感興趣的問題，例如宗教的、經濟的、文化的、社會的，以及兩國人民如何能使彼此了解，更友善，以促進世界的和平等。

參觀倫敦的重要機構

六月七日；這是我來到英國的第二天。在這一天，我照常五時起身，作我的早禱，念我的日課經，然後出門到外面去，散快步，健身體。因爲這一天早上八點鐘爲聖巴特里克大教堂的平日彌撒要我來主持，並由張必剛神父陪同共祭，而主持神父還要負責講道。對於這一服務，我是極樂於承受的，尤其因爲這座教堂，其所在地位於商業區，平日前來參與彌撒聖祭的熱心教友，相當的眾多，我可乘此機會請他們特別爲我中華民國人民政府特別祈禱，恩賜我們海峽兩岸的中國人，都能享受眞正的自由、民主、正義、人權而獲得中國的統一。

彌撒後，因爲和一些教友交談了不少時間，所以就應中國華僑教友余堅夫人請客。我們到中國城龍鳳大酒家去，吃廣東點心，作爲早午餐合二爲一的餐會，英文稱之爲 Brunch，在歐美這種作法是很通行的，尤其在星期天。

說起余堅夫人，她雖不能講英文，她卻能在倫敦開辦瑜珈訓練班，教導五六十個中英婦女，每日到她的教室接受練習，每月的收入還很不錯，因此她在倫敦的朋友日益增加，尤其在華僑社會族中。

余堅夫人的瑜珈學校，就設在張必剛神父的華人天主堂的地下室，這地下室可算廣大，因爲除掉爲華人教友主日參與彌撒的聖堂之外，不特有地方供應余堅夫人辦瑜珈訓練班，而且還有中國教友開會的場所、教友聚會的餐廳、張神父辦公室和睡房。此外還有單獨進出的門戶，眞可謂是一個相當齊全的中國華僑本堂區。

餐後，我就開始參觀 Portrait Gallery 人像畫廊，其中所陳列的，幾乎都是二十世紀的英國大名人，諸如張伯倫，英國首相，他是與德國希特勒簽訂慕尼黑協定而得名的，再如邱吉爾，他是英國大政治家，世界上的名人，沒有不知道他的，又如英王伊莉莎白二世，她的畫像有好幾尊陳出，其他的英國名人畫像，在此畫廊中陳列者，約有百人之多，我曾一一觀賞，並細閱其簡歷。

接著我去看了倫敦中心之一區的西敏寺、國會、白金漢宮、以及西敏寺附近之威斯敏斯特大天主教堂（Wesaminster Cathedral）。

這座大天主教堂，是藉以彌補十六世紀時，英王亨利八世，因得不到和其王后離婚的許可，而惱恨當時的教宗克里門七世，而把英國的天主教財產全部沒收，把天主教的主教神父，凡不同意他離婚的，一概充軍下監獄以抗拒天主教，成立英國教，亨利八世自稱謂教皇又國王。其實，並非教宗不許而是無權許可他與王后離婚，因爲婚姻是「天作之合」，而非人爲之結，此卽耶穌基督所說的：「爲此，凡天主所結合的，人不可拆散。」（瑪一九6）因爲解鈴人，必須是繫鈴人！

這座天主教大教堂，亦稱爲倫敦總主教座堂，與十六世紀時英王亨利八世所沒收的那一座相比，其大小差不多，但其實情卻頗有異殊。當我看了這兩座教堂之後，我得到最深刻的印象是，老的一座太世俗化、商業化，而令人感覺是個觀光的對象，而新的一座則宗教氣氛濃，神聖設備佈滿，令人自然提昇心靈，肅穆靜禱，歸向天主。

在參觀了上述那些地方，我一看手錶，時已不早，我當趕快回到華人天主堂，因爲張必剛神父爲我安排了和他的一批青年教友，青年中國留英學生，先和他們同用晚餐，然後給他們演講，並解答他們的問題。這個餐敍會，從七點到十點半結束，我也就此滿全了我在英國渡過的第二天。

英國沒有劍橋、牛津大學

六月八日；今天張必剛神父陪我先到劍橋州去，這是英格蘭東部之一州，由倫敦乘火車，其慢者需一小時半，其直達者有一小時即可。我主要的目的是，第一去看看選了我為世界名人之一的「國際傳記中心」，第二去看看世界著名的劍橋大學。但是，我要看的這兩個目標都令我撲空。

關於國際傳記中心，據資訊指出，已於半年前遷往伊利去了，因為在劍橋州的辦事處不够使用。我只在電話上和遷到伊利的負責人，報告一些我的情形與重視，作為我們接觸與聯繫的首次交流。至於請我到伊利去晤談，則旅途似屬太遠，而唯一交通的方法是，駕駛自己的汽車，或請朋友開車送去，但在當時，所需要的兩種方法，都不是我所能辦到的，所以只好期待來日了。

關於劍橋大學，雖然近百年來，我們中國從英國回來的留學生，常有一些在文章上，或在交談上，說是英國劍橋大學畢業的，令人起敬羡慕，可是劍橋只是一個州，而且是一個小鎮，在這州裏設有二十餘座學院，其中有好的，有普通的，也有不像樣的。

在劍橋州裏的二十餘座學院中，其最大者為王家學院（Kings College），其最有名者，要推聖三學院（Trinity College），其餘如聖約翰學院（St. Johns College），伊曼紐耳學院

(Emmanuel College)，西敏寺學院（Westminster College)，露西·加文狄希學院（Lucy Cavendish College)，瑪格達里那學院（Magdalena College)，加猶斯學院（Cajus College)，紐南曼學院（Newnham College），達爾文學院（Darwin College），王后學院（Queens College），聖加大娜學院（St. Catana College），比得牧斯學院（Petemouse College），潘希魯克學院（Pembroke College），西德尼·蘇撒克斯學院（Sidney Sussex College），基督學院（Christ's College），唐寧學院（Downing College），克萊拉學院（Clara College），還有其他數個小得很的學院，我在此從略，因爲這種野鷄式的學院都是開學店，有些人來此買得一張不值一文的證書，所謂文憑，竟自稱爲劍橋大學畢業，而事實上根本沒有劍橋大學這麼一回事！至於牛津大學也是子虛，因爲它和劍橋一樣也只是一個小鎮，在那裏有不少學院，如劍橋州一般。我到了劍橋之後，才知道沒有劍橋大學這回事，實在不勝驚歎！因爲在過去幾十年中，我竟對此被蒙在鼓裏，而常在中國書本和雜誌上，讀到有關劍橋大學的畢業生，總感到特別敬重，而今所感覺的竟是如此的空虛感！

在下午四時半，張必剛神父和我回到倫敦所在地，承賈爾維神父面告：從五點到六點鐘時，他每個星期三下午的「國際青年座談會」，常有三、四十人出席參加，喝喝咖啡，吃吃茶點，隨便談談各國的近況，請我有空參加。我則一口答應說：我有空，很樂於出席，謝謝邀請。

這個國際青年會的組織，其會員都是大學畢業，有事業職位的，虔誠的天主教教友，他(她)

們一心一意地要在其職業崗位上，以天主教的原則與精神影響他們的同事，由同事個人影響自己的家人及親戚朋友，以眞理、正義、仁愛來推動社會，建立和平，逐漸地伸展到，從一個地區，到另一個地區，其最終的目標是基督的世界和平。他（她）們每個星期三下午的會議，就是爲報告每人的工作成效，和檢討所遭遇的難題，並設法如何去面對求解決。我聽了每位會員的工作報告，以及他們面對難題求解決的道德勇氣，和智慧的表現，由衷欽佩，而願在我所指導的組織羣中，也能培植出這樣的團體，爲祖國之和平統一。

參觀倫敦大學

六月九日；這是我在倫敦的第四天。由於這一天我比較空閒，我就決定將我的宗教職務完成後，就出去觀光倫敦大城，以步行遍走各重要場所，參觀我想去的對象。於是我就向第一個目標進行，就是倫敦大學。

倫敦大學的範圍極其廣大，其研究的對象部門眞不少。假若要一一細看，可眞沒有這麼多的時間，我只是走馬看花地略過而已。不過它的亞洲研究學校，我卻特感興趣，因爲有兩本拙著我要送給它的圖書館。在這 School of Asian Studies（亞洲研究學校），我花了足足三個小時，承其內各分組負責人領導我參觀，予我以詳細的說明，令我領教得益匪鮮。及至中國的研究組，見到所搜存的古今書卷之多，令我歎爲觀止，我於是極其快樂地把我手中所帶著《孤軍苦鬪記》和《我這半生》捐獻出去。其中的漢學專家出來接受，略事展閱後，顯得極其感激地說：「謝謝您，我們要把它立刻編進我們中文目錄中，因爲我們有很多研究漢學的人前來閱讀，或借出去細看。」

離開倫敦大學園地，我進到聖保祿教堂（St. Paul Cathedral），敬拜聖體。這是一座相當偉大而燦爛的天主堂。途中我又經過綠草如茵的大公園（Green Park），眞是美麗，令人見之，眼睛不勝舒服清明。還有舊皇宮，其外其內都呈現著皇家的餘輝與莊嚴，尤其是那裏的騎兵部隊，他們頭上戴的羽毛冠和身上穿的黃制服，也眞顯得英雄氣概萬千。最後，我又回到西敏寺新主教座堂，因爲那裏在五時舉行彌撒聖祭，歌唱格里高里聖歌，我對此有特別嗜好，而且參與彌撒能使我和耶穌基督聯合一起，將自己獻予天父，作爲救贖人靈的祭祀。此後我必須趕回到我在倫敦的住所，因爲今晚七時張必剛神父爲我安排了一個晚餐會。

這個晚餐會，是由華僑天主教青年會所主辦的，一切由他（她）們自動籌備。菜飯由他（她）們自己採購，烹調由他（她）們自己下手，餐室隨他（她）們自己裝飾。我於六時三刻回到堂裏，略事清洗手臉，七時正張神父和我準時抵達會場，晚餐會的一切均已齊備，我查看一番，對這些負責主辦的青年，甚感欣賞，於是將他（她）們姓名紀錄於下，以資誌念。

他（她）們的芳名是黃錫儀（Frances Wong），關健偉（Stephen Kuan），馮貴潮（Albert Fong），韋婉樺（Cecilia Wei），林小萍（Sharon Lam），陳世藩（Dominic Chen）。他（她）們六人，都已完畢高級學業，有職業在身，乃有為的華僑，對張神父的傳教工作，頗有幫助。在這個晚餐會上，青年們向我提出了許多有關在現世社會上的問題，尤其是面對反宗教道德的實際生活問題。我則一一依照天主教的傳統原則，和每個不同的實際案情，予以良心能得平安，對天主的信仰以堅定不移的態度，面對各個問題求解決，而永不逃避難題，以免增加內心自我不安與痛苦，因為凡真正敬愛天主者，事事皆可協調而至於美善也！這個晚會開到十點三十分，所有青年都愉快，滿懷著前途無限光明而告別。

出倫敦往肯特訪問

肯特（Kent）是英格蘭東南部之一州，首府為 Maidstone。我因受同班同學之請，曾答應到英國時住在他們那裏。後因接到張必剛神父長途電話之懇請，而辭掉他們已經為我預備了住宿的房間，為此特別去拜訪那裏的主人，並謝謝他們的善心好意。所以乘我住在英國的第五天，六月十日，我早就準備了作此之行，以不辜負我至友，同班同學，愛德華．米青松神父的深情厚誼。這是我們禮義之邦的中國人，不可掉以輕心的。

當火車把我們送到肯特站時，我們即刻下車，詢問當地居民：「St. Ann's Court」聖安道院，其地址爲（Layhans Road）雷漢路西韋岡（West Wickham）在那裏？眞是天主的特別照拂，被問的一位男士，正是要到聖安道院所在地去，於是他就請我們和他同行。我們約走了二十分鐘的時間，邊走邊談，有關彼此的身份、國籍與來處，以及爲何到肯特州（Kent）來等等，很快地就到達我們的目的地。這個庭院爲聖瑪利和聖若瑟修女會所主辦，她們原來由比利時移民來此，共有六百位修女。

這裏不僅有極舒服的老人院，還有退省院，修道院，而圍繞這些機構的四週都是花園農場，風景幽雅，空氣新鮮，可謂人間樂園。我很喜歡這樣的環境，也爲我的同學愛德華・米青松神父高興。

說到我同學負責神職牧靈的老人院吧，其內約有二百位男女老人，除了夫婦同住一房外，其他(她)單身者都是一人一房的。而且在這二百位老人中，每六人成立一組，每組有自己的厨房、餐室、娛樂室、公共電視，每人有一輪椅，至於衞生設備都設在自己睡房內。公共活動，出外郊遊，都由庭院負責安排，如有大衆餐會、演講會、電影放映，都有特別廳堂，現代裝備齊全。這是一個私人辦的機構，其收費，每星期爲一百四十英鎊，可說是高貴的。其院長是若瑟修女，副院長爲 Veronica 修女。她們爲人慈愛可親，老人們敬之愛之如姊妹。對張神父和我的訪問，她們感到極其快樂，以美味點心與上等咖啡招待我們，嚮導我們參觀整個聖安道院，看訪所有老人和照應老人的醫護人員。至於和她們同時同處的工作修女們都給我們介紹相見。這在英國訪問的最後一天，使我感到愉快異常，獲益特多，我想以後有機會我還要回來，多看英國的一些地方，多住一些日子，多接觸一些英國人民，更能裨益我中華民國。

辭別聖安道院後，我們卽趕往火車站，乘了一點半鐘的火車，卽抵達倫敦。此時適爲下午七時，得悉七時半在附近聖馬丁教堂大會堂裏要擧行「香港人民爭取基本法」運動大會，請張神父與我出席參加，以增其力，以鼓其氣，更予以祝福大成。我們當然不辭辛勞，前往應請，因爲基本法草案之目的，是爲使一九九七年中共接收香港後，香港還能實行民主政治也。

飛往法國巴黎訪問

六月十一日，我一如往日，先將我對天主的本分盡好，然後進行世務，第一件我要做的事項是，到意大利航空公司去改換我回國的飛機票，因爲我實在不想再乘意大利航空公司班機了！從倫敦飛到巴黎不需改換，因爲根本沒有意大利飛往巴黎的飛機，其原因是英國政府不肯讓這條航線的利益外流，但是由巴黎經羅馬到香港的意大利飛機，我實在不想乘了。於是我對在倫敦的意大利航空公司負責人說：我要改坐法國航空公司班機，由巴黎直飛香港回中華民國的臺灣，我在法國航空公司已經保留座位，請你把我在臺北買到的貴公司機票改轉給法國航空公司班機。意大利航空公司的負責人竟對我說：「不可以改，誰叫你買我們的機票？」就這樣地轉過她的頭去不理睬我了。在這種情形之下，我只好忍耐而離開。但到巴黎之後，我還要向意大利航空公司繼續爲此換飛機事努力交涉。

從倫敦飛到巴黎，我是乘英國航空公司班機 BA-308 號。該班機於倫敦時間中午十二點三十分起飛，按時於十四點三十分抵達巴黎。一到機場卽見到王貴神父和一對中國天主教青年夫婦在向我招手歡呼。這使我感到異殊輕鬆，因爲我昨晚給巴黎外方傳教會打通電話後，先問其管家神父曾否收到我在臺北時寫去的信？答覆是「收到了」，但加上說：「我們只許客人來此住三天，而你卻要求五天，我們不能照辦。」我則向他保證說：「請預備爲我住三天的房間吧，此後我一定會遷到別處去住的。」就這樣我和這位管家法國神父說定了。在這種情形上，我到巴黎飛機場時，自然要自己設法乘車到巴黎外方傳教會的場所，由於我昨晚由倫敦給王貴神父通了數次長途電話，都無人來接，所以未曾想到王貴神父居然親自來接我，我自然感到意外的欣慰。

待我坐進了陳士彭教友所駕駛的轎車後，王神父和我坐在後面，經他的解釋我才知道何以昨晚他那裏沒有人接電話，因爲他們修會有規定：夜裏九點鐘以後，不接任何電話也。此外，王神父又告訴我說：「我知道你要住在巴黎外方傳教會，我曾向他們的管家神父通了電話，我得到你飛到巴黎的班機和時間，並獲悉在巴黎外方傳教會僅住三天，所以我就請示本會會長請你破例地住在我們會院，使我可以好好地爲你服務，會長一口答應了，要我見到你時，立刻代請。」

王貴神父的這一席話，使我深深感動，立刻對他說：「我會一一照做的，你爲我想得實在太週到了，我由衷感激你。」同時我也默默地向天主致謝宏恩，因爲祂時時處處都愛護保佑我，遠出乎我所能意料的安排。

將我的行李放進爲我準備好的房間後，我就要求王貴神父陪我去拜訪他的會長，以便面謝他的招待。此後王神父遂陪我到巴黎外方傳教會，使我能拜訪該會的管家神父，除向他致謝外，並告訴他，我已決定住在耶穌會會院裏，以免給外方傳教會麻煩。然後，我們又到了修女會的露德聖母顯現堂聖地，在這堂裏，我們跪在聖母像前，恭念了一串《玫瑰經》。當時我特別想念了我在臺北的好修女李友玲，她是我看她從小長大的，由我處學習天主教理，從我手中領受洗禮，成爲天主的女兒，並因我的鼓勵，蒙主召選她爲仁愛會修女，今年她已做了修女二十五年，她一直在我的心目中是一個我所愛的好女兒。

此後，我們當回到耶穌修會總會院，因爲快到七時半的晚餐時辰了。在這第一次的晚餐席上，我可以遇見從各國來此寄宿的耶穌會會士。晚餐後，大多數神父都願意去公共聚會的地下室，以看九時的電視新聞，或其他節目，我則看完國際與地方新聞後，卽行告辭，因爲我這一整天可忙得够累了，需要一個晚安的休息。

在巴黎為華僑主祭講道

六月十二日。這是天主教人的「主日」（星期天），在這一天，凡信仰天主教人，無論在那一個國家或地區，都負有重大的責任，在可能範圍內，到自已本教堂去，參與彌撒聖祭，恭聽講道，妥領聖體，如犯有大罪，必須先行妥當告解，始可領吾主耶穌的聖體，不然就是冒領聖體，侮辱耶穌，犯至重至大的罪。

在巴黎爲我國華僑教友，有一座很大的教堂，雖然是和法國教友分享使用的，爲華僑專務牧靈的神父，就是王貴神父。他在數年中，以他的傳教熱情，將分散居住在巴黎四面八方的華僑教友，逐一地找出來，懷著無限愛心地照應他們。他們當中，有的來自浙江省溫州，有的來自海南島，有的來自印尼，但都是虔誠的熱心教友，彼此相親相愛如兄弟姊妹。我這次因王貴神父之請，爲這些近百數的教友舉行彌撒之前，曾先和他們交談一個時間，發覺他們中有些還是難民身份，卻都很樂觀，對前途逐漸改良，懷有積極實在的希望，而在他們的談吐中不時表露出對王貴神父的敬愛與感激。

除了教堂之外，在巴黎的華僑教友，實際登記的人數已有兩百餘名。他們有一個教友活動中心，可在那裏共同研究教理，商討彼此所遇到的問題，都能互相幫助解決，而且王貴神父常和他們在一起，靜靜聽他們的心聲，隨時鼓勵他們全心依靠天主，並加上自已的勤奮努力和彼此的協助，無論問題多困難，王貴神父總是他們有力的後援支撐，永不退卻。爲此巴黎樞機總主教前年正式宣布王貴神父爲全巴黎華僑教友的本堂神父。自此之後，原先小看中國神父的法國神父們都對王貴神父舉起右手大姆指說：「本堂神父，你眞了不起！」因爲在歐美國家，得能成爲一位本堂神父是不容易的成就呢！何況是一個中國神父，在法國首都大巴黎更是難能可貴，因爲有許許多多的本地神父，一輩子也當不上本堂神父也！

因爲我親眼看到近百數的華僑教友，在彌撒前一點多鐘都已來到，而且在公念《主日經》、《要理的問答》、《玫瑰經》時，都是用國語的，這使我感覺到猶如回到浙江省的教堂裏。所以我爲他們做國語彌撒，並用國語向他們講道，他們都以一心一意的關注，應對自如。這樣的彌撒，這樣的講道，能在巴黎實現，足證王貴神父專務牧靈工作之大成功。

由於王貴神父事先告訴了教友們，所以在彌撒後，教友們還爲我熱烈地慶祝「晉鐸金慶」，買了一個好大的蛋糕，點上紅燭，高唱金慶聖歌，爲我祝福，這可見神父與教友，無論在那裏，都是一家人，因爲天主教人是與耶穌形成一體的。

因爲今天是主日，所以神父都爲教務忙，我就乘此機會，回到耶穌會總會院，進到閱覽室，看看當地的大日報，念念雜誌上登載的好文章，這是我在國外旅途中，難得遇到的如此一個休閒日，我感到異常輕鬆和愉快。

參觀巴黎的新建設

六月十三日。這一天，從早上我們滿全了宗教的職務之後，王貴神父卽陪我出去參觀巴黎的新建設機構，因爲他知道，我從前在法國里昂大學求學時，曾數度到巴黎來遊玩，對老巴黎都已看過，不會特感興趣的。至於我要給巴黎大學圖書館的兩本拙著，王神父可以代勞的。

首先，我們到意大利航空公司去改換我回臺北的飛機票。這次我很希望能够成功，因爲香港胡振中主教，新近蒙教宗若望保祿二世擢升爲樞機主教，巴黎的華僑，由其天主教華僑領頭，要大事歡迎胡樞機在羅馬領受樞機榮冠後，蒞臨巴黎可接受整個巴黎天主教的熱烈歡迎。在這歡迎會上，巴黎樞機主教，曁各界政要，社會名流，都將前來參與。而對於這件事的促成，王貴神父要我於本月十六日，由巴黎經香港回臺時，親往胡樞機公署代爲面請。這樣我巴黎華僑該多麼高興。

王貴神父陪我到意大利航空公司與其負責人談話時，她一致贊成，並立刻代爲發（Telex）快電，向其在臺北辦事處要求予以批准。豈料，臺北市的回電雖很快就來到了，竟說「不准改換」，這使我們感到極其不快！我眞不了解，何以在香港可以把我換到德國公司班機飛到羅馬，而不許我由巴黎乘法國航空公司班機飛到香港？我在海外航空旅行五十餘年，常有改換航空公司班機的需要，從未遇到被否決，而這次意大利航空公司竟如此死要賺我這筆錢，究竟能得到多大好處？我竟百思莫解！

事既如此，我們還是去參觀巴黎新建設吧！一看手錶，王貴神父對我說：「時已中午，我請你到中國天壇樓去吃浙江溫州菜，好嗎？」「很好！」我答道。溫州菜餚很可口，我兩每人都吃了兩碗飯，並把四盤菜都吃光了。

飯後，我們就步行到前法國總統 George Pompidou 的國家美術館，其內陳列著很多的現代名流畫像；又到他的博物館裏，範圍很大，部門不少，我們整個下午都留連在那裏面，從一個部門到另一個部門去欣賞。累了，就進了飲食部門，喝咖啡，吃冰淇淋，座談休息，亦甚快樂。

赴聖女小德蘭家園朝聖

六月十四日。爲赴聖女小德蘭家園朝聖事，我懷有這個意願，是在我十歲時卽已開始。當時我的叔父，毛志旺陞了神父那一天，因爲有長者告訴我說：「誰能得到新神父的第一個降福是最有福的。」有一天我的三叔父和其他九位聖味增爵修會會士同陞神父走出聖堂時，我趕快從人羣中，用頭向前鑽過去，搶先到我三叔父面前，跪下說：「我第一個到，請三叔給我第一個降福」，我三叔父就舉雙手給我第一個降福，他還對我說：「你有福了！」以後他回到自己的房裏，取出一百張聖女小德蘭的聖像，交給我說：「這是一位大聖女，凡向她祈求的，沒有不獲得恩典的。你想得什麼，就請她轉求天主替你轉來吧！這裏是一百張她的聖像，像後有向她祈禱的經文，你要每天念，並將這聖像，除掉你自己留一張外，其餘的你要分送給你的同學小朋友照念。

」我從那一天起就完全照做了。

記得小時看馬相伯先生所著的一本《靈心小史》書，其中小德蘭描述她父親帶她到羅馬朝聖時，有一天進到早期教友的避難地窖時，她立刻跪下地，熱烈地不斷口親它，因爲這是聖地——殉道者的足跡所踏過的。我當時就對聖女小德蘭說：「妳假若賞賜我亦能到羅馬的話，我一定在妳口親過的聖地上，比妳更熱烈多口親幾次。」果然我後來在浙江寧波聖保祿大修院讀哲學時，被羅馬教廷駐華宗座代表蔡寧總主教選派到羅馬傳信大學留學了。從此以後，因聖女小德蘭代爲向天主轉求，我所得到的恩惠實在很多，我不能在此細述，因爲不然的話，可以出成一本書。

這天早上我起身較早，因爲要完成的事務必須先行做好，我才能安心地到聖女小德蘭的朝聖地——里修（Lisieux）去。王貴神父要我在七點時用畢早餐，即行起程赴里修。從巴黎火車站乘火車到里修，需要二小時。到後我們立刻步行到聖女小德蘭的大教堂，在她的墓前祭臺上，舉行彌撒聖祭。然後就去看聖女的家園。她的父母是小康之家，他們一幢二層樓洋房，尚巒像樣的存在，前後有花園樹林，很形茂盛，小德蘭在進聖衣會之前，都是住在這房子裏，現在此房中，有不少小德蘭遺物存在，供來朝聖者參觀，並有英法語錄音播解。每一件遺物都是聖物，令人見之起敬起愛。她的修道院、聖衣會，我們在午餐後，進去朝聖，我曾在那裏默念祈禱，足有兩個多小時。之後我回到聖女小德蘭的遺體墓前，看著她照的相，默念她的一生，從小即以深愛耶穌爲出發點，歸宿標的，無論什麼人、什麼事、什麼物，都不能使她與她唯一愛的耶穌分離。

當我在聖女小德蘭遺體前默禱時，因爲朝聖者擁擠，忽然一位四五十歲的婦女暈倒昏厥，有人把她抬起來放在跪櫈座位上，形像危急，不知如何措置，我即上前，用右手覆在她額上，默求聖女小德蘭說：妳一向都很幫我的忙，請妳現在幫我恢復這位女士的健康吧。忽然這位女教友睜眼對我看了一下，口中吐出一大堆她所吃下去的食物，再閉上雙眼，不久又睜開眼睛看看我，我即對站在旁邊的人說：「她沒有問題了，請放心。」果然不數分鐘，她坐起來，站下，和她的幾個朋友走出去了，我當時卽行避開，若不知有其事似的。

里修是一個小城，但來此朝聖者卻來自世界各國。這個小城的居民都是虔誠的天主教人，他們彼此都相識和善。這裏從來沒有治安的問題，每條街道都淸潔有序。店舖裏的貨物都美好而價廉。王神父和我用午餐的餐館，菜餚都很有滋味，但價錢只有巴黎同樣的一半。這足見有一位聖女或聖人在，其人民是多麼的幸福！

在巴黎街道上爲轎車撞倒

六月十五日。這是我訪問法國的最後一天。這天在上午十一時左右，我因唯一穿在身上的外衣，掉了一個扣子，看起來未免欠端正，又因身上皮膚癢，所以步行到附近的大百貨公司（Bon Marche）去，想買一鈕扣補上，買一小瓶凡士林以減除癢症。豈料正要走近百貨公司大門前，驀然有一輛法國人駕駛的轎車，從我背後撞上我身，把我摔倒墜地，我當時被震撼之餘，口出呼聲：「天主我來了！」還好因爲我的兩隻手靈活，立刻先行落地，而未觸傷頭部，雖然兩手掌都破裂流血，但是尙可掙扎爬起來，眼見闖禍的法國人，垂頭喪氣地坐在車子裏，不知如何是好。我則以手勢再三指示他開車離去。當他開走時，傍站的一些法國人，責問我爲什麼讓他開走，而不令他送我到醫院去驗傷，要求他賠償一切醫療費用，我則答以因爲我是天主教神父，（我本擬說：「我是中國的天主教神父」，但由於在法國一提到「中國」兩字，法國人都認爲是大陸中共，而不知有臺灣的中華民國。）我的導師耶穌基督從未要求過爲害他的人，作任何賠償，所以我要效法祂。此話一說完，我卽忍著痛，走進百貨公司，朝向藥劑部門去，要求其負責人，賣給我足以止住血流的藥品。然後，我就慢步走回耶穌會總會院，一聲不響地回到自己房間躺下休息。

到中午時，前兩天跟我約好，今天中午請我客的林姓華僑來接我到遙遠的新中國城去午餐，我因爲不願意他知道我受車子撞傷，所以向林氏說，在近邊有一家中國餐館，我們就到那裏去邊吃邊談吧。林氏倒同意我的建議，但點菜時，我要他點兩三樣卽可，他卻點了五六盤大菜，這實在浪費，因爲我沒有胃口，而林氏也無此大食量，叫他帶回去，他卻以爲不好意思。哎！中國人啦，中國人，今天要講事實，不宜只講面子了。老實說：講面子，一無好處！

很快地，飯旣吃罷，事也談好，我就言謝向林姓華僑告別回來休息了。眞好，一睡竟達三小時之久，而且也覺得不感痛了，所以王貴神父約我到新中國城去晚餐，爲我送行，我也接受。想不到，第二天卻感到全身疼痛，但因為我要瞞著車禍事，以免驚動遠近的親友，尤其是在臺灣與美國的，這也是我不要進醫院的次要原因。假若我讓闖禍的人把我送進法國醫院，則醫師照過X光之後，一定把我全身附上石膏，起碼住院六個星期，那我豈不使關心我的人，在越遙遠而越憂慮嗎？這是我一輩子不要做的事！

飛離巴黎經羅馬回祖國

六月十六日。抱著整個受苦的身體，我還能行動自如，起居照常，本分照盡。期能仰無愧於天，俯無怍於人耳。王貴神父自始至終，在我過去的五天中，每日伴我到這裏，去那裏，今天還叫一輛計程車，陪送我到飛機場，單車資就花了他三千多法郎，其他的費用更為高昂，他對我的恩愛只有天主能代為報答，我是無能為力的，但我對他的感恩則是與歲月俱增。

一到飛機場，就向意大利航空公司報到。據說 AZ-335 班機準於十二時十分起飛，並可於十四時十分抵達羅馬，然後在羅馬機場候機室等到十八時二十分轉乘 AZ-1796 班機飛往香港，可於第二天，六月十七日下午十七時五十五分抵達香港。

意大利在臺北的航空公司售票人，在言語和機票上都騙乘客說：羅馬到香港的班機是直飛，但事實卻證明該1796班機由羅馬飛到米蘭停留，由米蘭到曼谷又停留，最後才飛到香港。而每到一個地方都是遲到，而從無準時飛到的。這樣不誠實的服務，怎能不令顧客經過一次經驗，而不退避呢！所以意大利航空公司工作人員，尤其負責指導者，若不急速改良信用與守時則其前途必日益黯淡。

說到在羅馬機場等待四個多鐘頭的事情，我眞苦痛難堪，因爲自下身直到上身，坐亦痛，站亦痛，由於羅馬候機室板凳，長的和短的，都是硬板製的。在這時刻，忽見到五個中國男士結隊走來，講著中國話，我就問他們說：你們是中國人嗎？我也是的。他們先不答話，但看到我外衣左邊上別著中華民國國旗章，他們就彼此說：「他是解放之後的中國人」，我聽了之後，立刻反駁說：「那麼你們是奴役之後的中國人！」其中領隊者問我說：「你貴姓？」「姓毛。」「台甫呢？」「振翔。」「毛振翔？」「對了！」「你是毛振翔神父嗎？」「是的！」「我們在中國大陸不時談起你呢。」「謝謝你們的關心！」「大陸現在很好！」「請你們別騙我了！」「鄧小平眞的很好！」「他是最會撒謊的共產黨，他從十六歲起卽在法國做共產黨職業學生，專修騙人課程的。」如此和他們談了兩點多鐘，他們似乎對我所講的聽得進去，於是領隊者乃告訴我：他是江蘇泗陽鋁製品廠廠長孫安明，他們五人都是工程師，來意大利出席開會的。其中另外四人，一姓黃，一姓翁，其他兩人一句話不說，亦不願意告訴我他們的姓氏。但是因爲他們要買意大利香烟，包裝三四大包，而在羅馬的店裏不賣給他們，又因爲他們不懂意大利話，又不知是何原因。當他們看到我可以很自然地和意大利人交談，就請我到下面店裏去，爲他們查問不賣的理由。待我向店主查問之後，才明白：意大利的香烟是內銷的，但在出境的最後一站的商店即可外銷。所以飛機一到米蘭時，他們就請我幫他們找商店買香烟。在米蘭飛機場的商店，賣同樣數量的同樣質料香烟還便宜三千元，他們都很高興地謝謝我。

我所乘的1796意大利航空班機，雖飛到香港又遲延四十分鐘，但我還能接上華航 830班機，於二十一時十分飛抵國門。回到板橋聖若望天主堂，就立刻服用我在美學生所給我的眞正雲南白藥，一共用了八瓶，總算完全痊癒了。

本文刊民國七十八年七月《文協會訊》

二二、我們天主教的態度

我們應當以基督的原則與精神把握每一個機會，
表達基督的作法，發揮我們的影響力。

在社會轉型期中，問題雖然層出不窮，但只要決不廻避，當問題來到，就去面對問題，力求解決，問題當可得以逐步解決。因爲天下無難事，只怕有心人！

做爲一個基督的信徒，我們應當以基督的原則與精神把握每一個機會，表達基督的作法，發揮我們的影響力。國民黨今（七十七）年七月要開的第十三次全國代表大會，他們發函廣徵建言。我雖非黨員，但也接到建言的邀請函。我以國民的身分，加上天主教神父的身分，更應爲國家前途光明而盡心，不願放棄機會，提出開好代表大會的三個基本精神原則，即：以「眞理」，它必會使你獲得自由；以「正義」，它必會使你獲得飽飫；以「仁愛」，它必會使你滿全法律。

數年前立法院通過優生保健法後，我也曾秉持這個原則上書總統請終止批准。當然，這個問題和今日的民主化、自由化沒有關係。

不過，如果我們言行不當，也會造成不良的影響，不能不小心。譬如《中時晚報》四月四日載說：中國主教團訪問施明德。這消息使政府與不少人民十分不悅。如果是基於教會關懷自己的信徒，特別是罪人，個人去關懷可也，不該以主教團名義去，因爲這樣難免有支持叛逆之嫌。我們豈能同情造反？據說因爲施明德太太告到羅馬教廷，羅馬來函，主教團就親自出面，也不問是誰的來信？是否是命令？我想最多是請主教當局視情況謹慎處理而已。今輿論已有微詞，又未見主教團的公開聲明，這種沉默不加澄清的態度，人家是會認爲你在默認的呀！

講到民主化、自由化，雖然言行尺度放寬，卻不是放肆，而是依法律去做。有些人就乘此機會，不加分際，以自私自利之心，不爲國家著想，不管擾亂大眾，這是要不得的！我們身爲基督信徒決不能如此。我一生的信條是忠於天主、忠於國家，只要對國家有益，對天主有光榮，即使有生命危險，我也萬里奔波，勇往直前。如那年我背脊骨跌斷，背著鋼架在身，與五位外交委員會立法委員，和前司法部長查良鑑及臺北市議會議長張建邦同赴美國，作救國之行即是。

本文係《見證》月刊之訪問談話，經其整理後，刊於民國七十七年六月該刊第一七九期

二三、何以天主教要參與彌撒

教堂裏很清靜。神父剛才出來走上講道臺，說：「這個堂區一向被認爲是一個好堂區，雖然它總登記的教友還不到一千人，但是平常主日（星期天）不進教堂參與彌撒的竟有一半之多，而且老弱生病的，或者嬰孩，尚不算在內。」

神父停息了一時，然後慢條斯理繼續說：「他們缺失彌撒的原因，並非出於故意的惡感，只是由於單純的愚昧。他們不知道，爲什麼他們應當去參與彌撒；他們想不出辦法來，去克制懶惰的習性，或一些電視的誘惑，或者其它一些俗務。」當然，他們會對神父或其它一些虔誠的教友說：他們相信天主。但是他們對天主的信仰，無異於他們相信一個開玩笑的人。他們的生活是不受這個那個影響的。

請看，有些人活著那麼長久，而與天主卻毫無關係。爲他們，天主似乎是一個模糊遙遠的形象；對於祂，他們毫無義務，沒有崇拜，沒有服從，沒有愛或怕。他們從未想到，他們的生存都繫於天主。他們可能在學校裏曾聽到過一些關於祂的零碎觀念：「人從那裏來，要往那裏去……一些這樣，一些那樣的意見。」

現在，無論他們怎樣想，天主常是在他們生活中。祂不得不這樣，祂不能脫離祂創造的萬物。無論祂怎麼被遺忘，或被藐視。天主爲我們的生存是負責的，爲我們的眞正下一個呼吸或氣息負責。假若一瞬間天主撒手不管，我們就會立刻喪亡，猶如當有人關上開關，電光卽刻息滅。我們之所以能生存，是因著天主的德意。祂是我們生存的必要基礎。天主是我們的造物主，我們的主宰，我們的至上主人。祂有一切的權利要求我們朝拜、服從、感謝、稱揚和敬愛祂；我們是祂的受造者，我們負有一切義務遵行上述，不然，則我們的生命就出了軌道。

但請等住

上述的這一切和參與彌撒有什麼關係？彌撒和上面所提的種種有很多的關係：當我們開始發覺天主是誰，並我們對祂的義務，這裏就是何以彌撒跟進來呢。彌撒是一個朝拜天主的壯舉，它使我們滿盡對天主的義務。

出自正常

教友參與彌撒聖祭是應該的，而且也眞是教友生活中正常的行爲。彌撒中有「一種珍貴」，這是其它祈禱，或熱心善功中所不能具有的。這就是何以聖教會要求所有教友當參與「主日彌撒」。單純地說：由於我們教友應該，至少一星期內，在主日這一天，大家一齊來到教堂裏，共同聯合在一起，公行團體性的實際崇拜天主，藉資滿盡我們，以最好的方式，對天主的公認和朝拜祂的責任。現在讓我們來看看：那單單能在彌撒中找到的一種珍貴是什麼。

無論我們對彌撒的認識是多麼的膚淺，或多麼的模糊，我們定能記起在彌撒中的四項事件，就是在彌撒中㈠我們共同祈禱，㈡我們合唱聖歌，㈢我們聽到天主的話，㈣我們可領聖體。現在將這四項事件各作敍述：

㈠在彌撒中我們共同祈禱

這是一項美好的壯舉，因爲向天主講話是很有意義，極有價值的，尤其是公開的，大家一口一心的，齊聲表達。我們同聲感謝天主的善心好意；我們對祂說，我們很抱歉，因爲我們多次沒有做到祂所期待於我們的事；我們懇求祂恩賜我們身心所需要的一切；讚美祂對我們那麼的好，那麼的愛。當然，我們所做的這些祈禱，無論何時何地都可以單獨地做，或在家裏與家人一起做，但卻沒有那麼彼此相聯合的氣氛。

㈡在彌撒中我們合唱聖歌

有人曾經說道：「歌唱一次，祈禱兩次。」歌唱能提高心靈。歌唱的聲調除掉表達禱意外，使我們感到一種合一的情愫，並使我們在天主臺前蔚爲一心一德的社團。當然，合唱聖歌不僅在彌撒中。聖神修會的會祖慣常在追趕馬與耕種時，和同伴高唱著聖歌。

㈢在彌撒中我們聆聽天主的話

讀當日彌撒中所指定的《聖經》，我們無異於接到了天主給我們每人一種個別的訊息；神父的講道通常是解釋所讀的經典。我們無法表達天主的話爲我們的靈魂是多麼的重要，是何等的有益！當然，我們應該再次地說，天主的話可以隨時隨地傳給我們，在教堂內或在教堂外，或在彌撒外的其它典禮中。

㈣在彌撒中我們有機會領聖體

我們而且不能相稱地開始讚揚天主之愛與善，祂竟把自己的身體和寶血賜給我們作爲我們靈魂的食糧，這是何等的異寵殊恩！請沉思於此：耶穌基督——永生的天主子，親自進到我們的心裏，個別而親密地和我們相結合，猶如我們所用的食品一樣的結合。

現在卽使善領聖體是我們參與彌撒的一部分，但是，這不是聖教會的主要理由，何以要我們參與「主日彌撒」。我們知道聖體可以在彌撒之外領受，並與彌撒分開而領到，例如住在醫院的病人，或者留在家中的殘障教友。

上述四點雖在彌撒中相逢迎，它們卻不能成爲彌撒聖祭，無論是單獨的，或綜合的。彌撒之所爲彌撒，自然另有一種寶貴在其中。

自遠久的二十個世紀以來，其彌撒的定義說：「彌撒是我們奉獻天主的祭祀，藉此我們能得救援。」現在我們之所以藉此祭祀而獲得救援的依據，當然是由於耶穌基督在加爾瓦略山上爲我們世人釘死在十字架的緣故。這也就是何以歷經二十世紀的今天，聖教會還繼續不斷地得以奉獻此聖祭呢！

在加爾瓦略山上

在十字架上，我們的救世主，耶穌基督，爲整個人類奉獻了自己的生命。祂的心意是包括所有的民族百姓，凡甘願從祂的死亡救恩裏，吸取恩澤的人，都應和祂聯合在一起奉獻予天主父。其理想的事是，應使整個的人類和聖母瑪利亞，及聖若望宗徒，圍繞在加爾瓦略山上，釘在十字架上的耶穌左右。這樣我們眾人都能參與使我們獲得救贖的祭獻。

從耶穌當時準備自己在加爾瓦略山上爲人類而犧牲自己生命的祭祀上，我們可以安全地結論說，這是祂的旨意：願所有的國家人民，凡要獲得祂在十字架上犧牲自己爲救贖我們之恩澤者，都應有個機會和祂聯合一起奉獻祭祀。耶穌的計畫，既簡單又方便。祂的安排，不是要所有的人時常聚集在加爾瓦略山上，而是使加爾瓦略山與他意欲的一切，應該實行於世上，從開始直到世界末日。

計畫的成就

耶穌的計畫，在祂上加爾瓦略山前，已經策定，那就是在最後晚餐間，建定了彌撒聖祭。祂也祝聖了第一批司祭。對於這些司祭，和以後他們所祝聖的繼承人，祂授予他們權柄及命令，要他們按時去做祂做了的一切。自宗徒開始以來，直到現在，司祭權的傳授，每一代都是以領受耶穌所頒定的神品（聖秩）聖事的。因著耶穌基督的預定計畫和決策，我們在今天能有機會和耶穌結合一起，來奉獻這使我們得救的祭獻。

最後晚餐——彌撒聖祭

我們知道，在彌撒中的隆重中心部分爲成聖體，此時司祭拿起麥麵餅與葡萄酒，就如基督在最後晚餐所行的一樣。司祭說基督當時所說的話：「這是我的體」和「這是我的血爵」。因著基督在最後晚餐賦予祂司祭的神品權，麥麵餅和葡萄酒的體質變成了基督耶穌的體血及靈魂與天主性。但麵酒的味道、顏色和形狀仍在。而在這些形下，麵酒的體質成了我們敬愛的救主。耶穌現在在祭臺上。在如此的重要點上，聖多瑪斯阿奎那強調說：必須常常牢記。耶穌現在祭臺上，猶如祂現在天堂上一樣。而在天堂上，祂是在那裏猶如加爾瓦略山的犧牲者。

加爾瓦略山的犧牲者

你們還記得嗎？復活之後的耶穌基督，在祂光榮的身體上，保留著手足上的釘孔，和肋膀上的長槍所刺的痕跡。我們在〈聖若望福音〉上讀到：當耶穌復活後第一次顯現時，十二人中的一個，號稱狄狄摩的多默不在場。其他的門徒向他說：「我們看見了主」，但他對他們說：「我除非看到他手上的釘孔，用我的指頭探入釘孔；用我的手探入祂的肋膀，我決不信。」八天以後，耶穌的門徒又在屋裏，多默也和他們在一起。門戶關著，耶穌來了，站在中間說：「願你們平安！」然後對多默說：「把你的指頭伸到這裏來，看看我的手吧！並伸過你的手來，探入我的肋膀，不要作無信的人，但要作個有信德的人。」多默回答說：「我主，我天主！」（若二〇24—28）

耶穌從死者中復活後，保留著祂在加爾瓦略山上犧牲者的痕跡；祂升了天堂之後，仍然保留著這些痕跡。這就是祂現在天堂上的形象。《聖經》上告訴我們說：耶穌在天堂上永遠爲我們奉獻自己，常常爲我們祈禱。

我們的奉獻

吾主耶穌之所以會來到我們的祭臺上，是由於在彌撒中神父成聖體時，祂是加爾瓦略山上永遠的犧牲者所致。我們現在有機會和耶穌相結合，伴同著司祭，並彼此連繫在一起，向天主父奉獻十字架上的祭獻，因此祭獻我們獲得了救恩，我們聯合這偉大的奉獻之舉，乃是耶穌在加爾瓦略山上所奉獻過的，而且祂要繼續永遠舉行的。我們的奉獻由於和耶穌基督的永久持續的奉獻連合一起，具備著種種價值：這猶如小溪之水流入大海洋一般，而能在上面盪漾。這是惟有在彌撒中能遇到的奇蹟，而在任何其他事上，任何境界都沒有的。所以我們是特受寵幸的，得以跪在十字架前，並與釘死在十字架上的基督連合在一起，奉獻我們得救的祭祀。因此奉獻祭祀之舉，我們得以呈獻予天主——我們的造物主，其受造之物的我們，應當歸屬於天主的一切崇拜敬獻。我們朝拜祂、感謝祂、祈求他、痛苦地哀求祂施恩，並為以往的罪過向祂懺悔補贖求饒。

恭領聖體

在福音上，曾有好幾處論及領聖體，認為在基督的彌撒聖祭中，領聖體是參與彌撒教友的靈魂食糧，但是我們有些教友往往來堂參與彌撒而不領聖體。待神父詢問他為什麼不領聖體，他屢屢答以「未曾告解」。又問：「那何以不去告解」，則說：「我怕告解」。豈不知，這是聖教會的明顯願望，就是：我們當以領聖體作為我們完美祭祀奉獻的一部分。這是，顯然易知的理由，基督不能以自然的身體，從加爾瓦略山十字架上卸下來，作為我們祭祀的食糧。但是，基督也為此安排了。在最後晚餐，祂在彌撒聖祭中，成了我們祭祀的食糧，而為這個祭祀的宴席，我們大家都是蒙召的。天主父請我們領受我們剛才聯合耶穌所奉獻者的祭品。聖體聖事是直接指向我們成賢成聖的，而祭祀是直接指向於光榮天主的。

無限的價值

當我們看到彌撒所有的意義，我們能够獲得其價值的一些估量，就是它是我們能够藉以崇拜天主的最高祭祀。因此我們能够了解何以聖教會命令我們去參與主日彌撒。彌撒為我們的眞正價值來自我們聯合於主要的獻祭者——耶穌基督自己，祂是無限天主之子。一臺彌撒的功勞，在天主的心目中，遠勝於所有聖人們的祈禱與功勞，包括聖母瑪利亞的在內。我們聖教會的祖先對彌撒是如此的重視，竟不顧冒生命之死的危險，而前往參與當時政府禁止的彌撒。請注意，去參與彌撒並不是僅僅「去進教堂」。不幸地，我們套用了我們慣常社會所應用的語法。我們的信德告訴我們，我們去參與彌撒的目的是——因爲可跟耶穌在一起，由於祂把加爾瓦略山的祭祀移到祭臺上來。

本文刊民國七十七年《宗教世界》季刊

二四、教宗若望保祿立場嚴正孚衆望

新近《華盛頓明星報》刊出一文，譯者認爲値得介紹。其作者爲時代生活通訊社記者，派在羅馬的魏爾頓·溫冷——Wilton Wynn。

自上任以後，在開始的半年中，教宗若望保祿二世，在其所言所行，卽昭彰地顯出他號召羣衆之能力，遠超過近代任何一位前任。但他獲得這個衆望所歸，並未在天主教道理上作絲毫退讓。

這位波蘭籍教宗，在有關神父獨身、打胎、神學問題上，比起教宗保祿六世來，要嚴格得多。可是，在聖伯多祿廣場周圍的店員和賣主都一致地說：他們在六個月內所售出的教宗若望保祿的照片，遠比教宗保祿六世的，在六年之間所銷掉的還多。

自若望保祿二世擔任教宗以來，世界各國來到羅馬朝聖者，其數量之龐大，可與重要聖年相比。在復活節日，湧進聖伯多祿廣場的羣衆，竟達三十萬之譜，打破以往紀錄，前來聆聽教宗復活節祝詞（Urbi Et Orbi 即致羅馬城與世界），其情勢猶如暴風雨侵襲梵宮。

每逢星期日午間，領受教宗祝福之後，羣眾情似未足，纏綿不走，拍手鼓掌，歌唱呼喊，非見到教宗再行露面、重新祝福不止。末了，教宗若望保祿只好乘上直昇飛機避往亞爾巴丘陵夏宮，期能找到一些安靜。

每星期三的公開接見，成千上萬的羣眾，爭先恐後地來到聖伯多祿廣場，希望能見到教宗一面，爲終身莫大欣榮，而教宗則乘著無蓬的吉普車，四面駛動，向羣眾招手，跟他們親近。每逢星期天，趕到聖伯多祿廣場的羣眾，爲能在念三鐘點經時，可以從教宗公寓窗口，一見教宗出現，其平均人數總在七萬之間。

教會當局對教宗若望保祿上次到墨西哥訪問時所產生的衝擊仍然感到吃驚。從拉丁美洲回來的神父們報導：有一個迷你工業在那裏欣欣向榮，那是專爲生產教宗的照片、照相簿和乾板匣的。

在聖伯多祿大堂聽告解的神父，雖感疲倦，卻興奮地說：他們記不起曾經有過像現在那麼眾多的教友前來告解的。而且其中極大的百分比爲青年男女。有一位在羅馬反對聖職界的社會主義者承認：「新教宗激動了在義大利的天主教青年」。他說：「他們再度感到做天主教教友的光榮！」

但是，教宗若望保祿並沒有用做天主教教友更方便的途徑，以迎合低級趣味，而爭取一般人的讚賞。教宗保祿六世曾因禁止使用藥丸節制生育而遭受世界各地對他的不滿。在此事上，教宗若望保祿二世的立場更爲嚴格：他形容使用避孕藥丸和打胎爲摧毀人權——生命的權利。

教宗保祿六世堅持神父的獨身，但假若他們一定要結婚，他就解除他們的誓約。教宗若望保祿二世則毫不含糊地對神父們說，他們必須堅守獨身的誓約。他說：「只有在罕有的個案上，他才會考慮他們的請求」。

這位波蘭籍教宗，面對通過准許容易離婚法案的國家，予以辭嚴義正的攻擊。對於在工廠裏和普通勞力同樣工作的「工人司鐸」，他持反對的立場。他警告神學家們：他們的職責是介紹聖教會的訓導，而不是推薦他們自己的見解。

新近有一位法國神學家所著的書已被梵蒂岡沒收，這是多年來首次發生的事情。

教宗若望保祿以關心牧靈的事務，來平衡他教導的嚴格。因此贏得人心。緣其爲教宗，他也是羅馬的教區主教。他自己加班工作，藉以表明主教的職務，當以牧靈勝於行政。

當一個清道夫的女兒要求他主持婚禮，教宗毫不猶豫地應允了，而且在聖伯多祿大堂爲他們施行了婚配聖事。這是一件近世紀來空前的行爲，在訪問羅馬教區的貧窮堂區時，教宗聽悉有一個婦人在近醫院裏生了孩子，可能是流產，或有生命的危險，教宗立刻趕往醫院，爲嬰兒付了聖洗。

這個對人類的同情心，又加上自然的幽默感，使教宗若望保祿二世到處蒙受人們由衷的歡迎。在巡視梵蒂岡部會時，見到一位神父在窄小的房間辦公，待他得知那位神父是美國人，教宗便向他說：「你假若是美國人，怎麼你的辦公室會這麼窄小？」

一位修女要求教宗降福，因爲那是她進修女院的銀慶。教宗雙目閃爍地回答說：「以妳的年齡，妳不可能在修女院裏超過十年吧？」

一位頗有經驗的梵蒂岡觀察家，對教宗的作風結論說：「他的力量在於贏得一般民衆的信心。只要民衆和他站在一起，他自能實行聖職與聖統可能不喜歡的決策。」

本文譯自《華盛頓明星報》

二五、被忽視的堂區神父

今天在教會內的實在英雄是堂區神父，猶如在戰場上的士兵，他們每天在交戰中。堂區是教會的心臟，而堂區神父是堂區的鑰匙。然而，他卻是受忽視的。在梵蒂岡第二屆大公會議裏，他被忽視，在梵二後的階段，而且今天，他還是被忽視的。他並不受磋商，雖然他比任何人更知道教民，他和他們每天同笑同哭。無論如何，在教會內的老練的作家，在教會的新聞上，不注意他的豐富知識，而專注於編輯自己的理論。

其時堂區的神父忠誠地爲教民服務。神父住宅辦公室是令人「心碎」的房屋。在堂區每個教民的問題都在那裏作徹底的考慮，而今天的家庭有許許多多的問題。在神父辦公室裏，來了這麼多的壓力與緊張，這爲普通的大學教授，在一個星期內就會病倒。感謝天主，站在戰線上勇敢的堂區神父們，常把基督的安慰帶給教民，雖然他們往往承擔著嚴酷的批評與指責。

由於聖職人員短缺，使得事情更形困難，但這事情本身是可以忍受的，假若他不被期待出席每個有意想不到的會議。做一個堂區神父，在今天的社會中，確實容易使人氣餒，因爲教民無心聽取。他對每個教民說，他（她）們應該做什麼，或不應該做什麼，而他（她）們慣常都不樂意接受。他（她）們所尋求的是，卽時立刻的，玩魔術式的肯定答覆，而不顧冷酷的事實，困難的實情。再者，以往堂區的神父，以其宗教的知識，受到重視與尊敬，但現在每個人都是專家。有著他所得的許多經驗，和他所受的各種教育，堂區神父是被棄卻的。這就是他所遭遇的境界，當宗教由情緒本身來裁決，理由和邏輯都抛出窗外。在我們這個喧囂的社會裏，無畏的能言者，不管他多麼愚笨，終能獲得申訴的機會。那能引人注意，令人感興趣者，而不是那關心體貼人的意思，在宗教內才是受衆目昭彰的。

譯自美國 *Homelte & Pastoral Review* October 1989
刊民國七十八年十二月《文協會訊》

二六、爲聖若望天主堂爭取公道

臺北縣政府的兩封信

⑴臺北縣政府七十六年五月十八日北府工土字第一三〇二五六號函

受文者：財團法人天主教會臺北教區

正　本：財團法人天主教會臺北教區

副　本：臺北警備分區等

　　　　本府地政科、工務局

主　旨：貴教區所有座落板橋市南雅西路拓寬工程用地範圍內建築物，本府曾以七五年十月二十三日七五北府工土字第三四一五四七號函限於七十五年十一月五日以前自行拆遷，並經本府工務局等單位數次協調勸導，時隔六個月餘仍無濟於事，嚴重影響南雅西路之交通來往，該路之車輛及行人嘖有煩言，復查本縣區運會日期已迫在眉睫，爲疏解交通起見，特請於本㈦年五月三十日前自行拆遷，逾期不拆由本府派工代爲拆除，請查照。

說明：

一、本案土地經本府74.9.18.北府地四字第二六〇一八八號公告征收。

二、貴教區部份地上物爲配合南雅西路拓寬工程急需拆除，茲再限於㈦年五月三十日以前自行拆除完畢，逾期不拆，由本府派工代爲拆除，室內外所存放之物品，並視同廢棄物處理。

三、由本府代拆者，不發給自動拆除獎金。

四、在執行代拆中，如有損毀傢俱財物等，概不負責，亦不負責保管。

縣長　林　豐　正

⑵臺北縣政府同日致臺北警備分區等單位函

受文者：臺北警備分區、臺北縣警察局、板橋警察分局、板橋市公所

正　本：臺北警備分區、臺北縣警察局、板橋警察分局、板橋市公所

副　本：財團法人天主教會臺北教區、本府地政科、工務局。

主　旨：爲拓寬板橋市南雅西路道路工程，急需拆除聖若望天主堂之部份地上物：（板橋市南雅西路二段二號之四），訂於本（七十六）年六月一日上午九時現場集合後開始執行強制拆除工作，屆時請貴單位配合辦理。

說　明：本案土地經本府74.9.18.北府地四字第二六〇一八八號公告征收。

縣長　林　豐　正

上蔣總統函暨陳情書

總統鈞鑒：

振翔自隨政府來臺以後，數十年來爲國家、爲天主教均能竭盡棉力，一切作爲，均在洞鑒之中，立身行事，奉教守法，決不敢逾越，近年來所主持之板橋聖若望天主堂，被所在地之縣政府主管人員違情越理，強令拆除部份建築，深感負屈，故草陳情書上達，乞賜核閱予公道之主持，不勝幸禱　敬請

公綏

毛振翔敬上七六年五月二十日

爲聖若望天主堂爭取公道　毛振翔陳情書

㈠聖若望天主堂，位於板橋市南雅西路二之四號，係於民國四十九年創立，當時先總統　蔣公，曾於開堂典禮日，親臨道賀，嘉獎，祝福，參加之來賓及教友，據當時警方統計，有三千餘人，幸好其時四面皆空，毫無停車困難，更無擁擠不堪之現象。

㈡該堂之建立係爲獻給羅馬天主教教宗若望二十三世，作爲全國天主教教友祝賀八秩大壽之禮品，所以與教堂祝聖典禮之新聞，傳遍世界各國，各國外交官來到我國後，都爭先恐後的前來瞻仰。

㈢十五、六年前，臺北縣政府有意擴充南雅西路道路，曾召集有關居民，或持有土地權者，前來商討，振翔曾在兩度會議中，首先發言說：「爲公益事宜振翔不特樂於贊同，而且不要政府補償，惟所拆去之房屋須在堂內另一場地代爲蓋成」。關於此事，縣政府當存有紀錄可資查證。

㈣此後有五、六年時間，縣政府不來拆除，竟引起一些居民不時來責問我說：「此馬路之所以至今未能拓寬，是否你毛神父壓迫政府所致？」我則答以：「你們眞寃枉我，我是最贊成拓寬的，政府不來作，我有什麼辦法？」居民又說：「那你爲什麼不到里民大會來伸寃？」「因爲我是天主教神父，向來不伸寃！」「爲什麼？」「由於天主耶穌基督，無論受多少人寃枉，從來未伸冤過，而我要效法祂。」

㈤約在七、八年前，當時板橋市長郭政一有事來看我，曾向他說：「郭市長，我眞倒楣，你們政府不來拆我的地方，民衆竟怪我壓迫你們。」郭市長回答說：「毛神父，眞抱歉，令你受冤枉，其實是因爲中心樁打錯了！」這句話，我一直記在心裏，從未向任何人透露，因爲我怕透露了會給政府帶來許多麻煩，諸如向法院去告發，要求賠償等。

㈥近三、四年來，我每年赴美國作四十天的國民外交，回國後臺北市總主教公署把縣政府寄給「財團法人天主教會臺北教區」爲聖若望天主堂的通知書轉來，我見了後，因爲郭政一市長告訴我「中心樁打錯了」，我每年都等待縣政府派人來邀我去談話，可是一直無人派來，我當然認爲無事了。

㈦去年十一月三日夜，我由美返臺後，四日整天我躲在堂裏拆看一大堆來信，至下午三時，看到縣政府七十五年十月二十三日發出一項通知：「貴教區所有座落板橋市南雅西路拓寬工程用地內建築物……限於十一月五日以前自行拆遷……逾期不拆由本府派人代爲拆除，請查照。」我當時立刻去找林豐正縣長，適他不在，由其主任秘書接見，我把縣政府來信給主任秘書看了之後，他就去召工務局的承辦人來和我面談。徐承辦人看信之後，問我說：「你們爲什麼數年來都不拆？」我說：「並非我們不拆？而是你們打錯了中心樁，應該打在對面的，而不是打在教堂這一面。」徐承辦人就很客氣的對我說：「那我們先去調查看，是否中心樁打錯了，今天來不及，恐怕要到明天或後天，才能向神父報告結果。」我說：「那很好，我是最講理性的，假若你們中心椿沒有打錯，「我們一定拆。」但是至今縣政府從未有人給我把這事說個究竟，中心椿是否打錯，那麼當然就是打錯了！

㈧因此縣政府工務局局長、板橋市長和兩位專員，雖然曾同來和我座談很久，但因爲其錯在於縣政府，而不在於聖若望天主堂，則我自然不能自行拆除，或強制拆除，因爲無論怎麼講，政府做錯的事，應由政府來補救，就是去拆除南雅西路另一面的建築物，而不能拆除聖若望教堂的圍牆、男女厠所、水塔等等，這是放諸天下而皆準的道理。

㈨陪同工務局長邱坤武、板橋市長張馥堂來的兩位縣府專員，在我與邱局長的談話內，完全站在公道的一面，而否定局長的說詞。例如局長說：「公路椿是三十六年打好的。」我答說：「三十六年這塊地方完全是私人農田，政府沒有得到農民的許可，怎麼可以打公路椿，莫非不是民主國家的政權？」其中一位說：「沒有這回事，五十八年時才計畫在此修公路，當時只有聖若望天主堂，其他房屋尚未建築。郭政一市長五十八年時要在教堂界限之外修馬路。以後到了六十三年才另訂計畫，要把聖若望教堂拆除一部份。」這位專員的話，事先我一點都不知道，只記得郭市長說的「中心椿打錯了」的話。這是爲什麼緣故？是要迫害天主教嗎？近來新莊天主堂，舊堂拆了以後，不許在原場蓋建新教堂，又附近的聖若瑟修道院的四百坪地，又爲縣政府所徵收，教友同聲忿憤，這些事實也就是顯出了地方縣政府當局對於天主教的處置不當，有違國家扶植宗教之原則。

㈩昨日我又收到縣政府的兩封信，一封限於七十六年五月三十日前自行拆除完畢，一封定於七十六年六月一日上午九時現場執行強制拆除工作（原信附影本），這種不講理的作風，實在令人駭異，因此我在此呼籲請求省政府和中央政府負責主管調查事實，還我公道，教堂是有歷史地位的，是財團法人所有的，過去政府負責人說過的話，不能算數，何以昭信於民?!迫切陳詞，詳細情形，祈派專人調查，當再行詳陳，是為至盼。

政府對陳情書之回響

⑴臺北縣政府七十六年六月十二日北府工土字第一六七九七二號函

受文者：板橋聖若望天主堂司鐸　毛振翔先生

正　本：板橋聖若望天主堂司鐸　毛振翔先生

副　本：總統府第一局、板橋市公所、本府人㈡室、本府服務中心（76）服二字第三九八號）工務局（都計課土木課）

主　旨：貴司鐸陳情所主持之板橋聖若望天主堂被本府強令拆除部分建築請主持公道乙案，涉及中心椿不符部份雖經板橋市公所及本府工務局都市計畫課查證無誤，惟為慎重客觀計並免影響貴天主堂權益，本府將另案委請省地政處規劃測量總隊派員實地檢測，俟確定後再據以辦理，復請查照。

說　明：依總統府第二局七十六年五月二十五日⑺華總㈠親一八七五號移辦單轉貴司鐸七十六年五月二十日陳請書函辦理。

縣長　林　豐　正

⑵臺灣省政府建設廳七十六年六月十二日七六建四字第〇二三九一九號函

受文者：毛振翔君

正　本：臺北縣政府

副　本：臺北縣政府計畫室、毛振翔君

本廳研考小組、第四科、省府聯合服務中心（列管⑺聯三六八七號）

主　旨：毛振翔君陳情為板橋聖若望天主堂教區所有座落南雅西路拓寬工程用地拆遷深感負屈一案，請查明依法處理逕復，並副知省府聯合服務中心及本廳。

說　明：

一、依據毛君七十六年五月二十日致省政府陳情函辦理。

二、檢附陳情函件一份，請用畢退還。

廳長　李　存　敬

(3)臺灣省政府建設廳七十六年六月十六日七六建四字第〇二二九四一號函

受文者：毛振翔先生

正　本：臺北縣政府

副　本：臺北縣政府計畫室、毛振翔先生

本廳研考小組、第四科、省府聯合服務中心（列管(76)府收五〇五九一號）

主　旨：毛振翔先生陳情所主持之板橋聖若望天主堂被強令拆除部份建物請主持公道一案，請查明依法處理逕復，並副知行政院秘書處、法務部、省府聯合服務中心及本廳。

說　明：

一、依據行政院秘書處、法務部七十六年五月二十八日臺(76)內移、法(76)律決字第一八七一二、六二〇五號移文單辦理。

二、檢附陳情函一份。

廳長　李　存　敬

(4)臺北縣政府七十六年六月二十日七六北府工都第一九二八五四號函

受文者：板橋聖若望天主堂毛神父

正　本：板橋市公所

副　本：板橋聖若望天主堂毛神父

本府工務局（土木、都計課）

主　旨：請檢送貴市南雅西路拓寬工程中心樁測量成果一份，以便本府派員複測，並將複測結果函復聖若望天主堂毛神父，請查照。

說　明：依據板橋聖若望天主堂毛神父七十六年五月二十日陳情書辦理。

縣長　林　豐　正

(5)臺北縣政府七十六年六月二十日七六北府工土字第一八六二六二號函

受文者：板橋聖若望天主堂司鐸　毛振翔先生

正　本：板橋聖若望天主堂司鐸　毛振翔先生

副　本：省建設廳、省府聯合服務中心（列管⑺聯三六八七號）、本府計畫室（列管⑺省一六五九號、一七〇一號）、工務局

主　旨：貴司鐸陳情所主持之板橋聖若望天主堂因南雅西路拓寬工程用地拆遷，請主持公道有關涉及中心椿不符部份業經本府以七十六、六、十二北府工土字第一六七九七二號函復貴司鐸有案，俟另行委請省地政處規劃測量總隊檢測，確定後再據以辦理，請查照。

說　明：

一、依省建設廳七十六、六、十二、十六、七六建四字第〇二二九一九、〇二二九四一號函轉貴司鐸七十六年五月二十日陳情書函辦理。

二、副本抄行政院秘書處、法務部、省府建設廳、聯合服務中心、本府計畫室。

縣長　林　豐　正

(6)監察院秘書處七十六年七月十五日七六監臺審字第二二〇四號簡覆表

受文者：毛振翔先生

主　旨：臺端陳訴臺北縣政府強令聖若望天主教堂拆除部份建築乙案，本院辦理情形，請見左列劃有☑記號部份所述。

☑經委託臺灣省政府查復到院，茲檢附復函影本一件請查照。

監察院秘書處啟

(7)臺灣省政府七十六年六月二十九日七六府建四字第五二三五三號函

受文者：監察院

正　本：監察院

副　本：行政院、本府研考會、聯合服務中心（列管(76)—二四一九號）、建設廳（研考小組、第四組）

主　旨：大院委查，據毛振翔先生陳訴其所主持之板橋聖若望天主堂被臺北縣政府主管人員強令限期拆除部分建築，請主持公道乙案，因建築物之執行拆除，係屬縣市政府之權責，本府業以同日期、文號函請臺北縣政府於文到二十日內查明見復，俟具報後再憑核轉，復請查照。

說　明：復大院七十六年六月十日七六監臺院調字第一五七六號函。

主席　邱　創　煥

(8)立法院秘書處七十六年八月十四日七六立願議字第一〇四一號函

受文者：毛振翔先生

主　旨：臺端請願文書，經審查結果，所陳事項屬於地方行政事務範圍，非本院所應受理，應向臺灣省政府投遞，復請查照。

說　明：

一、本案提本院內政委員會第七十九會期第四次全體委員會議，經各委員詳加研討，僉認本案不屬本院職權範圍，爰決議如主旨。

二、檢還原請願文書。

立法院秘書處啟

部分報章歪曲事實

(1)中央日報（76、5、10）

板橋天主堂部份土地已被徵收
地上物遲遲不拆除
縣政府限期拆遷，否則強制執行

（板橋訊）板橋市聖若望天主堂部分土地，經征收為南雅西路道路用地後，地上物遲遲不拆除，臺北縣政府為維護公權力，昨日決定限該教堂於一週內自行拆遷，否則期滿後強制執行拆除。

位於板橋市南雅西路二段三號之四的聖若望天主堂，部份土地於七十四年間，經板橋市公所辦理拓寬南雅西路道路工程征收後，地上物迄今未拆除。

據了解，有關單位尊重該教堂負責人毛振翔神父對國家貢獻良多，前後會同板橋市長張馥堂、新莊市長徐六郎、輔仁大學校長羅光等人，事先多次遊說、疏導，但均不獲毛振翔神父接納，堅持拒絕拆除地上物。

臺北縣政府又於七十五年十月二十三日，發函給聖若望天主堂，限教堂在當年十一月五日前自行拆遷，但該教堂迄今仍未拆除。

(2)中國時報（76、5、10）

聖若望教堂拒拆遷

南雅西路拓寬受阻

縣府再勸導盼望能配合

（北縣訊）板橋市南雅西路拓寬工程，從去年開工以來一切都相當順利，唯有道路用地上的聖若望教堂拒拆，地方人士及羅光總主教多次前往疏導。但該教堂負責人毛神父卻以功在國家爲由拒拆，使整個工程陷於停頓，縣府爲此傷透腦筋。

南雅西路拓寬工程，主要是疏解林家花園附近擁擠交通。前年九月公告征收用地以後，一切都相當順利，民眾也十分配合，唯獨坐落於道路中央的聖若望教堂拒拆。

起初該教堂負責人毛神父表示係因中心樁偏差，但縣府經調查後並未偏差，而且向毛神父解釋，唯未被接受。

林縣長及板橋市長對毛神父十分尊重，因此一直未採取強制拆除行動，而且林縣長、工務局邱局長及板橋市市長張馥堂、新莊市長徐六郎，曾多次拜訪毛神父，希望他能體諒政府的苦心，與政府合作早日將教堂拆除，但毛神父未予同意。

最後地方人士又請出輔大校長羅光總主教與毛神父協調，但毛神父仍不接納。毛神父並稱他對國家貢獻良多，一再堅拒拆除。

目前南雅西路拓寬工程，幾乎已全部完工，唯因聖若望教堂未拆使整個工程陷於停頓，拓寬工程也功敗垂成。

板橋市公所不久前曾函知縣府，表示該教堂早在去年十一月五日以前就應拆除，但由於毛神父的堅持，拖延了半年多，因此建議縣府為維護公權力起見，應依法強制拆除。

但縣府為了尊重毛神父，決定再延兩個星期勸導毛神父，如果屆時仍不合作，只有強制拆除了。

(3)聯合報(76、5、26)

板橋南雅西路二段拓寬

聖若望天主堂擋道

部分地上物限期拆除

（板橋訊）板橋市南雅西路二段拓寬工程，因聖若望天主堂部分地上物擋道，經過兩年多的協調，一直不能解決。縣府昨天改採強硬手段，限天主堂於三十日前自行拆除，否則六月一日強制拆除。

板橋市南雅西路二段，在板橋湳興橋拓寬完成後，交通地位日益重要。聖若望天主堂的部分地上物（含圍牆），一直不願拆除，使七十四年開始的拓寬工程受阻至今。

臺北縣府昨天指出，天主堂擋道問題，曾於七十五年十月二十三日通知天主堂，應於七十五年十一月五日以前自行拆遷。但天主堂有意見，由工務局展開勸導協調，如今又過了六個月沒有下文。縣府認爲，舉辦區運交通問題得最先解決，這段道路再不完工，不能紓解交通。於是下達最後通牒，要求天主堂應於五月三十日以前自行拆除，否則六月一日強制拆除時，如果有毀損概不負責。

⑷中國時報（76、5、27）

聖若望教堂

月底需拆遷

（板橋訊）板橋市南雅西路聖若望天主堂，經板橋市公所、臺北縣政府等有關單位屢屢要求拆除未果，臺北縣政府已發出最後通牒，限於五月三十日以前自行拆遷，逾期不拆，即予強制執行拆除，並訂六月一日上午九時執行。

臺北縣政府函文稱：財團法人天主教會臺北教區坐落板橋市南雅西路拓寬工程用地範圍內建築物，縣府曾以七十五年十月二十三日，七五北府工土字第三四一五四七號函，限於七十五年十一月五日以前自行拆遷，並經縣府工務局及板橋市公所等有關單位數次協調勸導，時隔六個月餘，仍無濟於事。

函文說，該案土地業經縣府七四、九、一八北府地四字第二六〇一八八號公告徵收在案，北縣區運會日期已迫在眉睫，為配合南雅西路拓寬工程紓解交通起見，急需拆除，茲再限於五月三十日以前自行拆除完畢，逾期不拆，即由縣府派工代為拆除。

(5)中央日報（76、6、2）

板橋拓寬南雅西路

拆除天主堂部分地上物

昨因端節補假延緩執行

（板橋訊）為拓寬板橋市南雅西路道路工程。臺北縣政府原訂昨日強制拆除聖若望天主堂部分地上物工作。因昨日適逢端午節補假而告延緩執行。

座落在板橋市南雅西路二段二號之四的聖若望天主堂，因拓寬南雅西路工程，土地業已於七十四年九月間公告徵收。工程範圍內的地上物，臺北縣政府也於七十五年十月二十三日，函請聖若望天主堂於七十五年十一月五日前自行拆遷。

但時隔六個月餘，經有關單位不斷協調勸導，聖若望天主堂仍未自行拆遷，縣政府遂於今年五月中旬，再度發函要求聖若望天主堂於五月三十日前自行拆遷，逾期不拆則由縣政府派工代爲拆除。

臺北縣政府另於五月十八日，以北府工土字第一三〇二五六號函，通知各有關單位於昨日上午九時，執行強制拆除工作。

但昨日適逢端午節補假，縣政府拆除組人員均獲補假，因此強制拆除工作遂告暫緩執行。張馥堂市長表示，有關單位決定今日再召開會議，研商強制拆除工作上可能面對的各種問題，以慎重的態度處理聖若望天主堂地上物的拆除。

結論

《中國時報》所提：「毛神父卻以功在國家爲由拒拆」、「毛神父並稱他對國家貢獻良多，一直堅拒拆除。」對這些話，我曾再三回想，怎麼會無中生有，因爲我並沒有見過一位記者，爲此事訪問過我。這些話是否得自傳聞，何從說起？我一生熱愛國家，乃是由於「國家興亡、匹夫有責」，又因我自幼出自虔誠的天主教世家，深受天主十誡訓導：愛國爲天賦之職責，不然就不足證明愛天主之忠貞。至於說些自誇有功什麼什麼，那是違反我「爲天主爲國家」之志行的。其原因是：沒有國家現世無保障，捨棄天主永生不得救。

其他報章因未擅用振翔之口氣說話，故不予評論。

本文刊民國七十六年十一月《醒獅》雜誌

二七、你眞正相信嗎

自梵蒂岡第二屆大公會議以後，在天主教會內，有些神學家們對於天主教的當信道理，興起異議。於是羅馬教廷聖道部部長拉辛格樞機（Cardinal Ratzinger），在教宗若望保祿二世批准之下，寫了一個「拉辛格報告」（Ratzinger Report），以資澄清異議。此報告發佈之後，就有神學家亨士·龔（Hans Kung）出來大肆攻擊，但同時也立刻引起另一個神學家亨士·鄔斯·巴爾打沙（Hans Urs Balthasar）起來反駁亨士·龔，指出龔的攻擊不值得注意，並說龔已不再是天主教教徒了。在這個衝突上，竟沒有一個在場的學人，曾出來保衛龔的自由主義的道理，連新聞記者也沒有在報章上批評巴氏爲天主教保守主義，或傳統信仰天主教者。這樣一來，天主教的道理爲異議的神學家們，總算按上了一個框子。

這些年來，在宗教道理的爭論上，慣常地，人們以政治的詞句來描述天主教的右派反對左派，傳統派反對現代派，權威派反對自由派，羅馬教廷控制單獨的教會。無論如何，任何一個人，只要他認眞地注意天主教的實況，沒有人不會明白：就是以政治的標誌來解釋天主教的堅固道理是，風馬牛不相及的。當然的，這爭端並非在於異議上。假若僅以政治可以解釋天主教危機的話，則那些異議早就解決了。

不！在過去二十餘年來，羅馬教廷與一些常在報章上露名的神學家之間，其所爭論的項目，不是別的，而是天主教的信仰問題。有時是與無信仰者，或是半信仰者（這可輕率地稱爲挑三揀四的天主教主義）。當亨士・龔把他與拉辛格和若望保祿的爭論，引進到「思想的自由」、「良心的自由」、「道理的自由」時，他已經明白地指出：這就是異議者的最後防線，那就無所可溝通，無所可談的了！

從另一方面來說，拉辛格和巴爾打沙，他們之所以與羅馬教廷站在一起的原因，絕非由於所謂的政治，而是由於他們對耶穌基督的眞正信仰。他們明顯地見到，在天主教的最大危機中，其爭論的中心，乃是天主教信仰「眞理」——耶穌基督。教宗保祿六世在十三年以前，向當時的宣道者說：「天主教的危機問題，把它減到只有一個：『你們眞正相信嗎？』」。

這個危機出現於梵二大公會議結束後第二年，「人類生命」通諭出來的前一年，世界主教們的第一次會議，沒有教宗保祿六世的參加。當會議開始後，有些學者的著作反對天主教的道理，造成了教會內對道理信仰起了懷疑，缺乏一定性。那是一九六七年十月二十八日。就在當時會議主教們就深怕其爭論已經越踰了神學解釋的範圍，轉向到沒有保障的革新，虛僞的意見，信德的錯誤。會議主教們當時想到了什麼信德錯誤呢？不是有關性倫理道德，而是有關基督和他的復活。有關原罪、有關倫理道德本身、有關聖體聖事、聖母瑪利亞的卒世童貞，以及聖教會的訓導權的誤解。

這樣開始顯出羅馬又回到十六世紀的狀況，又要面對一個新的挑戰，前來剝削天主教會為基督妙體的角色和拯救信仰者的救恩機構。當時那些人把教會降低到一個為信仰者的聚會所。他們樹立了他們自己的教會，但一點也不改變天主教對基督的了解和他的使命。然而他們給知識份子大事捧場，擴充他們的力量，這力量雖願意繼續視基督為新人類的一個重要象徵，但不贊成教會堅持於認同自己與歷史的基督是相關的，或與任何一段宣稱「天主話」的福音是完全符合的。藉此理由，他們可取消基督為新人類的一個重要象徵的榮譽。

馬丁路德所創立的宗教革命，雖保持著基督為中心，但終究產生了現代主義，這主義強調人類的經驗勝過天主的啟示。現代主義者重新設立了一個宗教，作為其教徒的聚會所，以澈底考察「天主的」在人類生活上。這聚會所不是天主的住宅，由此可以嚮導和指示「信仰者」嚮往基督所許諾的永生救恩的。這樣一個教會，只是一個人為教會，假若要面對眞理的話，就沒有一個眞正的負責者來對付基督宗教的傳統，或者對待基督，因為在《聖經》新約上有關基督所寫下的，今天的現代主義者看起來，完全不當為歷史。像這樣的一個教會，不過是另外一個人類社會組織而已，其領袖是不受人尊敬的。

天主教的問題

這個老誓反教(Protestant)的革命，在梵二大公會議期間，曾再度接受一些天主教神學家訪問，於是再度引起老而激烈的問題，這眞是自找麻煩，難道天主教會所認「是」的道理，作爲基督宗教信仰的眞實聲明，仍然合乎客觀的事實嗎？難道我們有個合理的基礎，如同有信心的天主教徒，爲相信瑪利亞是個童貞女生了耶穌嗎？難道基督眞的創立了一個教會，選了伯多祿爲宗徒長嗎？其答案是「當然的」。因爲這些都是天主教的基本信仰。假若有人回答那些問題不是眞正「是」的話，則他就不是天主教教徒了，而他就成爲天主教的叛徒，誓反教的幫兇。又假若不然的話，則天主教是個大騙子，而她的道理的目錄，什麼也不是，只是一個民間熱情的混合，神話的一套，不適合於現代人類生活的，因爲它們不是眞實的，猶如天主教一直堅持它們是眞實的。

我們天主教徒，其每主日(星期天)照常參與彌撒聖祭者，會面對面遭遇對他們所領受的信德挑戰。有時這種挑戰來自改變生活方式的神職人員，和他們所認識的修會會士，或者來自一些背棄宗教信仰的教徒，但是最多來自學校的課程上，而這些學校是他們把自己的子女託付受教育的。新近在美國有一位教徒寫信給他的主教說：「有一位神父教員，在一座高中裏：『追踪你女兒的夜生活課程上』，開始和家長的座談會時，發問一個問題，說：『誰創立了天主教會？』待有幾個人回答說：『是耶穌基督創辦的』。這是一個很正確的答案，但是那位神父教員竟反駁說：『不是的』，並解釋：『基督沒有創立教會，他只來了爲宣講福音；大約在他死後三十年左右間，他的門徒們發覺，他不會很快就回來，所以他們開始了有組織的教會工作』。這根本是胡說，還自稱爲權威呢，這是多麼悲慘的自欺欺人啊！」

願天主憐憫這個教員，希望這僅是一個例外的荒誕案件。但不幸的是，這種壞榜樣的數字卻是眾多的，尤其在我們中華民國臺灣的國中、高中、大專院校，有許多老師和教授，對宗教的問題不特一竅不通，而且還要信口開河，大事反對宗教信仰，認爲現代科學進步了，一切的宗教都不合乎時代。豈不知，科學無論怎麼進步，它跳不出物理範圍，但人除物質要素之外，爲他的整個生命還很需要道德與精神的要素，這是不言而自喻的，爲人子女老師者豈可誤人而不自警惕啊！

雖然如此，我們用不著太擔憂，因爲這種誤導青年，諸如學校的學生，或甚至修院的修生、修會的初學生，種種課程或言論，不難以梵二的聲明來糾正。梵二的文件再度證明：「天主教會是至一、至聖、至公、從宗徒傳下來的普世教會，由耶穌基督親自創立，具有耶穌基督賦予的聖統制度，她的主教們由宗徒們手中接受神權，其中伯多祿爲有形的第一個首領，以後由羅馬主教繼承，這個教會在教導上經由教宗和主教們，或由教宗單獨，在當信的道理上和當守的倫理上，不能錯誤。」這些道理曾被聖教會宣布爲眞實的，一而再，再而三地，依據歷史的事實，使之根深蒂固。

在一九七四年六月二十四日，羅馬教廷公布一個聲明，以衛護天主教的道理，並反對一些現今的錯誤。然而那些錯誤目前仍在大學裏和有些修道院裏教授，尤其在美國與歐洲一些國家。這還有什麼奇怪，在同一年內，極其著名的施恩總主教評論說：「我告訴我的親戚們，送他們的兒女到世俗大學去念書，使他們在那裏能爲他們的信德而奮鬪，但在天主教學校裏他們的信德卻要被竊取。」

基督會站在那裏

爲什麼竟有人認爲，假若耶穌生活在這二十世紀的話，他對現在的門徒們，一定會以姑息的態度治理他們，並以權宜的方法待人接物，既然在他自己的時代，他對自己的門徒要求了以成全呢？而且當他回答猶太人們詢問他時，他曾說：「梅瑟因爲你們心硬，才准許你們休妻，但起初並非是這樣呢？」（瑪一九8）

且看，有一個既好而富的少年人。要求耶穌指示他成全的道路，耶穌對他說：「你若願意是成全的，去變賣你所有的一切，施捨給窮人，你必有寶藏在天上，然後來跟隨我。」少年人一聽這話不悅，耶穌就讓他憂悶的走了（瑪一九22）。當伯多祿由於「諫責耶穌千萬不可以被殺，這事絕不會臨到你身上時」，耶穌轉身對伯多祿說：「撒殫，退到我後面去，你是我的絆腳石，因爲你所體會的，不是天主的事，而是人的事」（瑪一六22—23）。難道上面的這些口氣像一個挑三揀四的默西亞嗎？就是面對比拉多總督查問他時，「你是一個君王嗎？」耶穌有機會說句含糊的話，他卻直接回答說：「我的國不屬於這世界，假若我的國屬於這世界，我的臣民早已反抗了，使我不至於被交給猶太人，但是我的國不是這世界的。」於是比拉多對他說：「那麼你就是君王了？」耶穌回答說：「你說的是，我是君王，我爲此而生，我也爲此而來到世界上，爲眞理作證；凡屬於眞理的，必聽從我的聲音。」（若一八36—37）論到最後的審判日子，耶穌說：「當人子在自己的光榮中，與眾天使一同降來時，那時，他要坐在光榮的寶座上，一切的民族，都要聚在他面前，他要把他們彼此分開，如同牧童分開綿羊和山羊一樣，把綿羊放在自己的右邊，山羊在左邊。那時君王要對那些在右邊的說：我父所祝福的，你們來吧！承受自創世以來，給你們預備了的國度吧！因爲這些站在右邊的人，在世時關心了窮苦的人，而那些站在左邊的，一輩子度著自私自利的生活。所以君王要對他們說：「可咒罵的，離開我，到那給魔鬼和他的使者所預備的永火裏去吧！」這是一個完全公義的君王，毫無姑息和權宜作風的（瑪二十五31—46）。難道這口氣像一個政客嗎？

耶穌死後五十年時代，他的愛徒若望宗徒，在天主所啟示他的「默示錄」上，爲耶穌基督翻新《聖經》福音上的「爲眞理作證」說：「勞狄刻雅」教會，「我知道你的作爲：你也不冷，也不熱；巴不得你或冷或熱！但是，你既然是溫的，也不冷，也不熱，我必要從我口中把你吐出去」。所以在耶穌面前是沒有妥協的，沒有折衷處理的；你或好或壞，而不能是半好半壞的，「因爲不是全好，就是壞」（默三15—16）。耶穌很樂意寬赦罪人，只要罪人肯悔改，但仍堅持他的教導：「別再犯罪了！」例如他對浪子雖已回頭求了寬恕（路十五17—20），又如對淫婦一樣，耶穌最後的一句話總是：「不要再犯罪了！」

惟有天主單獨知道，有多少教友保持著對耶穌的信德，並眞正體會這信德的價值。許多教友都不熟識這信德所要求於其心靈和行爲的各種需要。

「無論誰因我的名字，收留一個這樣的小孩，就是收留我，但無論誰使這些信我的小子中的一個跌倒，倒不如拿一塊驢拉的磨石，繫在他的頸上，沉在海的深處更好。世界因爲惡表是有禍的，惡表果然免不了要來，但立惡表的人是有禍的」（瑪一八5—7）。因此，很明顯的，我們在基督身上，找不到任何一個前例，足以證明，他親自創立的教會，藉資可以寬容信徒度個半信半疑的舒服生活，或者行個平庸的職守。我們以基督生活的規範爲我們生活的模範，而他的規範常存不變。（僅兩年以前教宗若望保祿二世提醒美國的主教們說：「對罪人的憐憫並不是放任他們的罪過。」）

假若我們把教父們自梵二以來所表達的語句都錄下來的話，我們就可以知道，從歷史方面，其有關「忠於信德的眞理」，有關「信德的寶庫」，有關「教會的訓導權」，我們將會有一個完全的語詞索引，長達數百頁之多。就是教宗若望保祿一世，雖在位不滿一個月，尙且與美國主教們安排了一次會議，訓導說：「忠於聖教會的道理吧！」

你眞正相信嗎

我們這裏所要講的信仰，不是別的，僅是天主教當信的道理，和當守的規誡。所以，我們幾時問：「保守的天主教教徒要什麼？」或「他們對將來的教會怎麼看？」我們是問錯了問題。這些問題是錯誤的，因爲它們爲信仰者的永遠得救無多大關係。天主教的信仰者關切的是，救世主耶穌降生居我人間了，被釘在十字架上受死後又復活了，並創立了教會，作爲訓導信仰天主教的人，以聖寵靠信德獲得天國的永生永樂。

這些問題是錯誤的，又因爲它們是政治問題，「右派」與「左派」、「保守派」與「自由派」是法國革命的術語，發明出來爲頌揚現狀的擾亂者，或玷辱國家大人物的。像這種政治，鮮能顧及眞與善，只講利害或流行。在一七九三年法國國王路易十六世送到斷頭臺上處死刑，於是他那天賦的權利（Mon Droit）也隨之而被剝奪。然而，同時福爾特爾（Voltaire）和他的一羣人就成爲「右派」，因爲他們代表改革。一旦天主教的道理信條和倫理規範政治化了，則天主教會一定受迫害，因爲對天主的信德只知何爲眞，何爲假，何爲善，何爲惡，至於什麼是政客們所考慮的內涵，不是天主教本身的事宜，她也不感興趣和他們相混合。

因此，難道早期的天主教殉道聖人，聖巴爾諾巴斯與聖猶斯丁（Barnabas & Justin），由於他倆反對羅馬政府批准墮胎法，就可稱爲「保守派」嗎？難道第四世紀的希臘神學家 Arius 由於他不認同耶穌基督爲天主子，與天主父同等，就是「急進派」嗎？再如鄧以明總主教與龔品梅主教，幾十年來爲中共虐待迫害，以保衛他們對天主的堅信，並對羅馬教宗的忠誠，就是「保守派」嗎？然而，正確地說，這些著名的人物乃是天主教的忠貞信徒，由於他們做了聖教會所期待他們的。講到耶穌和他的訓誨，有關於信德、禮儀、聽命、人民的權利與義務等，要把他排在那一部門的政治呢？基督不是單講信德與善功，大信德與小信德，別空言要實行與別立惡表嗎？基督宗教徒，正當地說，是不能分爲「右派」與「左派」的，他們只能是聖人或罪人，是可敬的或不可敬的，是實行的教徒，或不實行的教徒（若把他們僅當爲公民看，則他們的敵人可隨便命名）。但是，爲要解釋目前的天主教危機，硬將政治的術語套在她身上，或認爲任何誠實的，頭腦清晰的天主教信徒，會圖謀推翻一個大公會議，由四位教宗所批准，那不是減少，而更加長，自耶穌基督開始以來，繼續不斷的反對信德問題的目標。

「我給你們講論的話，就是神，就是眞理，但你們中間有些人都不相信」；「原來耶穌從起頭就知道那些人不信，和誰出賣他。」所以他又說：「爲此我對你們說過，除非蒙父恩賜的，誰也不能到我這裏來。」

「從此，他的門徒中有許多人退去，不再同他往來。」

「於是耶穌向那十二人說：『難道你們也願走嗎？』」

「西滿·伯多祿回答說：『主！惟你有永生的話，我們去投奔誰呢？』」

「我們相信，而且已經知道，你是天主的聖者。」（若六64—68）

一九七五年，教宗保祿六世在討論傳福音的論文小册子上作了同樣的議論：「永遠救恩的訊息是這樣一個絕對的善，致使其它一切都是附屬於它」。這是聖教會所講的福音，「特別是給予窮人，因爲窮人往往更樂於接受它。」這是福音訊息，它不可能容納於其他宗教信仰的原則，或任何妥協內。「這個救恩之成就是，以自我克制及背負十字架」，以自己的整個精神革新，這革新，福音稱之爲 Metanoia，以根本的改變心靈。然而，就是這個福音，教宗保祿六世說：「我們有義務去傳授與傳播」。這福音是自新約時代開始卽已傳授，現在仍在傳授著，直到世界末日不會終止，只會加強，因爲這是耶穌基督的福音，但它沒有教會是不能執行的。

將來的天主教

聖教會怎麼去處理減少的信德，有時因異端的緣故，有時因會員衰微？二十一世紀的聖教會將是什麼形象？誰能預言？希望猶如夢想不會使預言成眞。

㈠首先在一切之上，聖教會必須處理信德的問題。她在這二十世紀末期當澄清，什麼屬於和什麼不屬於天主教的信德。她需要明白地指定什麼是不可接受的。卽使如此，聖教會還無法控制那不聞不問或者壞良心的教民。但切實教導，可以結束自梵二大公會議以來教徒們的藉口——要求這個或要求那個，新的舊的一樣。這也許會使人陷於一些從前流行的《聖經》詞句：「你不可……」或「禍哉！你假若……」。無論如何，但這已做了。聖教會必須重新建立她的一致性。她是基督的教會。她不能在任何基礎上有效地執行。實在，天主教徒若不把這個道理明白地接受，至少是那些相信的人，則聖教會所講與所做的一切，都是不相關的。就是那些有關現世和平與正義的原因也是教會的財產，只要她是基督創立的教會，受委託傳授福音給窮人的。假若她不是福音的宣傳者，則她對國家也不是世務的可取之人。

㈡聖教會的聖統——各主教團——應更澄清它的優先權，尤其在福音眞理本質上，而且這些優先權不是在市場上決定的。對談、建立共識、參與並領受聖事。以及熱心、友誼，不能代替聖教會的崇拜禮儀。在愛天主第一條的誡命上，包括按良心服從於天主的旨意和聖教會的規則；在愛人爲第二條誡命上，要求以仁愛的工作，對待鄰居的靈魂與肉身，要先選窮人的。還要爲世界和平與社會正義祈禱和工作——而且那對窮人厚道的人，還被要求成爲有德行與聖化的！凡爲窮人與受迫害者傳授基督救恩福音的人，應該是天父吸引來爲死於罪過和活於永生的。

㈢聖教會應產生門徒——司鐸、會士、平信徒——付託與教會的信仰，她的敬禮，她的信條和法典。在特利騰（Tridentine）時期（一五四五—一六三），聖教會失掉英國，斯堪地納維亞、東德，幾乎失掉波蘭，但及時靠著修會改良了自己——如 Theatines 修女會、耶穌會、方濟各會等，這些會士中都出了不少大聖人，而且還有不屈不撓的領袖教宗們，如保祿三世、保祿四世、保祿五世。在這次梵二大公會議期間，其損失難以用國家來鑑定，但其遺失卻亦夠嚴重，因爲會士的流血是內在的。雖然在荷蘭的教會因其違抗羅馬教廷而得醜名，但其他西方富裕國家的教會也因不同的宗教不適而痛苦。新的修會尚未出現於相當數目，需要的聖人們也尙未呈現，除非有人待德肋撒修女死後不久就給她立聖品。是的，我們有教宗若望保祿二世，他表現著上面所提及的三位特利騰（Tridentine）傑出教宗的各種特質，而他無論怎麼處理教會，他和世界的主教們應該使用有效的牧靈權力在司鐸和會士的身上，及在以教會的名義訓導教會領袖人才的修院與學校機構上。天主教法典所要求的都應該做到。有些怪人，除非走上修德或服從的道路，或者可以開除他們的教籍。《聖教法典》七五一條，說：「所謂異端，是在領洗後，固執地否認某端天主所啟示和教會所定該信的眞理，或是固執地懷疑這端道理；所謂背教，是整個拒絕基督宗教的信仰；所謂裂教，是不願服從教宗或不願與隸屬教宗的教會成員共融。」

我們有異端的，有背教的，有裂教的，這些人士不應該在天主教機構中擔任教育和行政的工作。當然，這對於教會不是一個新經驗。然而，異議者今天不應獲得許可在教會內參加猶達斯的角色，藉以犧牲那些「小小者」的信德，或者那些在教會學校裏求取學位的學生。這些叛亂者，一旦受到他們活動的限制會提出大呼特呼的抗議。其傲慢者會立刻走開，進到地下去反抗；其溫和者會使護衛天主教信仰者的生活不得安寧，或給訓導他們的教會不勝麻煩。但是，這些眞理和那個教會，假若不值得我們爲它們受苦，甚至爲它們犧牲生命的話，則它們也不值得我們爲此而生活。

有些事物當謹愼考慮

那些人願把天主的話從教會裏裁剪去，以便教導他們認爲信仰者會極感興趣的，而使教會逐漸地政治化，他們卻無法解釋，何以由於他們的干涉，本來聚集滿了的教堂，現在竟成爲半空的。他們且故意不要知道，教會可信任的基礎，不在於羣衆的投票，也不在於社會名流的輿論，而在於信仰耶穌基督和他創立的教會。他創立了教會，爲以他的名字教導天主的話。至於在梵二大公會議時，政治頻繁聚會，圖謀向教宗推銷避孕法的失敗，應該給他們一個教訓。很明顯的，這教訓未生效力。於是，他們又圖謀推翻「宗徒信條」，基督宗教的性道德，教會的社會福音，及司鐸的品位。但是他們這些努力，終將失敗，我們自可堅信。

在這個時期，我們中國的天主教，無論在臺灣或在大陸，都受了相當大的影響。在臺灣參與主日彌撒的教友，到處都形減少。又天主教的刊物，諸如《鐸聲》月刊——中國主教團的官方言論，其所發表文章，不少是沒有基督宗教的堅定立場的，好像任何宗教都是差不多的；再如臺北總教區的《教友生活》週刊和高雄教區的《善導》週刊，本來都是代表教會官方指南的，而卻好像眞假善惡能够模稜兩可的。至於在大陸上中共所設立的「愛國會」根本是中共的傀儡，耶穌基督宗教的對敵，而我們有不少神職人士，以爲自己有愛德，不特要同情它，而且還該爲它說好話，在天主教刊物上大爲宣傳，這似乎是替中共幫兇。我認爲在有關我天主教的重大問題，我們都當以羅馬教廷的指示爲職責與妥當。

恭錄羅馬教廷指示要點

一、天主教教義明白確認只有那些「接受教會的全部組織，及教會內所設的一切得救方法，同時以信仰、聖事、教會行政及共融的（Communio）聯繫，與藉教宗及主教們而管理教會的基督結合在一起的人」（教會憲章14號），才是教會完整的成員。

既然在天主教會內羅馬教宗是「信仰統一和共融的，永久而又可見的根源和基礎」（教會憲章18號），那些不承認且與教宗不保持共融的人，無法被視爲天主教徒。與教宗的共融，不僅是紀律的問題，更是天主教的信仰。因此，聖座對世界各地，歷年來一直保持信仰的完整，且忠於羅馬教宗的主教、司鐸、會士和教友們，懷有深切的敬意，並鼓勵他們繼續在此信仰上成長。

二、有關中國，歷史上記載一九五七年大陸成立了中國天主教愛國會，同時宣布放棄與教宗及聖座的基本關係，宣布天主教教友團體直接由政府管制。雖然愛國會某些負責人，最近所採取的一些立場，似乎顯示在態度上有某種改變，而愛國會本身傾向於在教會與政府之間擔任溝通工具，但不是宗教性的卻是政治性的工具，愛國會的組織文件和其代表的聲明都證實此種意向。

況且事實上，愛國會即使在目前還是設法控制每一個教區的主教的挑選和祝聖，以及不同教區團體的活動。

根據以上所說的教義原則，任何一個天主教教會，依照良心，不能接受一個要求放棄他或她信仰的基本成分的社團原則，即與教會和世界天主教主教團的可見的元首——羅馬教宗——不可缺的共融，因教會和主教團沒有教宗爲首無法存在。

三、自一九五八年以來，由於愛國會倡導，在中國大陸，沒有羅馬教宗必要的同意（宗座任命），祝聖了不少主教。

依據教會教義和法律規定，這類祝聖被視作嚴重的不合法；無論是接受祝聖和主持祝聖者，均處保留於宗座的自料絕罰（參閱一九五一年四月九日聖職部法令及《天主教法典》第一三八二條)。

根據我們手頭的資料來判斷，上述的祝聖本質上沒有任何因素，能造成祝聖本身的無效。當然在這種情形下，只有再仔細並充分地審查每一件個案的細節後，才能作確定的判斷。

四、有關由未被教宗承認的主教所晉陞的司鐸所施行的聖事，假如他們的晉鐸是有效的，那麼他們所施行的聖事也有效。

有關參與彌撒和領聖事的合法性方面，天主教教友應去找那些忠貞的司鐸，即與教宗共融的司鐸。

不過，爲了他們屬靈的利益需求，教友也可以去找其他的司鐸，不過得避免壞榜樣和危險，看他們的行爲是否損害到天主教信仰的內涵，即以上所說，要求與羅馬教宗的完全共融。

五、第一和第二號所敍述的原則，要求避免與隸屬愛國會的主教和聖職人員，有任何「聖事上的相連」(Commuicatio in Sacris)。因此他們在中國大陸外作訪問時，不得邀請他們或允許他們在天主教聖堂或機構內，舉行禮儀行爲。

去中國大陸訪問的主教和聖職人員，也應該遵守此規則。

六、教會在中國猶如在其他任何地方，有權利也有義務設立訓練聖職人員的修院。假如無法設立修院，或是無法以其他方式，即使是私下的方式，適當地培育準備晉鐸的人，那麼他們也可被送往在愛國會管制下所開辦的修院，不過唯一的條件是修院整體的方向和陶成，是依照教會的訓導和指示的。

這種辦法應該根據當地的環境來評估，也要看是誰在領導這種訓練中心。

七、聖書、禮儀書、要理書及其他教科書等，必須是忠實傳授教會道理者，才可應用。

八、一切援助必須是用在能維護天主教會正確的教義和信仰精神的事業上。

為了援助無法給予以上保證的人士或事業時，每一個案得根據有關合作的倫理原則來審核。

本文刊民國七十九年元月《文協會訊》第十九期

二八、做上主的忠僕

最近，中共留學生王炳章在美國創辦《中國之春》雜誌，掀起舉世喧騰的民主運動。這觸動我回想起早歲在美爲留學生奔走及打擊共產邪說的種種往事。

民國三十八年，我由上海率領一羣中國男女青年抵達美國西岸舊金山碼頭，當時有位美國記者手拿當天報紙，對我說：「毛神父，美國政府將下令，凡是現在美國的中國留學生，其家長和親友不能匯款供給他繼續留學者，都將一一被驅逐出境。」於是我從美國西岸到東岸，一站站地坐著火車，一校校地安揷中國青年，花了一個月功夫，好不容易穿越美國大陸，到達華盛頓。我奔走於國會議員間，請他們站在朋友立場爲四千中國留學生設法，終於獲致美國國務院五十萬元美金資助。

然而國務院的信件中指出：「國務院由經合總署所接到的五十萬元，是專爲救濟理工科中國學生，他們在六個月內可以完成學業回到中國去，以他們所學到的知識和技術應用到中國身上，這樣的學生才有資格申請這個經濟援助。」當時共匪的氣燄已在中國狂蕩，怎能讓留學生回國去爲共匪效勞？我虔求天主說：「那些不同情我們中國留學生的人，正如那些法利賽人不許祢在安息日治癒病人一般。」我必須要求增加援款，廣施所有已在美國而且經濟上一籌莫展的中國留學生，務使他們在其家園被共產黨佔據時，都能安心求學。待他們學業完成之後，假若不幸共產黨竊據中國，則可准他們暫留美國，成家立業。首先，以他們的學識才能，給美國予以全力貢獻，爾後，當他們可以回中國時，把他們的經驗和才智，用來建設一個富強的中國——永遠與美國相親相愛的盟國。終於在美國國會民主黨議員、眾院多數黨領袖，馬克麥氏之全力支持，及全美天主教教育委員會主席，巴的摩爾教區總主教，季和氏之出面申請，而得圓滿解決此事。

中國共產黨是沒有希望的，凡是離開大陸而有自覺之士，都是不願意回去的。今天，有人由於王炳章的種種行徑而懷疑他的民主運動：一、他在大陸已婚，而在加拿大另有女友；二、他持有加拿大公民證，一旦事敗，後退有路，是反共不堅決的政客；三、他不敢公布同仁名單，且沒有通訊地址，只有個通訊信箱，人們匯款捐獻則款項下落不明；四、他在美國沒有行醫執照，賺錢不明，難免有以民主運動爲幌子以達聚款之嫌。這些是惴測之詞，實難斷是非。

我以爲凡是反共的人，都不該被迫趕回大陸。政府應派人到美國國會陳情，免除反共義士被遣回之憂，並發動華僑，以集結這股勢挽狂瀾的反共力量。

當年，若不是諸多力量牽制我，我敢說今天在美國的中國留學生都能匯聚於天主教教義之下，發揮反共力量。此外，我和　國父同樣地重視華僑力量，華僑是我們強國的主要助力。抗日時期，我在美任于斌主教的秘書，除了宣傳國民外交，也爲華僑傳教。我曾跪在耶穌聖體面前，對吾主耶穌說：「吾主，我天主，祢是知道的，我獻身於祢，是爲救我中國人的靈魂，而現在因爲日本帝國主義侵佔我的南京教區，使我目前無法回去傳教。」

幾年之後，美國十四個總主教聯名寫信給羅馬教廷，派我爲全美向華僑傳教的創辦人。我要將二千四百萬華僑組織起來，在聯邦政府的登記名下，得到小民族贊助權利，增加反共後盾。然而，有人對我有誤解：「哼！臺灣是國民黨的，毛神父替國民黨講話。」

我個人的見解是，國民政府在臺灣的施政情形，若努力改進，可臻理想境界；而共產黨在大陸倒行逆施，民怨沸騰，必須根本改進。然而人們誤會我，華僑一如散沙。

當卡特總統宣布和我們斷交那天，我和美國參議員進餐，直言問他：「在此情況下，你打算怎麼做？」在場有位我國立法委員，輕扯著我低言說：「神父，你怎麼這麼不客氣。」我回他說：「你不要阻止我，你不了解美國人。」此時那位參議員誠摯地說：「神父，我是你的朋友，我和你站在一線。」我和美國人來往，便是如此直言以對，絕不廻避問題，因此也贏得許多國際友誼。

爲了促成臺灣關係法，我趕到華盛頓，卡特相當不悅。我剴切陳言：「現在我明白了，原來你們美國人搞政治也是自私自利的，並不是眞正爲當地居民謀福利……老實告訴你們，如果你們放棄臺灣，便保不住日本，失掉日本，便等於你們失掉整個亞洲，到時蘇俄爲保全自己的安全便向東侵，在歐洲靠攏蘇聯的情況下，中南美不拋棄美國才怪。屆時你們孤苦伶仃，不要怪你們的老朋友毛神父沒有事先警告你們。」許多美國民主黨參議員聽了這席話，都願意幫我們。朋友之間，原本就是直言相助的。我就是這麼天眞。

我一生爲留美學生、華僑付了不少心血，也爲國家做了不少外交工作。我並不希望得到任何回報，我只希望大家發揮互愛精神，互相幫助，共同建立我們的國家，這是我這一輩子的願望。更深入地說，我是爲耶穌基督而愛大家，並不是爲個人的名利。

我要全心全意地愛天主，爲證明我對祂的愛，我一共創建七所教堂，三座在美國，二座在大陸。然而蓋教堂並非簡單之事，光是龐大的經費，就相當惱人。但是我相信，蓋教堂之事可以完全依靠天主。在聖詠一百二十七篇裏祢曾指示：「若不是上主興工建屋，建築的人是徒然勞苦」。

果眞我蓋這間座落於板橋的聖若望天主堂時，郵差給我送來一封由美國寄來的信，拆開一看，裏面只有一張三千元美金的支票，而無隻字的解釋。支票的簽字人是瑪麗·S·彭聲凱，這個姓名對我是陌生的。原來這是施格爾小姐得到其姊夫所遺贈的金額，在彌撒聖祭時，天主賜與她處理此款的指示。我很高興，天主是要我蓋這座教堂的，所以我要盡量地把它蓋得最大最美，而且一切的材料都要用最上等的，因爲這樣才能證實我是愛天主在萬有之上的。

既然天主贊許我蓋教堂，那麼所需的經費到時必會有人送來的。天主耶穌在〈瑪竇福音〉上曾給我們保證：「你們先該尋求天主的國和它的義德，至於其它的一切自會給你們」（瑪六33），當教堂完成時，不僅未欠一文，並且還退回部分捐獻。

這座聖若望天主堂，是古色古香的純粹中國式建築。聖堂前面有兩座鐘樓，各高豎著「爲天主」、「爲國家」六個大紅字，以提醒國人，唯有爲天主的生活才能得享永生，只有爲國家去著想才能有所保障。

聖堂是我們讚誦天主之所。天主聖母，滿被聖寵，罪人回頭，感激不盡，童貞之醴，奧蘊瑪納，奇異標蹟，聖祭聖品，降福之爵，防罪天藥，恩賜第一，眾罪恩赦，恩惠流溢，常生之劑，聖魂飽飫，善終之資，身後眞福，這是何等富有慈愛安祥的人生！願主常將大慈愛，普賜識主眾生靈！

本文係益世月刊社之訪問，經其整理後刊民國七十二年一月該刊第三卷第四期

二九、宗教與政治的分職

宗教的職務是主管人類信仰的道理，和當遵守道德的規範。在此範圍之內，如受到其他權威的侵犯，其專任宗教事務者都應仗義執言反對，不應有所畏懼。在我天主教內，這樣的人，即是神職人員；所以神職人員，既獻身於宗教之專任，就不應兼任政治，不然就是對宗教不忠，而且有失其身份。

爲使得宗教與政治之分界不致混淆，似宜在此指出，國家與政府決非一回事。因爲國家是永久的，而政府是暫時的，國家是無論大小、窮富、強弱，凡爲其人民者都須愛之敬之，不然就不是眞正的人民；政府如好者，其人民擁護，壞者其人民抗拒。

我中國人民一向愛護自己的國家，這就是何以無論何時何地，他們不願中國被分割，而要她完全保持一個的原因。中國人也知道，何謂好政府，何謂壞政府。因此，他們支持好政府；假若他們不能公開地擁護，則他們內心嚮往，誰也阻止不了。壞的政府，他們唾棄，假若他們得不到積極的機會，則他們必以消極的手段去對付。

前面說，神職人員不能參與政治，因爲已有宗教爲其專職，但天主教的男女信友，卻不特可以投身於政治，而且我天主教當局還鼓勵他們去參與政治，並且要他們以天主的眞理、正義、仁愛的原則去參政，這樣可供我國的執政者更能時時爲民著想，處處爲國效力。

由上所述，很顯然的，人民爲愛國而做的事，乃是盡天職，而不是搞政治。依此前提，可見神職人員，既爲中國人民，自應更善盡愛國愛民的責任，因爲他們受天主的光照與恩賜，通常較平信徒爲多。

據例證明其一

記得一九四六年，世界第二次大戰勝利後，我回到南京總教區，有一天陳布雷畏壘先生，來到石鼓路總主教座堂來看我，對我說：「毛神父，從許多方面的報告，我知道，你是一位政治家」，他並以我不久以前，在領導一千九百餘位中國學人，大學教授，和許許多多曾在政府擔任過重大職務的官員，由美國舊金山乘高敦將軍軍艦回到上海一路上，我爲愛國愛民所做的事作爲憑證。我則向陳先生答道：「我根本不懂政治，但是有些中國人稱我爲洋和尚，其實我並不洋，和尚倒是可以的。」陳先生於是向我提出他來看我的主要目的，就是希望我進國民黨，這樣我可以任選，或爲立法委員、或爲監察委員、或爲國大代表。我聽了之後，對陳先生說：「您知道嗎，政黨英文叫“Political party”意思是說：政黨是部分的，而天主教神父是整個的。我怎能讓整個的被分爲部分的呢？」陳先生又說：「那恭請你做總統顧問好嗎？」我答說：「顧問的名義不要；我爲中國人民，總統有事，可隨時召喚我的。」陳先生乃說：「神父的道德文章都很崇高，以後我們多來往好了。」我說：「我會多來請教的。」這就是我既身爲神父，絕對不參與政治，而要忠於宗教也。

據例證明其二

當一九四九年時，中共竊據了中國大陸，我們有四千餘中國自費留學生在美國，因爲他們的父母不能再給他們寄錢了，於是美國政府決定了驅逐他們回中國大陸。我乃前往華盛頓向美國國會議員請求幫忙，讓這些學生留在美國繼續求學，並予他們助以學費和生活費用，美國議員也同意我的請求，倒是我非美國公民，不能作此請求，但可找一個美國機構出面代爲申請。我乃向美國主教團秘書處，請其秘書代請，他竟責我這是搞政治，拒絕代爲申請。我則反駁說：「假若幫助四千餘中國留美學生，不致餓死，不致輟學，不致被遣返中國共產黨佔領區，是搞政治的話，我也就搞這個愛中國，愛中國留學生的政治！」這就是將愛國愛民錯爲搞政治也！

據例證明其三

去年（一九八七）從美國過了雙十節國慶回來後，因爲當時在臺灣的各宗教聯誼會改組了爲「宗教與政治會」，有賈彥文總主教和蔣復璁資政要我亦參加，我則答以若改爲「宗教與國家」，我就參加。當時有位不願透露姓名的教友說：「這是一致通過的『宗教與政治』怎可更改呢！」那麼，我就不能參加。

本文刊民國七十七年九月高雄《善導》週刊

三〇、天主教文協會對馬神父事件之觀感

（附載其他相關意見）

【臺北訊】中國天主教文化協進會於昨（二十一）日下午召開理監事聯席會議，全體一致決議，天主教教徒需以眞理、正義、仁愛支持與照顧工人，但不能違反國家法令。馬赫俊竟因被逐出境而發言反對教宗來華訪問，實不配爲一位神父應有的表現。

中國天主教文化協進會在理監事聯席會議中，就神父馬赫俊被逐出境，以及他發言反對教宗訪華事進行討論，取得一致決議，認爲在中華民國全體天主教友均希望教宗能在訪韓之便順道訪問中華民國之際，馬赫俊竟發言反對教宗來訪。

會中，該協進會全聲指斥，認爲馬赫俊意氣用事，而且缺乏愛心，不配爲一位神父應有的表現，該會也不願因此引起教廷的誤會。

與會人士同時認爲，對工人的支持與照顧，天主教常有適當標準。自教宗良十三發佈「勞工通諭」以來，歷任教宗無一不支持勞工，但須以眞理、正義、仁愛爲進行之道，而不能違反國家

的法令，因《聖經》上說：「一切合法的權威，都來自天主。」

（《新生報》，七十八年三月二十二日）

【中央社臺北二十一日電】中國天主教文化協進會今天譴責愛爾蘭籍神父馬赫俊反對教宗訪華，是被逐出境意氣用事、缺乏愛心，不是一位神父應有的表現。

中國天主教文化協進會於今天下午在主教團會議室，召開理監事聯席會議，會後發表聲明：中華民國全體天主教友都熱切希望教宗能在訪韓後，順道訪問中華民國，並譴責馬赫俊反對教宗訪華是意氣用事，缺乏愛心，不是一位神父應有的表現。

天主教文化協進會也指出，對工人的支持和照顧，應以眞理、正義、仁愛的態度來推動，不能違反國家的法令，因爲《聖經》上說：「一切合法的權威，都來自天主」。

中國天主教文化協進會理事長毛振翔、秘書長周勝次，今天並在會後聯合簽署聲明決議文。

（《中央日報》七十八年三月二十二日）

附載：

一、蘇雪林教授來函

振翔神父道鑒：敬啟者，馬赫俊神父被遣送出境，爲衛護我國主權消弭社會動亂不得不出此手段，乃馬神父遣送出境，其素所豢養之工人團體竟到臺北遍向政府各機構請願；又向教廷駐臺辦事處呈遞教廷請願書靜坐、絕食，以表抗議。此種工團人數不多，風潮當不久平息，所奇者乃主教團意見之表達。主教等此乃天主教內部事應由教會自行處理，政府無權過問，並有申請政府將馬神父召回臺灣之議，若果如此，則政府威信掃地而盡，以後對於違法脫序之事無法取締，臺灣豈不大亂，幸有天主教友裴某及傳教友吳義典等出面抗議，而天主教文協會亦投書對馬神父予以譴責，使人心爲之大快。想主教團以後亦將噤口無聲矣。林對 神父愛國熱誠十分欽佩，特修蕪函表達微意，以後主教團更有謬論，尚望 神父更以正義斥之。專此敬祝

主佑

教末 蘇雪林拜上 七十八年三月二十三日

二、罪言

——成世光

本人知識有限，讀書不多，僅知唐朝杜牧寫過〈罪言〉，開頭曰：「國家大事，牧不當言，言之實有罪，故作罪言。」然後已故英千里先生尊翁萬松老人英歛之也寫過：「勸學罪言」，不過歛老之罪言，不是談國事，而是談教會的事。歛老為虔誠之教友，民初曾上書羅馬教廷，請在北平設立天主教大學，增進在中國文化中傳揚基督福音之機會。今日的輔仁大學就是教廷應歛老之請而成立的。

歛老之罪言，是針對當時中國籍神父不讀中國書，而單學外文而言。歛老曾舉例：「有人請教一位神父臺甫，他答曰：宣化府」（說他是宣化府的人）。似此情形繼續下去，基督福音如何深入中國文化中？因此歛老不惜冒犯當時的中外神長，沈痛的發表他的勸學罪言。

(1)

馬赫俊神父被勒令出境，原本是一件極普通的事，在其他國家天主教神父被勒令出境的事，不是沒有過，就在我們臺灣本島，天主教神父被勒令出境的，不止馬赫俊神父一人。為何這次卻引起幾位主教的特別關懷，招待記者，指責政府治安人員處理不當，甚而還說馬赫俊事件會影響中華民國與梵蒂岡之間的邦交？

本人忝為天主教主教算來已屆二十九年。我擁護教宗，而且是百分之百的擁護，如有政權或個人逼使我背棄教宗，自行獨立，我將在聖父扶佑下，以身相殉。但是我擁護的教宗是基督在世的代表，宗徒之長伯多祿的繼位人，領導全球天主教的領袖，而不是梵蒂岡王國的元首。如果我擁護梵蒂岡的元首，對我國來說是叛逆。教宗有兩個身分：一是基督在世的代表，一是梵蒂岡國元首。教宗以梵蒂岡元首的身分有權授人爵位，有權與其他國家互換使節，但不能任命主教，祝聖主教；反過來說，教宗如以基督代表的身分行事，雖然有權任命主教，祝聖主教且在制定或判定有關信仰及道德事件上享有不錯誤的特恩，但不能授人爵位，更不能與其他國家交換使節。因基督建立的教會裏沒有這些雜事。基督說得清楚：「我的國不屬於這世界。」（若十八・36）所以主教弟兄們處理教會人事問題，不可牽扯到梵蒂岡的外交方面，會引起人誤解的。

(2)

主教與神父們出面伸張社會正義亦屬傳基督福音的範疇，但須衡量本國的歷史背景。南美國家的主教，南韓的主教以及菲律賓的主教，都在主持社會正義方面有所表現，但他們能作的，不一定我們中國主教也能夠作。因為我們的歷史背景完全與他們的不一樣。他們沒有遭遇鴉片戰爭的恥辱，沒有受過中法條約、英法條約、馬關條約等苦痛，更沒有外國軍隊打入京城，佔據皇宮，竊取財物之外，又燒燬了舉世無雙的圓明園，這還不够，還有四萬萬五千萬兩銀子的庚子賠款。這些事自然是西太后昏愚，妄想借用義和團的天兵天將，殺害洋人，抵制洋人造成的災禍，但身受其害的，是我們可憐的無辜同胞。當時全國人口總數據說有四萬萬五千萬人，所以按人頭分配，每一個中國人要負擔一兩銀子的賠款。那些南美國家，菲律賓及南韓，沒有如同我們一樣，不得不讓外國人享有治外法權、領事裁判權，也沒有如同我們一樣有法國軍隊，長期駐紮在北平東交民巷，自稱法國府，也沒有如同我們一樣，在北平主教座堂的聖廳內 Sanctuarium 設有法國總領事的寶座，與教區主教的寶座左右相對。舉行彌撒聖祭時，輔祭人員給主教行禮，也要給法國總領事行禮；神父給主教上香，也要給法國總領事上香。

這一切過去的事，誰也不願再提起，提起來爲中國人爲外國人都是不光彩的事，如今我說這些陳年老帳，不是因爲我懷恨外國人，那都是時代造成的錯誤，今日的外國人中沒有人願意再作那些醜事。至於說我不懷恨外國人，是確切的事實，我與外國神職弟兄相處，一如與中國神職弟兄相處，一視同仁絕沒有厚此薄彼，此言可鑑日月。我之所以提出過去的慘痛歷史，是要今日的中國主教們處理教會人事問題時，今日的外國神父領導羣眾活動時，應顧慮到我國特殊的歷史背景，以免受教外朋友以口實，譏諷我們「挾洋自重」，蔑視中國法治。然而很可惜的，此次處理馬赫俊神父的單純事件，正犯了這項錯誤，致使一頂多年努力才甩掉的洋教帽子，又戴起來了。

(3)

鴉片戰爭之後，西方傳教士因著不平等條約進入了中國，一直使天主教被國人視爲洋教。抗日戰爭期間，經雷鳴遠神父及于斌主教的愛國表現逐漸改變了國人對天主教的觀感，使我們信仰基督的中國同胞，不再被國人稱爲「二毛子」或「半鬼子」。我十三歲隨父母接受天主教洗禮，被我姊夫們私下罵我「半鬼子」，使我幼小的心靈上烙上了一個黑印，其後進入汾陽修道院讀書受教，知道了教外人稱天主教信友「半鬼子」之原因，便決心想擺脫這頂帽子，因此對雷鳴遠神父及于斌主教的言行，十分心儀。今日我倡導在中國文化中傳福音，並非趕時髦，好像二屆梵蒂岡大會之後，教會到處講應適各民族文化傳福音，自己也就附庸一番，寫「天人之際」，寫「太初有道」，最後「止於至善」，熔合基督道理與孔孟倫理於一爐，合基督徒生活與國民生活而爲一。我之在中國文化中傳福音的思想，早在民國三十二年晉鐸時就開始了，只是不够成熟，未能筆之於書而已！去年檢拾過去三十多年以來的作品，合印一册，命名《鹽齋拾遺》，是我晉鐸之後，努力擺脫洋教帽子的心路歷程，也是我努力在中國文化中傳基督福音的思想總結，原只印了一百本，贈送各友好及瞭解我的人，如今經此馬赫俊神父事件之衝擊，決定再版一千册，效先聖伊尹之幡然覺悟。「湯使人以幣聘之，囂囂然曰：我何以湯之聘幣爲哉！我豈若處於畎畝之中，由是以樂堯舜之道哉！」既而幡然改曰：「與我處畎畝之中，由是以樂堯舜之道」，「吾豈若使

是君爲堯舜之君哉！吾豈若使是民爲堯舜之民哉！吾豈若於吾身親見之哉！」《孟子・萬章上》

於是出相成湯。使湯王與堯舜禹三聖君並稱於中國歷史。

(4)結　語

我以沈痛的心情寫了此篇〈罪言〉，並不代表任何人，如因此激怒教會內的中外長者，我願接受任何指責，不論當面的指責，電話中的指責，或是文字方面的指責，我都接受，絕不申辯，也不還口，我說到作到。

三、對馬赫俊神父事件報告之我見

——王守身

主教的注意是福傳的權益與對神職的愛護，警政單位關切的是社會的秩序、民眾的福祉，立場不相同，觀點自有很大的出入，何足為怪。

警政單位是強調福傳的活動不可逾越，「少管」社會問題，並未不准關心社會問題，更未限制福傳的範圍，從未聽說：有人因辦慈善事業而被遣出境，反觀政府在這些事業上常給以方便與協助，因為馬神父一人之越規行為，就冠以「極權國家」、「專制政黨」的罪名，實反應過度，太過武斷，值得深思。

教會關心勞工是協調，不是抗爭；是排難解紛，並非製造糾紛。教會應關心勞工，並非管理勞工，管理自有專責機構，教育勞工、解釋勞基法，勞工的權益問題，自有勞委會、工會專責辦理，何勞「外人」越俎代庖。試想，如警政單位組訓神職、教育修士、指導福傳，我人又作何感想。

勞工權益受損，錯不在政府，否則不會制定勞基法；錯不在勞工，這是他們所願；實錯在資方的未配合執行，所以應勸導的是資方，組訓的是資方，促其盡責，實行勞基法，如一味的領導工人抗爭，教導工人奪取，這同共產主義的「造反有理，窮人翻身」的主張又有何異？他們不也是打著向「有錢人爭口飯吃」的口號而鬪爭的嗎？

警政單位多次的協談、溝通，已做到情理兼顧，給足臉面，不聽勸導，反諸般推辭，以致依法驅逐，使臉面無光，拋開國家主權不說，只以教會立場，亦應遵從《聖經》指導：服從人立的制度（鐸前二13）自動離境，如自以爲有何屈辱，亦應記取宗徒精神，以受苦爲榮（宗五41），忍受不義的痛苦，才是中悅天主的事（鐸前二19），不此之取，一味抗議鬪爭，以人權爲重，落此下場，可說是自取其辱，何必怨天尤人。

單主教的聲明，劉主教的報告，主教們的記者會，字裏行間所流露的是挑戰性的氣氛，充滿了火藥味的質詢，山雨欲來氣勢的抗爭，用辭的刻薄，極盡能事，不似更不應是出自主教的手筆，完全失去了福音的祥和之氣，實令人遺憾！

事過後，有一小蕞人士，別有用心，打著全臺灣教友的旗號招搖抗議，主教團沒有調查一下：他們全是教友嗎？這種強奸教友民意的做法，爲何不見主教團片言隻字的聲明，以正視聽，這爲教會招來的損害傷痛，又由誰來療傷止痕呢？

四、痛定思痛話馬案

——施森道

賴莊敬自強建立美哉形象

愛爾蘭人馬赫俊因介入工運，於本年三月十七日被警方強制遣送出境，引起軒然大波。如果馬赫俊是位普通外僑，不是天主教神父，縱有好事者煽動，不過「吹皺一池春水」，瞬間即告平靜。

奈何馬赫俊是天主教神父！儘管政教當局火速剴切剖解，力求息事寧人；但羣情激昂，輿論譁然，不僅見仁見智，各執一詞，偏鋒畢露；而且節外生枝，推波助瀾，衍伸所及，「政教關係」、「民族自尊」、「國家主權」、「中梵邦交」一一出籠。悠悠人口，若江河決堤，莫之能禦，充滿「火藥味」的標題，駭人聽聞的論調，觸處皆是。

現在邪風暴雨已過，又復晴朗，但痛定思痛，餘悸猶在。我們的國家與教會遭受了莫大的損害，慘重的影響，賴著莊敬自強的精誠所建立的美好形象竟被醜化！如何防範類似案件的再度發生，如何對此案的惡劣影響作善後措施，似可審慎檢討，務期是非曲直得到合理的定位。

早有預感豈料成眞

這次馬赫俊不幸事件，所以鬧得滿城風雨、舉國擾動，由於把馬赫俊神父抽象化，一變而爲天教主傳教士的代表。中國主教團開宗明義指出這一事件「純爲個案」（《教友生活》周刊一七九七期第一版），應作個案處理。可是教外報章追踵式地捧出「保國滅洋」大纛，咄咄逼人，教內刊物多強調社會工作及勞資問題絕不踰越教會職責範圍，無異把馬赫俊個人的行事全部接受過來，由教會負起全責，把「純屬個案」的馬赫俊事件認同政教衝突的案件，蜚短流長，輾轉反復，馬赫俊一夕之間儼然成爲「殉教烈士」。義大利《亞洲通訊》四十七期稱（節譯）：「愛爾蘭聖高隆會會士馬赫俊神父三月十七日前往警局依法辦理延期居留，不料爲警方扣留，隨即押送機場，強制遣送出境。馬神父在臺工作達十年之久，蒙教區主教及修會會長贊同支持，臺灣當局對驅逐馬赫俊神父並沒有提出任何理由，這種蠻橫而專制的態度四十年來始終如一，近年來政府稍作開放，但對外國傳教士苛刻嚴峻，毫無改善跡象，臺灣中國主教團團長單國璽主教指斥政府行事不當……並揭示馬案給『中梵邦交』投下了陰影。但臺灣的外交部長郤堅稱警方處理『完全合法』。」一派胡言，令人髮指。由於《亞洲》在義國朝野比重甚輕，該通訊流傳不廣，但教廷及義國公共機構多訂閱參考，倒也不可忽視。

筆者對馬赫俊神父向來印象不佳，爲避嫌計，不敢置喙，原來三年前回臺度假，八月中旬客居臺南碧岳神學院，該院閱報室備有香港的英文《公教報》，在查閱有關報導教廷國務副卿談及大陸自選自聖主教一節之餘，偶然發現該期末頁載著在臺的某傳教士信口開河，其言論不合「教士」風度，這位傳教士的英文姓名為 Neil Magill，我不知其何許人，遂向友好詢問，始知這位傳教士的中文姓名是馬赫俊，嗣後與較熟識的神長及同學談及，我坦白地說出馬赫俊之流的傳教士，遲早要給我國教會製造困擾，不若請其自動離境。一般反應，認為癬疥之疾不足為患，與其婉請馬神父返國，恐他老羞成怒，一發不可收拾；無寧任其偏處一隅，縱乏獻替，不致鬧事。至今三易寒暑，果然風平浪靜，始知「有容乃大」。我正自嘆氣下，不意東窗事發，馬赫俊終於遣送出境。

後果嚴重在於認同之不當

馬案之可痛，不在其本身，在於後果的嚴重；而後果的嚴重，卻又由於對馬案本身認同的不當。

馬赫俊神父的放逐，當局認係「參與工運活動」，與「傳教」的目的不符，馬赫俊行事似有陽奉陰違情事，遂遭驅逐處分。這種看法或觀念籠統混淆，不足取信；政府與警方不得不列舉事實，證明馬赫俊參與的工運活動，部分涉及暴動及其他非法方式。姑不論事實如何。但證之在我國的傳教士（天主教或基督教）人數頗眾，絕無「人人自危」跡象。則宗教自由的既定政策在我國已根深蒂固，不是馬赫俊事件足以影響的了。輿論上一時衝動，重彈「放洋」舊調，故作「排外」言論，只要大家堅定立場，中國天主教本位化業已肯定與公認，「仇教」終難得逞。

勞工問題異常複雜，株連至廣。勞工對經濟主客分明，勞工非經濟的工具，人的尊嚴在勞工問題上是最基本的條件與原則，所以勞工問題絕對跳不出「宗教」的範疇，天主教對勞工的關注，更促成其新的學術，在共產主義及資本主義以外創立了第三路線。天主教社會學（參見第二屆梵蒂岡大公會議「現代」憲章六十三至七十二節）。天主教致力社會事業，解決勞工糾紛，建立勞資合作，天經地義，對政府而言是一種協調、一種力量。但不可諱言的，在執行上，勞工事業的主動及當事人應爲「平教徒」，不具神職身分的基督徒。神父只可從旁輔導或協助，不宜直接介入（參見《教會法典》第二百八十七條二項）。準於此一標準，馬赫俊神父的行動在教會法及國法上是否「完全合法」，實難遽下評斷。警方的說明，有否過火或失實，我們也不該一口否定；如果說執行時操之過急，事前與有關的教會之管道溝通不够，畢竟事屬次要，何必借題發揮，個人以爲警方或許有其不得已的苦衷，不然，他們怎會放棄較溫和的措施呢？

父爲子隱子爲父隱直在其中矣

然則，主教團舉行記者招待會，替馬赫俊洗刷罪名，是否有點小題大作。不然，主教們強調的是教會視勞工問題屬於教會職責，如馬神父的被逐，一如有關方面的說明，只因他參與勞工運動，與「傳教」的目的不符，自然有欠公允，至於參與的方式，如有政治或暴力傾向，主教們決不左袒，所以主教們一方面確認馬案爲「個案」，不可擴大；一方面卻也出於他們的慈父心腸，在可能範圍內要給自己的傳教士盡其呵護愛惜的責任，這與我國的傳統美德若合符節：「父爲子隱，子爲父隱，直在其中矣。」（《論語．子路》篇）

當主教們苦口婆心爲馬赫俊神父辯護之際，馬赫俊神父卻在香港大放厥詞：「教會在臺灣呈現的面目比較傾向於有權勢者，及受過高等教育的人，而忽視貧窮人，對工人的行動常抱著保留的態度，對於工人常用的字眼如工業動盪、罷工、工會、爭取正義等常不易爲教會接受，反而被教會睥視」（李震：〈臺灣教會不照顧勞工？馬赫俊神父您言重了〉，《益世評論》試刊號第一期第四版）。希望這是出於一時之憤的氣惱話，物換星移，該是馬赫俊神父反省的時候了！

三一、爲五弟祈禱文

請爲五弟振耕（聖名若瑟）的靈魂特別祈禱，他於五月五日蒙主恩召；天主！一九八二年二月二十八日祢恩召了小弟振熙回天鄉，現在一九八八年五月五日祢又恩召了五弟振耕回去，我承蒙祢恩賜一個哥哥，四個弟弟，祢都已召他們先後回去，只剩下我一個人在塵世，但願祢別忘記我。當然，我明白祢的安排總是最妥善的，所以我定會尊重，而且我也知道，祢最喜歡的是承行祢的聖意，我一直努力這樣做，祢是不會不曉得的，祢一向很照應我，求祢同樣照應我的五弟妹和我的小弟妹，因爲她們既甘願奉獻她們的好配偶給祢，還有她們的五個女兒，也是祢恩賜我的五個珍寶，願祢也同樣照應她們，因爲她們失去了她們的好父親，願祢特別保佑她們，使她們永遠做祢的好女兒，現在及至永遠。我的兩個祢所賞賜的胞妹——振玉與振蓮，一個在大陸，一個在美國，那在大陸的，我已有四十年不見了，那在美國的，近年我還能每年相見，也請祢格外的照應她們，我的天主呀！

毛振翔神父拜託

一九八八、五、六

叄、文化篇

三二、序《紐曼樞機傳》

數月之前，趙爾謙博士寫完《紐曼樞機傳》，將文稿寄到臺北，請由我做檢審批閱的工作，並作序文一篇。披覽之餘，覺得本書字數不多，份量卻很重。因為其寫作的對象，是十九世紀一位偉大而重要的人物，教會裏的樞機主教。其生活、行動與著述，不但照耀當時的英國，並且影響到後世，特別是今日的世界。作者用文雅輕鬆而生動的筆觸，把複雜的人生，社會上的景況和宗教各方面的活動，忠實的一一描寫出來，使讀者趣味橫生，不感枯燥無味，一世紀前的紐曼樞機，「栩栩如生」的就在目前。

據余所知，作者在青年時代，和紐曼初次接觸，是在美國聖母大學，由亞爾豐梭修士(Bro. Alphonsus, C.S.C.)和許斯特(George N. Shuster)兩教授，介紹這位英國名作家，引起他無窮的興趣。後來他到歐洲去進修，在瑞士佛里堡聽瓦爾格奈夫教授(J. H. Walgrave O.P.)講現代哲學，涉及紐曼。在荷蘭萊頓，習知研究紐曼與寫作方法，與卜書城教授(Adrian

J. Boekraad Ph. D.）接觸頻繁。在英國北明漢城謁見經堂會會長粹斯屈蘭模神父（Rev. Henry Tristram)，窺見經堂會宗教生活規模的一二，之數人者，皆爲紐曼學者或專家(Newman Scholar or Newmanist)，對於紐曼的著作與思想，確有深切的認識，與獨得的見解，故著作等身，馳名大西洋兩岸，已非一時。特別是他們對於異國的青年學子們照顧週到，值得稱頌。例如在學術方面，指示研究紐曼的方法，入學的門徑，誘導鼓勵，兼而有之。在良朋益友、學人名師的薰陶誘掖下，受益者的成績，當然斐然可觀。故趙君第一個嘗試，就是寫了一本投考高級學位的論文《紐曼的理則學》(*La Théorie de l' Inférence* (*I llative Sense*) *chez Newman*) 呈送法國里爾公教大學，哲學院審查滿意，宣布考試日期，及格後，始由校長里安諾樞機主教 (Achille Cardinal Liénal) 頒給哲學博士學位和文憑。他買棹東歸祖國，由于樞機推薦，任北平輔仁大學和上海震旦大學哲學教授，前後十五年之久，課餘之暇，仍研究紐曼樞機不倦，直至中日戰事爆發，始離故土。

現在臨到他做第二個嘗試，就是用華文寫本紐曼傳略，以供大眾瀏覽。本來一本書的出版和寫作，並非易事，筆者本諸于樞機擁護知識份子，彼此密切合作的遺旨，曾多方鼓勵，提高著者的工作情緒，以底於成。根據著者，說他寫這本傳記的用意無他，只因爲紐曼傳記，各國都有，各種文字全有，車載斗量，何可勝數，但中文版本，尚付缺如，對於全世景仰的紐曼，我們感到是種歉疚。這類的書如果出版，則人們對樞機的認識，必深一層，爲他立品祈求，和爲世界和平祈求的熱心人們的數字，必然擴大增加，一舉數得，又何樂而不爲呢？

走筆至此，筆者最後想到紐曼和傳信部大學的密切關係。自苦難會修士眞福巴比里神父(Blessed Dominic Barberi C.P.)引導紐曼入天主教會後，他就到羅馬傳信大學報到，研究神哲學，於一八四七年在大學的古老教堂內，領受司鐸聖品，正是天主聖三瞻禮日，旋於耶穌聖體瞻禮日在該堂獻首次聖祭。凡此種種，在傳大受業的神職同仁方面，莫不留下不可泯滅的印象，對於這位老前輩同學的偉大人格，無不存有仰止行止的尊敬之心，故余深望此書出版後，不脛而走，人手一篇也。是爲序。

中華民國七十二年十月十日雙十國慶

三三、典型在夙昔

——懷念畢生為國宣勞的于斌樞機

回想民國六十七年八月十六日晚上，正在八點半時，板橋聖若望堂的聖母軍支團象牙寶塔開完了週會，本堂工友急忙闖進來報告說：

「神父，于斌樞機死了！」

這個突如其來，晴天霹靂的消息，使我心頭頓時一震，在場的十數位團員也震驚不已，我立刻決定次晨爲于樞機舉行追思彌撒。隨後，我卽回到自己房裏，打開收音機聽廣播，果然，九點鐘的廣播證實了這個噩耗，我不禁雙膝跪地，爲于樞機的靈魂默禱。

得于樞機賞識

于樞機與我的關係自一九三六年開始，爾後一直與日俱增，且時間越進展，情誼越深厚。而情誼之始端是這樣子展開的：

當時，我還在羅馬傳信大學讀書，適遇羅馬聖瑪多斯學術院舉行一次「哲學論文比賽會」，我報名參賽而得到首獎（第一名），這個獎金的得主名單曾在歐洲各大報刊出，于斌主教刻在法國巴黎，見到毛姓的名字，知道是中國人，便拍了一份賀電給我，說：

「在報章上見到你論文得獎，爲國爭光，特電致賀」

從那時開始，于斌主教與我之間乃心意相聯，工作相繫。一九三七年，在我領受五品神職之前，于主教得知我將自傳大畢業，就主動親筆寫信來，說：

「我以十二分的熱情歡迎你在陞神父之後到本教區南京來服務。」

於是我以于主教的信向羅馬傳信部要求轉教區事宜（我原教區爲杭州）而得許可，我與于斌樞機的關係自是益增一層。

一九三八年春，我國抗日戰爭次年，于主教來歐洲奔走，爲國宣勞。他用法文寫了一本抗日的小册子，此本小册子我曾拿給傳大的校長，校長當面對我說：好（好文章之謂）！不久這本小册譯成英文出版，我於是買了數百册，分送給傳大的同學看，當時的日本同學聯合起來反抗我，到校長面前告我做政治宣傳，校長不察決定要開除我。後來于斌主教到羅馬得知此事，不但沒有責備我，還嘉獎我說：

「爲愛國的緣故，如被學校開除，那是人生莫大的光榮。」

為國宣勞受難

這二、三事蹟在在顯示了于樞機對國家劬勞的情操及對青年愛才的心意。爾後，于樞機為了作抗日聖戰的宣傳遠赴美國日夜奔走，這其間的辛苦確非常人能忍，但于斌樞機的愛國精神亦感動了無數美國人民，不特在費城、華府，在紐約、芝加哥、洛杉磯、舊金山的中國城，數年之內，因于樞機的影響建立了中國天主堂，開始了華僑和美國人民交往的基礎，打破膚色、種族的歧視，消除了貧富、文化之間的殊異；于樞機便是這麼的以天主的愛心克服了許多困難，來為中國做更長遠，更重要的工作。

于樞機常說，他平生有個最大的願望便是中國的人民要做世上一流的人民，要聆聽天主的至善福音，要在至美、至眞、至聖的天堂中享永福，為了這個目的，他不辭勞苦為國奔走，甚至蒙遭誤解。例如于樞機於大陸赤化後曾受羅馬教宗庇護十二的禁令，不許他公開活動，只准他在史培爾曼樞機的權轄下進行向中國華僑與留學生傳教的工作，和中國文化的推行，這個禁令長達十年之久，于樞機雖極感痛苦，但卻忠實的、無怨恨的為祖國忍受下去，于樞機若無至正至大的胸懷及對天主無上的信賴，這十年蟄伏的歲月如何能得到心靈的解脫？在這十年中，于樞機體懷祖國人民困頓流離之苦，及國際間對中國的不諒解，唯有默禱天主多加關照祂的羊羣及牧人，好為祂進一步的從事善救的工作。

爲此，于樞機每逢應邀演講，在演講終了時必宣講天主福音及主愛世人的道理，因爲他孜孜矻矻不忘希望中國的子民能有更多的人得知天主的要理及來世的榮福，他希望中國的人民在天主的國裏也是最眾多的，一如在俗世中一般，而他的這番心血竟蒙受不實的誤解，眞可謂哲人受難，其苦更加了！

熱愛國家青年

大陸淪陷後，于樞機體恤青山一髮祖國子民的情懷，可由他所給我的信函得知，此封信乃一九五一年十月九日於華盛頓所寫：

「明日雙十節，祖國大陸，鬼哭神嚎，慘絕人寰，舉目西望，泣淚無從！聖母仁慈，憐視我眾，聊一廻目！玫瑰月中，美國各教區，遵照聖父指示，做念《玫瑰經》說動員。各修女所辦學校，尤見熱心。至聖玫瑰之后，其護佑我同胞早出水火，而窮兇極惡之共匪亦得啟導，早日放下屠刀！」

于樞機心懷之情可見一斑，至其憂苦亦得以想見。

然于樞機並未坐困愁城而終日嗟歎，他還不時的計畫如何爲祖國的民眾效勞，及如何讓教廷當局重視臺灣。

過往，大陸有三所著名的天主教大學，一爲北平輔仁，二爲上海震旦，三爲天津津沽，大多數的教友都認爲必須設法在臺灣恢復在大陸的三所之一，且他們認爲三所之中輔仁應居優先，因爲在抗日時，輔大師生的愛國貢獻是有目共睹的。

復校的呼聲越來越響亮，直至民國四十七年十月，羅馬教廷指示，只要在一年之內請到曾在中國有傳教事業的歐美教會，無論幾個，願意到臺灣承辦天主教大學，教廷將樂於贊同批准。於是同年十月始至翌年，于樞機忙碌了整整一年，花費了許多心血，奔走了歐美各國，晤談了所有各大修會的負責人，結果沒有獲得一個修會的肯定答覆，于樞機的確非常失望。

然而在臺復校卻不能就此做罷，于樞機於是趁回羅馬傳信部報告之機謁見教宗，教宗當面捐獻十萬美金，做爲重建輔仁大學之資，這個開始使得其他修會願意參與復校之舉，輔仁大學得以在臺灣重建，于樞機確功不可沒。

當于樞機逝世時，紐約總主教庫克樞機在他特別發表的文告中有這麼一段：

「臺灣的輔仁大學，就是他（于樞機）在教育界獻身工作，畢生致力於青年男女之知識與精神福祉的唯一而又全部司祭職務的標誌。」

于樞機雖熱愛輔大，但是歲月不饒人，到了滿七十七歲高齡時，行政的工作究竟不是年老的人所能勝任的。所以在他退休前，他就曾一再表示：

「我死後，最好把我的遺體埋葬在輔仁大學。」

這個願望算是實現了。但是對這一位畢生熱愛國家的樞機主教，他這麼熱切的希望把祖國富強起來，以促進世界和平，使人人都能愛天主，那耿耿的心願的確陳述不完。

記得于樞機主教曾對我說：

「我們抗戰，同時必須建國，要雙管齊下。爲達到這個目的，我們必須培育中國人才……」

也許這也是于樞機不忘救國急欲興辦教育的目的；他的精神必也與青年相伴長存。于斌樞機一生愛國家愛青年，他在天之靈也必與祖國須臾不離。

本文係口述，由劉依萍記錄整理，刊民國七十二年十月《益世》雜誌

三四、激勵自動自發之精神

——自我實現的方法

我們今天所要談的題目是關於「自動自發」的精神，而這項精神對中國人而言，是最差的一點，爲什麼緣故呢？第一、家庭教育；第二、學校教育，都好像唱片、錄音帶一樣的（呆板），這種教育方式是錯誤的。我們中國人個別來說，並不是不聰明，反而比歐美的人都聰明，可是做起事來，尤其在國際會議上，我們總是失敗，因爲我們都是被動的；不是主動的，被動的是奴才；主動的是「自由人」。舉一個例子來說，我在美國演講，講完之後，總有許多人舉手提出問題；可是在中國，講好之後，我問：「諸位，有什麼問題？請隨便問吧！」大家卻把頭低下來，不敢看我。這種現象是非常可怕的，所以我們在國際的會議上，會被人家看不起；在會議上，權利是我們的，我們應該主動去爭取；放棄自己的權利，便使人家得寸進尺。

幼兒有如一張白紙，老師爲他們畫下基礎，如果把這張白紙塗污了，若想改，就非常困難了。我們中國自古以來，就是這樣：「看一個人，從三歲看到老。」而幼稚園的孩子就是三歲多一點，你要怎麼教他呢？第一、你要讓他自己去做自己能夠做的事，你要做孩子的父母，不要做他的奴才，在學校也是一樣，不要樣樣事都替他做，如果每件事都替他做，便會養成其依賴的個性，這種個性不但對家庭沒有貢獻，也是中國人之所以無法保持家業的原因之一；我們再來看看歐美的情形，他們的家業都是愈來愈好，因爲他們教孩子不依賴，而且要做得比前一代的人好。這種教育方式，使幼童都願意自己做自己能夠做得到的事，如果大人想幫忙，他還會客氣地拒絕你呢！

當我在美國從事各項外交工作時，都是非常主動的，只有主動才能爭取成效，舉例來說，政府剛剛遷臺時，局勢尚未穩定，我當時國內外奔走、聯絡，都是秉著主動的精神，只要有理，就奮不顧身地做去。所以你們也要每樣事情都採取主動，教孩子也應該如此，孩子自己能拿的東西，就讓他自己去拿，他能自己吃飯，你就不要餵他，他能自己去上厠所，你就不要跟他去，這樣才能培養他主動的精神，等他長大之後，他才能夠主動表現他的才華與能力，才會使別人佩服他，能使人心服，別人自然也會聽他的。

記得曾有一次，我因重病而被醫生限制行動，可是當時卻有一個會議必須在美國召開，並由我主持，我憑著一份主動的精神，以及堅強的意志力，戰勝肉體的痛楚，邁著自信的步伐踏出國門，爲我應該做的事，勇往直前。也因爲如此，使得當時有意親共的美國政府官員，驚訝於一個中國神父的堅定信仰及主動精神，而對我們的國家更具信心。

還有一些小事情也值得我們深思，就是有些人忍受長年的病痛，而不主動去尋求醫治的有效方法，只會見到人就唉聲嘆氣，一再說這裏痛、那裏痛，卻不見他採取行動去進行治療，這種人也是缺乏主動的精神，自己不解決身體上的毛病，只是忍痛，一天捱一天，也是不值得鼓勵的。

爲了幫助幼兒培養主動的精神，最重要的方法是，你應該去發掘每個孩子各別喜歡做的事，因爲每個孩子都是不同的，你要在各個孩子喜歡的事物上，來培養他主動去做的精神，這樣才有效果，如果他不喜歡做的事，你還要他主動，那簡直不可能，所以發掘孩子喜歡的事是什麼，便是培養其主動精神的首要條件。

而老師教孩子最重要的就是「愛心」，讓孩子知道你愛他，你爲他好，才會得到孩子的心，只有得到孩子的心，孩子才會聽你的話，如果孩子行爲表現良好時，你要鼓勵他、讚美他，如果他做錯事，你也要好好跟他說，不要使他太難堪，這樣子他就會知道老師愛護他，因爲他做錯事，老師雖然知道，卻仍然尊重他。孩子做錯事，通常都會知道自己不對，你只要適當地輔導就好，否則厲聲責罵，也是於事無補。

做父母的人，更應該知道讓孩子怕你，不是奴才式的怕，而是怕你傷心的怕，因爲他愛你，所以怕你傷心，這樣才是眞正愛孩子、教育孩子的方式。

再拿學習語言的例子來說，爲什麼很多大學生學了那麼多年的英語，卻無法與外國人交談？

這也是缺乏主動精神，不敢去利用機會應用自己所學，所以學得再多，眞正會用的人眞是少之又少。我自己學習語言也秉著這個原則去做，自動去學、主動去用、不要怕不好意思。

在日常生活中，什麼又是主動精神的表現呢？最簡單的例子就是養成「守時」的習慣。我們做什麼事都應該守時，守時是負責任的表現，更是自動自發精神的具體事實。我在教堂講道理一定要求自己守時，絲毫沒有懈怠。

自動自發的精神也可以說是一種「創新的精神」，教育孩子如果只是要他完全模仿，沒有自己的想法、沒有自己的意見，要他完全依照你的意思做事，無異於教他「被動」的觀念，你說一步，他做一步，你沒有說，他就不會做；我們應該教他們在模仿的過程中，尋求突破與創新，而能達到這種目的，就等於在培養他「自動自發的精神」，只有自動的孩子，才容易有超越常模的表現。

還有些時候，中國人的「沉默」有點顯得消極、不主動，每逢舉行會議，沉默的永遠是大多數。另外我們也常因爲「客氣」的關係，而不好意思說出自己的需求，明明肚子很餓，卻說不餓，結果別人信以爲眞，只好自己餓肚子了。以前我常問國外的留學生，有沒有需錢用的？有人客氣不敢說，有人主動提出自己的需要，結果當然是那些「主動」、「自動自發」的人順利得到幫助。所以我們應該改掉這種不好的習性，因爲這是培養「自動自發」精神的障礙。

有一句話說：「天助自助者。」正是這個道理，惟有自己尋求解決問題的方法，才能實現理想，這也是我們今天的演講所要闡明的要點。

七十二年五月對春暉幼稚園全體老師演講，陳斐如記錄

三五、《學術的統一》簡介

愛默萊大學（Emory University）馮平觀教授最近在臺北由聯經出版一本新書，名曰：《學術的統一》。其出發點是，從東西文化的統一，到文理百科的統一，而進入討論目前的中國問題。這確實是一本傑作，令人不勝欽佩。

馮教授之所以能有如此的成就，據筆者的認識，因爲他是一位忠貞的中國人，一位虔誠的天主教友，又是一位猛進的科學家。他既有此三稟賦，馮教授自然深悉《易．繫辭》的「三才者，天地人」。《易經》之爲書也，廣大悉備，有天道焉，有地道焉，有人道焉。

天道也好，地道也好，人道也好，這三者不僅彼此相繫相連；而且應該同時並進，因爲作爲萬物之靈的人類，吾人要能止於至善，似宜盡心竭力地研究此三位一體的大道。不然其中的精密關係卽無從瞭解，更談不上其間的蘊奧與妙用。

說到關係，顯然的，人與天之關係，該是精神的，人與地之關係，該是物理的，人與人之關係，該是倫理的。要促進人與地之關係，應發展科學技術；要促進人與人之關係，應發展倫理與道德；要促進人與天之關係，應發展宗教信仰與禮儀。

但遺憾的，在馮平觀教授出版這本《學術的統一》之前，筆者竟未見過有位大科學家主張此三者須合作統一的出版物，而坊間所充塞的都是一些專論：西方的「神本主義」，孔孟的「人本主義」，共產的「物本主義」。於是一切的一切，由此三種主義，互不相關的，所演變出來的產物，都是偏差的，自私自利的，互相衝突的，弄得人心不安，家庭不睦，社會混亂，國不能與，世不得平，眞要天翻地覆似的！

幸好，在此急難期間，有馮平觀教授出版了這本《學術的統一》福音。馮教授指出：「古來世上基本問題，東西雙方各有一見。孔教對人性的認識，尤其是認爲社會道德（君臣，朋友）源出於家庭道德（父子，兄弟），是一大貢獻。因爲家庭倫理關係是與生俱來，有生物上根據的。西方對人另一面，卽善惡關係，有其眞知灼見，卽《聖經》上誘惑或墜落原罪說，這把善惡的衝突看成一個歷史的事蹟，因此可從哲學的爭辯中解脫出來。這兩個方面實相輔相成，不是水火不相容，因此可以談統一，而且也可以在科學上找到根據。

「《河殤》在臺北成暢銷書，可見中國問題仍人人關心，但《河殤》論事有如中醫看病，從五行玄學出發（黃色文化、藍色文化）。我這本書如西醫看病，從解剖、生理、生化出發，再測驗診斷。《河殤》引發了讀者胃口，但沒有供給答案，只要接著讀我的書，就有答案了！」這些話是千眞萬確的，筆者在此由衷證實，願讀者相信。

本文刊民國七十八年十一月《太陽報》、《工商世界》學報

附錄

一、爲正義奮鬪不懈的毛振翔神父

楊傳亮

「天主是我信仰的中心，
國家是我生命的根源；
我就願做個好神父。」

這位皓髮蓋頂，活力充沛的神父，與我握別時，緊抓我的手，對我說的這兩句話，深深震動著我的心弦，撑著雨傘，在溼漉漉地路面上蹣跚的走著、思索著，剛才一個多小時與他的長談。

民國七十三年二月十八日上午，我到板橋聖若望天主堂探訪了毛神父，雖然，我已多次去過聖若望堂，也曾多次與毛神父會面，交談過，但這一次給我的印象最深，對他瞭解的也更多。

聖若望堂的兩座宮殿鐘塔，紅柱綠瓦，飛簷突起，頂端的十字架插入雲霄。大漢溪環繞在它脚下，使這座中國式的聖堂，氣象萬千，風格不凡。兩座鐘塔的高處，一邊寫著「爲天主」。一邊寫著「爲國家」六個大字，這也正代表著毛神父奮鬪的目標，不屈不撓的毅力。

毛神父浙江江山人，他倔強、不屈、戰鬬的性格，正如方豪神父所說「毛神父不畏強權，爲眞理而拚鬬的勇氣，與環境地理不無關係。」

毛神父祖先數代已爲教友，叔父志和是神父，爲感謝主恩，祖父曾在本村八里町，捐地建堂，領導村人祈禱敬主。主日時，領念三串《玫瑰經》。因此，他受到深刻影響；所以至今，毛神父在主日彌撒前，常是自己領導教友唸《玫瑰經》，他的聲調宏亮，壓倒羣眾。

毛神父自幼就決心做神父，過奉獻生活，但經過千錘百鍊，各方阻擋，眞是所謂得來不易。他自己也承認，坦白的告訴我，「是天主的助佑，是自己的苦鬬。」

家庭雖都是熱心教友，但爲了他要做神父，也給他添了不少壓力；毛神父四叔早逝，因爲沒有子嗣，家庭決定將振翔過給四叔，做爲繼承人，好能傳宗接代。

那時只有十二歲的毛振翔，就敢挑起反抗家庭的旗幟，因爲決心要做神父，不想繼承財產，做人子嗣。他祖母認爲做神父不長壽；他三叔做神父九年就逝世，另一堂叔毛志旺做神父十八個月就死了。所以堅決反對振翔做神父，爲了使振翔死心，就給他在家訂了婚。並寫信通知杭州原潔中學的校長，令振翔死心。

毛振翔爲了躲避這門婚事，曾兩年沒敢回家，寒暑假都在學校度過。最後，還是母親心軟，提議解除婚約，他就得勝了這次家庭阻礙。

杭州原潔中學校長金寶殿神父，不知是受其家庭影響，還是其他原因，常認毛振翔沒聖召，沒做神父的資格。百謀生法，挑他的刺，找他的碴，甚至無理的虐待他；有次他實在氣不過，本想一走了之，衝出校門，誰知校門已鎖，同學又把他勸了回來，不然，恐怕就沒毛神父了。

振翔天資聰穎，所讀功課皆爲滿分，只有操行，常得四分，不及格，這是金校長搞的花招，當然其他老師認爲如此處置不當，所以校長也不便開除他。但幼小的心靈，確實受傷不小，他常記得他在衢州府小學讀書時，一位老師給他說的話：「依你的天資，今後你可以做很大的事，但依你的脾氣，卻可以使你的什麼成就都敗了下去！」

他就在神師的誘導下，祈禱、忍耐、磨難中度日，也許聖母保佑了他，不久，金神父他調，新換來的神父對他十分友善。

十八歲，他進入寧波聖保祿大修院，讀書對他易如反掌，修院一切雜物，院方都派他兼管，初露辦事才能，甚獲贊許。那時正值五四運動後，新思潮瀰漫中國，各種新書出籠。某日，院長獲悉毛振翔閱讀《阿Q正傳》，是作家魯迅寫的，很流行一時，院長把他叫去。

「你的良心平安嗎？」

「很平安，不然，我每天早上怎能去領聖體。」

「你讀的那本書是講無神，談戀愛的，你的良心怎麼會平安？我要報告你的主教，說你沒聖召。」

這件事使他在整個暑假不得安寧，只得到教堂懇切祈禱，不要因貪看一本書而失掉聖召。也就在這個暑假，教廷駐華代表蔡寧總主教，保送中國修士赴羅馬深造，在寧波大修院修士中，親自圈選毛振翔修士，使其院長、教區田主教無可奈何之下，眼睜睜看著他赴羅馬深造去了。

民國二十二年他進入傳信大學，除了應讀功課外，起初，日夜加趕意大利文，利用機會與意籍同學交談，不到一個月，他即能用意大利文回答校長的話，使校長大爲驚訝。

毛振翔在傳大初露才華是他參加公考，因按學校規定每年考試一次，私考是老師與學生個人舉行口試。公考是在大禮堂，受考生面對大衆，回答教授們的問題。這是自由報名參加的，一千多名學生中，只有二十人報名參加，四十二名中國同學亦都不敢。他爲國爭光，毅然報名；不少中國同學還勸他不要冒險。結果，他得滿分，獲得第一名，監考主席還特別把他叫到臺上，伸出大拇指，大加贊揚，以爲他是日本生。他氣呼呼的大聲說：「我是大中華民國人。」

另一件是他在傳大做學生時，得意的傑作；他總覺得是又爲中國人出了一口氣，那就是全校所舉辦的辯論賽，他的對手是日本同學多美查瓦，雙方經過月餘的準備，最後他以機智、雄辯、才智，攻擊得對方無言以對，目瞪口呆。校長大聲宣布：「勝利者中國！」十四名日本學生，黯然離席。他獲得滿堂彩，那時中日戰爭正激烈進行。

毛振翔晉陞神父後，更本着爲天主、爲國家的宗旨努力不懈；他奉于斌總主教之命赴法進修，讀哲學博士。在這期間與留法同學邂逅，打成一片，激發愛國情操。因那時中國留法學生多半傾共，于總主教已認清此點，所以才派他去。他不辱使命，與二百多中國同學建立關係，在里昂求學時，因他講道而受洗的同學有二十位。

民國二十八年，毛神父又奉于總主教之命赴美國，幫助他抵制日本在美國歪曲宣傳，他們的小册子在各教堂散發，說發動侵華戰爭為防止中國赤化、造謠惑衆。

毛神父走遍美國各州，演講指日帝侵華的惡行，濫殺無辜百姓。他與華僑接觸，建立僑校、社團、講道、授洗，先在紐約，有六十三人受洗。在波士頓一百三十名受洗。在芝加哥當他看到基督教堂時，還沒一位天主教友，甚為心急，不到三個月有二十四位華僑準備受洗，並請芝市總主教親自付洗，屆時到的僑界名流千餘人，轟動芝市，極一時之盛。

在美國逗留十三年，毛神父另一項使各界敬佩的工作卽是幫助留美中國學生及爭取獎學金。因他在美國到處演講宣傳抗日，已成記者追逐人物，常在新聞報上露面。因此也與教會學校建立友誼，開始時很多學校都願有位中國學生為榮，使毛神父很容易獲得獎學金。後來由毛神父自己想法爭取，經由毛神父保送去美國的學生先後兩千餘。其中現在很多甚有成就，為中國為教會培育不少人才。此外，他還為四千多名留學生打開困局，為他們解除被遣送回大陸的厄運；那時民國三十八年，大陸變色後，同學失去接濟，美國當局擬驅逐出境，學生失去家鄉，無倚無靠，遭此精神、經濟壓迫，極為困難。毛神父挺身而出，親到國會，會見議長麥克馬洪、議員孟斯非爾、格爾頓等，極力為留學生申訴困境。終獲得他們的同情與諒解；三十八年夏，國會卽通過四百萬美元救助中國留學生，也解除這被遣返的命運。

當抗日勝利後，他又協助于總主教在國外負起反共的聖戰，使共黨恨之入骨，與于總主教同列爲戰犯，使他意志更爲堅強。當他看到美國擺出低姿態，屢向中共送秋波，他痛心疾呼。民國六十六年，抱病赴美，七月二十九日到白宮，面告卡特總統，承認中共之不當。毛神父敢做敢爲的個性，表露無遺。

他嫉惡如仇，直言不諱，當我拜訪他時，他親自沖泡了一杯咖啡遞給我，也順手給我一封影印的信，叫我念，那是本年二月十四日他上總統蔣經國先生書：大意謂第七任總統競選前夕，他極力擁護總統競選連任，但請總統反對優生保健法，勿使墮胎合法化，殘殺無辜。

自從衛生署優生保健法草案提出後，毛神父呼籲各界，極力反對。民國七十一年八月二十六日，他在臺北主教公署邀請宗教、社會賢達、各界代表，聯合聲明反對墮胎。電視臺、報章都有詳盡報導，結爲洪流，匯成社會反對力量。他又告訴我：

「我曾親自去見孫院長、立法院院長及委員們表示堅決反對優生保健法，使他們瞭解這是殺害民族幼苗，危害國家司法，不能跟共匪走。」

這位七十二歲，享譽國際的知名神父，仍然精神抖擻，步行敏捷，衣著樸素，冬天常是一襲黑袍，夏天白色唐衫，飲食淡泊，甚爲健談。對教友要求較嚴，但教友仍很喜愛他。

自于斌樞機主教逝世後，毛神父接掌中美聯誼會，每年要去美國主持國慶大典，活躍國際，又常代表中國文化協進會發表言論，新聞、雜誌常有關神父的報導和描述。如：

1. 〈毛振翔語動美朝野〉，《新聞天地》，五十六年九月。
2. 〈毛振翔訪美剖析越戰〉，《新聞天地》，五十七年四月。
3. 〈毛振翔神父歐洲行〉，《中國一週》，五十七年十月二十一日。
4. 〈毛振翔與曼斯裴德對話錄〉，《聯合報》，六十年十一月二日
5. 〈反共愛國聯盟在美國宣告成立〉，《聯合報》，六十一年一月六日。
6. 〈我們支持中華民國政府政策的理由〉，《中美月刊》，六十六年十二月。
7. 〈上帝的忠僕，共匪的戰犯，留學生的褓姆，中外人的良友〉，《華夏導報》，六十七年五月二十日。
8. 〈毛振翔神父爲雷根助選秘聞〉，《中華兒女》，七十年一月。
9. 〈毛振翔神父熱心國民外交〉，《世界日報》，七十年十月三日。

尚有很多報紙有關毛神父的記載，不勝枚舉。范韻詩先生著《毛振翔傳》，由新聞天地社於民國四十五年出版，此外，毛神父自己也著有：

1. 《孤軍苦鬬記》，三民書局六十一年版。
2. 《我這半生》，東大圖書有限公司七十一年印行。

若讀過這些刊物與著作，對毛神父爲國家、爲教會所做的，所說的，更令人景仰和贊佩。

民國四十九年，毛神父在板橋建聖若望天主堂，獻與教宗若望二十三世，做爲聖座八十大

壽紀念，落成之日，先總統　蔣公及夫人，輕車簡從，蒞臨若望堂參觀，這不只是先總統對故教宗之尊敬，亦是對毛神父之器重。

二、毛振翔這位可敬的神父

闈見思

毛振翔神父當選今年全國「好人」的代表。他早該享有這項榮譽，因爲他一直是「天主的忠僕、共匪的戰犯、留學生的褓母、國民黨的諍友、中外人士的朋友。」在這些社會所公認的榮銜之上，再爲他加上一個「好人」的頭銜，彷彿替七級浮屠加個塔頂，更是光耀奪目。

但在我心目中的毛神父，這些世俗的頭銜都不足以增他的光寵。因爲在他所信仰的天主座前，他是一位「崇正義、尙眞理、篤仁愛」的忠實信徒，更是一位勇於爲信仰而奮鬪、爲理想而犧牲的鬬士。在世俗之人的面前，他是一位「燃燒自己、照亮他人」、勇於宏揚天主教義而付出一切甚至生命的烈士。成爲耶穌門下的鬭士，上帝座前的烈士，乃是信徒的無上榮耀；而在我心目中，毛神父正以鬬士的精神，向烈士的道路邁進。

毛振翔神父擁有神學、哲學和法學三個博士的正式學歷，而且精通拉丁文、義大利文、法文、西班牙文與英文。憑他這足令人震撼的知識力量，加上由虔誠宗教信仰所積聚的愛心，他的奮鬪簡直可說無堅不摧、無攻不克。早在十年前，我讀他的《孤軍苦鬪記》，曾爲他堅苦卓絕爲正義、爲眞理、爲國家而奮鬪的精神，所深深感動。

毛神父之所以被尊稱爲「留學生褓母」，因爲他從民國三十三年起，不斷跑遍美國二百六十四個天主教大學院校，一院一校的爲中國窮苦留學生先後爭取到二千餘名全費獎學金。大陸淪陷後，他又到美國國會，爲滯留在美國，將被驅逐返回鐵幕的四千名無依無靠的留學生奔走，爭取永久居留權，與巨額的援助經費。毛神父常年以一襲長袍、滿頭白髮、四處奔波，做到了許多人都認爲極不可能的事，其信心與毅力的偉大是何等可佩。而今全球各地都有毛神父保送出國的留學生，其中頗多卓然有成的才俊之士。在當年那些幾乎被美國驅逐的留學生心目中，毛振翔神父，更是正義與眞理的象徵，反共與自由的化身。

今年毛神父七十一歲了。《孤軍苦鬪記》是他四十歲以前的奮鬪歷程，今年他又把以後三十餘年來所寫的文字結集成書，其中談思想、談人生、談宗教，而多數皆與國際政治外交有關。現在國家的處境更爲艱苦，毛神父爲天主、爲國家的奮鬪，也就更爲艱苦。毛神父把他這本新出的言論集署名爲《我這半生》（三民書局出版），不僅充滿「人生七十才開始」的信心，更具有「行百里者半九十」的勇氣。他將以有生之年，繼續不斷的爲信仰而奉獻，爲理想而犧牲。

我雖不是天主教徒，但是我堅持人必須有其信仰，所以我拜讀毛神父這本新著時，特別先讀〈信仰與人生〉這一篇。毛神父說：「信仰是屬於人的，人當用自己的理智去推論信仰的理由，並當用自己的意志去選擇信仰的對象。在推論信仰的理由上，人的理智應該注意到理由的正確性。信仰與普通相信人的話是不完全相同的，因為信仰能影響人的整個精神生活。在選擇信仰的對象上，我們是享有自由權的。在接受與拒絕之際，你的意志應當擺脫情感的牽累，驅除各種的成見，順著理智的光照，進行當做的事情。」（節錄）毛神父這番話，與常見那些傳教士的庸俗之言是截然不同的，他不說「你是有罪的，信主才能得救」的威嚇話，他也不說「你信主，才能上升天堂」的利誘之辭，他堅認信仰必須發自內心的選擇，完全是民主而自由的生活方式。

獻身宗教與獻身革命具有相同的意義。毛神父認為：信仰具有力量是無可懷疑的，而且這力量是依照信仰者的誠心與否而轉移的。因之正確的信仰，必須取之以至誠。宗教的信仰，不僅是一種只為「討論」的目標，而是為「信奉」、為「生活」、為「愛慕」的對象，信仰之後必須力行。因為理智的認識不是信仰的唯一要素，認識眞理是容易的，面對眞理卻是困難的，而追隨眞理則更困難。毛神父提出信仰的三項道德因素，一為以善意對待眞理，二為遵從已知的眞理，三為改良生活的習慣。對於一般人來說，後者更為重要，因為「假若一個人不開始度正常的生活，則他的思想是不會正直的」。為剷除思想上的障礙，必須作心理上的改變，採用徹底的科學態度，遵照已知的眞理而行，革新我們的行為。人生如寄旅，凡旅居於現實世界的人，都不能沒有信仰，因為信仰是「所希望之事的擔保，未見之事的確證」。毛神父有關信仰的解釋，可以為每一位信仰主義從事革命的人所接受，因為他是科學的。

任何宗教的信仰者，爲弘揚他所信仰的宗教，必須廣招信徒，以擴大其影響，達成其救世救人的目的。努力於教義的研究，使之益趨博大精深，對於人生的疑難問題更有完美的答案，更能吸引大眾的皈依，這是一個途徑。另一條路則爲擴大宗教的對外活動，在政治上和社會上增加宗教的影響，使宗教更能獲得國家和社會的重視，以方便宗教力量的擴展。前者是利已及人，後者是利人及己。這兩種弘教的方法，可說異途同歸，各有其貢獻。佛教的太虛法師、天主教的于斌樞機，都是以從事政治活動來弘揚自己宗教的偉大人物。毛振翔神父只是以從事教育和國民外交，來增長天主教對國家的貢獻和對國人的影響。毛神父對于斌樞機以及雷震遠神父的崇敬，充分表現了他對天主之愛以及對國家之愛。毛神父的肉體屬於上帝，全身的熱血則屬於國家。有的教徒因熱心教義而變成假洋鬼子，甚至變成不敬祖宗、不孝父母、不愛國家的民族叛逆。這種毁滅人性，讓人迷失自我的邪教，應該受到所有宗教信仰者的斥責。只有共產黨是滅絕人性的，這類不敬祖宗、不孝父母、不愛國家的邪教，正是共產黨謬論的宣傳者，如讓這類邪教存在於國內，可說是政府的失職，所有宗教的恥辱。

毛神父熱愛國家，尊重中國的倫理道德。他是堅強的反共者，因而中共對他恨之刺骨，把他列名爲戰犯，視之爲國特。他不是國民黨員，但他相信唯有三民主義才能救中國。他是國民黨人所敬愛的諍友，先總統 蔣公和夫人所敬愛的毛神父。他是位非常可愛的人；他是永遠爲信仰而奮鬪的鬪士；亦是願爲理想而犧牲的烈士。我從前頗不滿意於基督教的誇張，談教義的書稱爲聖經，傳教義的自稱為「牧」人之「師」，或代表「神」為你之「父」。但是對於毛振翔這位傳教士，我且心悅誠服的認為他有資格被稱為「神父」的。

本文刊民國七十二年一月六日《中央日報》

三、學人神父毛振翔的苦行紀要

姜良仁

毛振翔，前南京總教區秘書長兼總務長，中國天主教教務協進委員會海外留學生服務處處長，籍屬多山多石的浙江江山，其性似石彌堅，其志如山不移，其行若天行健，神聖的炎黃子孫也。其異禀如十二歲在美得學士學位之羅傑，亦為洋人所發掘，蒙主祐連修三個洋博士。在國學方面，他憑自學，熟諳經史，乃一學貫中西、才通天人之神父。

《孤軍苦鬬記》就是他忠神、忠國、忠眞理正義的苦行實錄。現綜合各方資料並予補充，作較完整之報導如次：

其一、發揚新馬丁路得的精神——宗教界的內幕，亦如其他各界一樣的黝黑，頗有挾神之名而號令天下者。為眞理為正義，當然大有人在，但孜孜爭權奪利，熱衷錦上添花，慳吝雪中送炭的比比皆是，甚且有替天行惡，僞裝魔鬼為神者。他的《孤軍苦鬬記》，就是揭穿這些黑幕，並繼以堅強之意志，不屈不撓的精神，抗拒這些逆流橫行，在神的祐護下贏得智戰的全勝，在無形有意中發揚了馬丁路得的精神。

其二、鼓舞超武訓的興學精神，在芝加哥興辦免費的學校——毛神父身上難聞一點銅臭，憑三寸不爛之舌籌洋錢，覓洋屋，請洋師，辦理免費的學校培育華僑子女。又仰仗一股不竭的神力及兩條不倦酸的腿子，渡重洋，跑遍美聯邦各州，爲中華民國優秀青年爭取全免費的獎學金二千餘名，培植中興的高級幹部。這較諸武訓在國內求乞興學，不是又邁進一個太平洋麼？誰也不敢否認這是超武訓的精神。

其三、辜鴻銘的風格翻版——辜鴻銘出生於國外，受外國教育，但回到中國接受我傳統文化薰陶後，一點洋味都沒有，終年一襲馬褂長袍。毛神父幾乎受教會教育，且在國外擔任傳教工作二三十年，但回祖國後一襲粗布長袍，顯不出半點洋博士的氣韻，百分之百是辜教授的翻版，頗有名士深藏不露的共同風格。

其四、英雄不改本色——神父方值七十才開始之年，但他早已霜華蓋頂，這是他替天行道，爲人竭智盡忠服務的標幟。一般年紀大白髮蒼蒼的老人，爲表示「老當益壯」，莫不愛將白髮染黑，而他則不作此圖，爽朗畢露，而有「英雄不改本色」的豪氣。

其五、國民外交的雄才——羅馬教廷派駐南京公使黎培理，被中共逐出滯港，曾以祝賀郭若石任臺北總主教爲名來臺。事後他拜會我外交部，要求以公使身分晉謁蔣總統。胡次長運用謀略要求他出具使館住址與館員爲誰兩照會，造成既成事實。毛神父則以美國「宗教通訊社」駐臺記者身分，運用新聞報導，把上述新聞向通訊社發報，再由通訊社向美國各報發佈。中間，曾經有關方面多次否認與證實。四十一年十一月二十三日，梵蒂岡終於發表命令教廷公使館設臺北。於驚濤駭浪我外交最低潮之際，我與教廷卻建起外交關係，浮動的人心為之振奮穩定。難怪神父稱此舉為其平生最得意之事。

其六、傑出的語言家與雄辯家——神父精通拉丁文、義大利文、法文、英文、中文等多種語言。因為傳教，語言是最輕便、最銳利，不用火藥的武器。他精通五國語言，就等於裝配了五條「三寸不爛之舌。」由神說到人，由天說到地，由東說到西，口若懸河。其說服力不讓蘇秦、張儀專美，此神父最大的不動產。例如臺北教廷公使黎培理根本反對他赴美阻止大陸留美學生被遣返，因無法駁倒其去美之光明正大理由——是為神、為人、為自由民主愛國，只得勉強允許。但從此就埋下他日海外留學生服務處處長被解職的暗流。

其七、愛國反共最堅決的神父——請看下列鐵證(1)中共竊據大陸後第一年，也是我中華民國創鉅痛深最艱險困苦的一年，臺灣岌岌可危。神父無畏局勢險惡，挺身與潘朝英、陳之祿、賴璉、薛光前、陳慶雲等，在紐約舉辦有聲有色的雙十國慶，所發請柬統由神父一人具名。(2)中共判毛神父為戰犯。(3)他設法使肄業非天主教大學四千餘名中國留美學生，掙脫被遣回大陸的噩運，繼續留美，為反共，為自由貯備新血輪。(4)四十年元月三十一日首次飛回風雨飄搖的臺灣，與國家共患難。

其八、最忠正剛毅的替天行道者——他不像若干別具用心的教會頭目，搞政治，追逐名利，抬高身價，去投機取巧。但政府需要他爲國効命時，卽不顧艱險挫折悉力以赴。其處事至公，選派留美學生重才，絕不計較背景關係。他在南京辦《文藻》月刊時，黎培理公使擬發表一篇〈傳信善會的始末〉，亦因譯文不佳而拒登，都是實例。

其九、讀書的特殊天才——他進入寧波保祿哲學院，在第一、二年每學期都得滿分。兩年後被羅馬教廷駐華代表選派至羅馬傳信大學攻讀，與五六十國優秀學子共研神學。該校傳統，每年僅在暑假之前舉行一大考。在大考前，有教務長所授的倫理神學，由同學自由參加公開應試，卽在全體同學面對教授所提的問題當場答辯。同學皆知這是最難渡過的一關。考試結果，十六人參試，十人不及格，及格者六人，二人六分，二人七分，一人得八分，毛振翔獨得滿分（十分），可謂世界級的神學狀元，爲中華兒女奪得無比的殊榮。

其十、膺選好人好事代表——不敢誇譽神父是世界級的要人，起碼也是我國宗教界的傑出領袖，他居然接受全國好人好事代表之推選，而不辭謝，他是多麼的隨和，又是多麼的豁達。

總上所述，毛神父是信神信天，爲天爲神行道，爲愛爲人服務的忠實信徒，也是人中豪傑。

本文刊民國七十二年八月十日《中國婦女》

四、反共鬪士毛振翔　政府早頒褒揚令

劉英柏

天主教神父毛振翔先生，現任中國天主教文化協進會總會理事長，板橋天主堂的主持人。數十年以來，愛天主、愛國家，貢獻了一生的精力，其豐功偉績，書不勝書，玆舉其六例，以免讀者們說我空口說白話：⑴吾華不幸，百孔千瘡，日本鬼子侵略我們，揭開了中日大戰的序幕，經過我軍民八年苦戰，終於獲得最後勝利。但是不幸得很，共匪作起亂來，於三十八年底，竊據了整個大陸，留學生幾千人在美國，進退失據，正在此萬分困難的時候，有「救世主」代天主行道的毛振翔神父，挺身而出，負起救濟留學生的艱苦重任。他擁有幾大堆美金嗎？沒有！僅憑著他高度的智慧才華、靈活的手寫文章、能言善道的嘴，向盟邦人士說明自由與極權，不能並存，更強調眾多留學生在美國，當地政府如不設法解決他（她）們的生活與求學問題，萬一發生了想像不到的「壞」事，就「船到江心補漏難」。博得了盟邦人士以及愛護中華民國政府的僑胞支持，使得留美學生問題，迎刄而解。⑵毛神父出門，不可能帶有很多美金，可是他在海外修建了七所天主堂是事實，在臺北縣板橋修建了美輪美奐的聖若望天主堂是事實。⑶通儒大師張其昀在陽明山創辦「中國文化學院」——現在改爲大學。邀請毛神父創辦天主教研究所，以毛神父任所長，現在是有聲有色的。⑷毛神父文筆流暢，所著《孤軍苦鬬記》一書，內容豐富，銷行很廣，其中的酸甜苦辣，値得有志奮鬬的人士參考效法。⑸毛神父眼光魄力，很高很大，他要做對國家民族社會人羣有益的事情，旁人看不出深刻意義和效果，待發生了效果的時候，旁人無不爲他翹大姆指。⑹「錢」這個東西，用之得當，收效無窮，用之不當，則起反作用；據《工商世界》發行人牟金鈺先生說：「毛神父爲什麼每年都要贊助你的《校勘簡訊》，我的《工商世界》呢？據他老人家說：勘正錯字，提高文化水準，促成國家強盛。發展工商，促成國家經濟繁榮，是很有意義的。」這位白髮蒼蒼的老青年，思想作法，都很年輕，走起路來，雄赳赳的，青年人都不容易趕得上。

賢明的中央政府，爲了酬庸毛神父爲國爲民的勳勞，早年就頒發了他的褒揚令，在國史館所編《中華民國褒揚令集初編》第一册三二一頁，勳賢姓名二五七九號，就是「毛振翔」的大名，實至名歸（令文附後）。謹寫這一篇拙文，敬致賀忱。

本文刊民國七十五年六月十一至十七日《工商世界》周刊

2579

總統指令

令行政院

三十七年十二月三十日四地字第五七四六四號呈：為據內政、教育兩部會呈：以浙江省江山縣民毛振翔，捐助該縣禮賢鄉中心國民學校建築費國幣七千五百萬元，核與捐資興學褒獎條例規定相符，轉請鑒核題頒匾額由。

呈件均悉：准予題頒「熱心教育」匾額一方，仰即轉飭具領。匾額題字隨發。此令。

中華民國三十八年一月十九日

五、紐約雙十國慶　毛神父演講

中美聯誼會慶祝三十四週年雙十國慶晚宴，六日假華埠福臨門酒樓舉行，四百多位中美嘉賓，代表各界出席此項盛會，爲中華民國慶祝。

中華民國建國七十八年國慶前夕，中美聯誼會強調，國父孫中山以民主、自由的開國精神創立了中華民國，該會則致力於保持中美兩國友好情誼，希望共同崇尚民主的中美兩國，能够繼續完成維護亞洲及世界和平的使命。

會中頒發兩項傑出貢獻獎狀，獲得「中美聯誼會獎」的美國國家廣播電視公司主持人法蘭克·查載先生，以其透過他所主持的廣播節目，促進中美文化實質交流。

「于斌樞機主教獎」，其得主爲一位紐約的資深教育家，多瑪斯·瑪嘉利先生，以其一生致力改善大紐約的公立教育系統。他在致詞時讚揚華人子弟在教育方面的成就，並呼籲更多華人參與教育界，以反映華人在教育方面的困境。

中美聯誼會爲一教育性的慈善機構。紐約分會於一九五五年正式成立，該會宗旨在於提昇中美兩國人民間的互相了解，促進雙方的高等教育和文化的交流，及增進彼此的友誼與相助。三十四年來，該會會務發展頗有建樹，獲得學術界、國民外交界、和社會其他各界的優異評價。

會長毛振翔副主教，每年爲此慶祝會，特由臺灣飛來，會見中美友好嘉賓，致詞感謝。他除掉致謝與會人士的出席和支持，以及希望未來中美兩國人民合作更愉快和諧外，還贈予每位嘉賓一個寶貴禮物，這禮物，毛副主教說：不是有形的，而是無形的；不是物質，而是倫理的、尤其是精神的。毛副主教特別指出，我們這個慶祝會，從開始到現在，一切安排與經過使我們不勝愉快，十分滿意，但是我們決不能忘記今年六月四日在中國大陸的「天安門悲劇」。關於這個悲劇的經過，我相信你們從電視上、廣播上、報章上，都曉得够清楚了，但是這悲劇的負責人，你們也許還不明白。這個人就是五年前，一九八四年在這今天的同一慶祝會上，我曾提醒你們過的，最大的撒謊者，最大的欺騙者，鄧小平其人。

我當時警告你們說：你們可不要把鄧小平當爲一個比毛澤東好的人；你們要知道，鄧小平一旦掌握了如同毛澤東那樣的大權，他會比毛澤東更爲殘忍，因爲毛澤東的殘忍僅是中國的土殘忍，而鄧小平的殘忍，除掉中國的土殘忍外，還要加上西方的洋殘忍。至於西方的洋殘忍，如古時羅馬虐王暴君尼祿（Nero）、杜米仙（Domitian）、輿理安（Aurelian），現代的希特勒(Hitler)、墨索里尼(Mussolini)、史達林(Stalin)。你們假若繼續推崇他，幫助他，則等到他拿到全權的一天，鄧小平要合併中國的土殘忍和西方的洋殘忍對付你們。那時，你們可眞慘了！請看今年六月四日他怎樣用軍用的坦克，衝向數以千計的無辜的青年男女大學生，把他（她）們輾轉得像美國漢堡肉餅的肉一樣粉碎呢。

今天我還要提醒你們另一個人，就是蘇聯的戈巴契夫，他是鄧小平第二，他的作風跟鄧小平一樣，表面上爲人民好，骨子裏是人民的劊子手。你們不要以爲戈巴契夫現在已經讓波蘭自由獨立了，其實這都是幌子，你們難道沒有注意：波蘭政府的組織，其國防部和內政部都屬於共產黨控制嗎？這不是軍隊和警察全在共黨手中嗎？戈巴契夫之所以向資本主義國家拉攏的目的，是因爲共產國家貧窮，需要資本，科技落伍，需要人才。一旦共產黨得到足够的幫忙與辦法，他們會反咬你們的。總而言之，共產主義者，如不放棄共產制度，是決不可信任的。這是我這次送給你們的禮物，謝謝！

本文載於一九八九年十月七日美國《星島日報》

六、毛振翔這個僕人

旭如

毛振翔是國際知名的神父，更是上帝的忠僕。由於他盡瘁神職，得上帝之庇佑，在這個紛紜多難的世界裏，做了許多令上帝喜歡的事，每一件事的完成和所經歷的艱辛，所付出的心力代價，如非有虔誠的宗教信心和涵泳的功力修養，是難以達成上帝意旨的，與其說是自己的艱辛、勞苦和折磨，毋寧說是上帝給他的試煉。他在各種艱難的試煉中，於上帝、於國家、於社會、於中國人、於外國人、於留學生、於各階層朋友，雖然都歷經滄桑，走過坎坷崎嶇的道路，但他無怨無尤，都一一的達成了願望，因爲他所做的事，都合乎眞理，崇尚正義，秉於仁愛，而得到神助，也獲得神的喜愛和庇佑！

您若看了他所著的《孤軍苦鬬記》一書，卽知那些險惡逆境、兇猛的反對者，對他的狠毒攻擊、誣蔑和栽贓，眞是令人髮指，令人感嘆，也令人對他打抱不平。

筆者拜讀了他著的《孤軍苦鬬記》一書，曾因激動而寫了一篇讀後感，刊載本刊。該文經選編於神父近著《我這半生》一書附錄的讀後感十五篇選文中。（署名：牟金鈺）《我這半生》一書共有三三五頁，其中正文有二六一頁，二十四開本，由臺北市重慶南路一段六十一號二樓東大圖書公司印刷、發行，書成，承惠贈筆者一册，拜讀之後，惠我良多。

《我這半生》一書，在其引言中說道：「我是個崇正義、尙眞理、篤仁愛的炎黃子孫。天主是我信仰的中心，國家是我生命的根源。故自一九三八年在羅馬『傳大』學成後，無論寄身何方，莫不爲我的信仰和國家盡其在我。前出《孤軍苦鬪記》一書，是我四十以前奮鬪歷程的實錄，近三十餘年來，世變加亟，應各方需求，不斷有應時之作，除偶有談思想、談人生、或宗教外，多與國際政治外交有關。其中事蹟，喧載於中外名報刊者，亦不在少。雖事過境遷，而大可供治史者之參證，因輯而刊之，署曰《我這半生》，有志君子，幸勿吝教。」

從毛氏《我這半生》一書的引言敍述，已可窺知該書之精義，置身國事多事之秋的國人，誠值一睹爲快。從該書的立論、觀察，爲是非之辯，爲眞理邪惡之力爭，雖良朋故舊，亦不謙讓。他是天主的僕人，也是中外朋友的僕人，這就是毛振翔這個爲神、爲人服務的畫像。亦是共產匪酋稱他爲戰犯的理由，中外友人與他接近的根由，筆者寫這篇〈毛振翔這個僕人〉的原因。

本文錄自一九八二年九月二十七日《工商世界》周刊

七、陰霾下他是永恒的靛藍

宋妮妮

常常想起毛神父。

那是一個如平日一般喧嚷的午後。震耳欲聾的喇叭聲充塞了整個世界，濃濃濁濁的廢氣，盤旋在每個人的鼻腔裏；人羣熙熙攘攘，塵土漫天飛揚。那個午后，眞似世界末日般的令人窒息。

比約定的時間晚了一點，站在十字架高聳的聖若望堂外，在我正擔心也許會因此而撲個空時，神父溫煦的在原先緊閉的門後出現了。奇蹟似的是，當神父闔上了那道小門，外面世界的喧囂，刹那間彷彿全不見了。一路跟隨著神父來到書房，那眞是一個與外面截然不同的地方；明朗、簡潔、寧靜又安詳。我在想，這是不是所謂的「大隱隱於市」呢？

和神父隔案相對，一襲熟悉的黑色長袍，將他的滿頭白髮襯托的益顯睿智、清明。數十年來，他即以如此簡單的面貌，僕僕風塵於國際之間；在迷亂混沌的價值觀裏，信守著天主對世人的愛，以誠摯的胸懷，建立了許多友誼，獲得了人類對眞理的支持。

記得當卡特政府承認中共不久，他參加了中美文經協會同仁訪美團；甫下飛機，卽奔走於美國大小城市，說服美國參眾兩院議員，促成了「臺灣關係法」的制定；並壓倒性通過議案，繼續支持我中華民國政府。

曾經有人認爲他是政治神父，也有人以爲他是爲個人名譽而努力。其實，他的一切的努力莫不是希望在傳教救靈的事業上能有所助益。所以，對於這些誤解，神父常以謙和的態度一笑置之。

神父是個堅持的人，不妥協，更不馬虎；他認爲對的事，他就做；他認爲對的話，他就說；絕不顧慮世俗人情，也不怕自己受到不利的影響。所以，常有人說他守舊、保守。其實，一個有主張、守原則的人，有什麼錯呢？在我們汲汲於自由化、新潮化、國際化的過程裏，中美斷交竟然不是我們社會共同的記憶；歷史，亦早成爲必背必考的一行字而已。年輕的笑聲裏，到底什麼是我們的堅持？或者，「堅持」竟也是一個過時的字眼？

神父，在國家最困頓顚沛的時刻加入了愛國救國的行列；在數十年的安定生活中，他仍奔走於國內外爲國事操勞，執著於愛天主、愛國家的信念。他是外交家、教育家、慈善家。中外名流政要，有許多是他的朋友或支持者。可是，在獲得的眾多名銜之中，他最願意別人稱呼的，卻是二個平凡恬淡的字——「神父」。

有時候，生活的忙碌與辛苦，時代的混亂與紛爭，常使我們覺得生命的無趣。但是，只要有一點眞實的友情，體會一刹眞純的美感，或把握到一項眞理，尤其若逢遇一個完美的榜樣，一切便都變得值得了。神父一直堅信，只要有愛，生命便是值得的；只要有眞理，追求便不是徒勞；只要理想能實現，奮鬪便是甘飴的。

與毛神父的相逢，的確給了我們很大的鼓勵，他俯仰無愧的行走於塵囂之中，有儒家的擔當執著，也有道家的淡泊自守。在他嚴正的靈修生命中，使我們深切的感覺到，世界上的確有愛，更有眞理，我們心中的理想亦永遠是存在著的。

當神父以「我醉欲眠卿可去」的率直告訴我拜訪可以結束了，他還要繼續寫人家邀約的稿子時，我忽然覺得，人與人間許多繁瑣的客套與寒喧是一種生命的磨殺。起身告辭時，神父揮了揮手，又埋首於那篇未竟的文稿之中了！

在這個聖若望裏靜謐的午後，望著灑滿一園子的金黃，我不禁疑慮，偌大的世界裏，有誰能活得像他一般充實喜樂呢？

附識：毛振翔神父簡介：

毛神父出身天主教世家。先後獲得羅馬傳信大學神學博士，法國里昂大學哲學博士，美國芝加哥大學法學博士，除精通中英文外，兼通法、拉丁、義大利、西班牙等文字。現任中國天主教文化協進會、美國紐約中美聯誼會理事長；臺北光啟高級中學、基隆聖心高級工商職校董事長；中美文化經濟協會常務理事，亞洲太平洋反共聯盟總會理事。現職是臺北總教區司鐸諮議會委員，板橋聖若望天主堂主任司鐸。

本文刊七十六年四月《現代青年》月刊

八、毛振翔神父說《勇者的證言》是醒世良藥

英崇本

《勇者的證言》這一本書主要的內容，是索忍尼辛在哈佛大學演說，以及得到各方面的重視，予以良好的反應。我們想，爲甚麼原因獲得重視與良好的反應？質言之，就是索氏重道德和人類的安和樂利。爲了求得人類的安和樂利，只有強烈的打倒共產主義、消滅共產分子；因爲共產主義的目標，是先赤化東南亞，後赤化全球，使善良的人民無法生存下去。不管共產黨徒如何花言巧語，吾人都不能相信，纔是聰明的人。

天主教神父毛振翔先生，是享譽世界、造福人羣的長者，他發表意見說：「透過索忍尼辛的獻言，將會給美國帶來一股新生力量。美國社會就好像人體一般，並非免疫的，而只是在病菌侵入後，一經發現便會產生抗體。而索忍尼辛的諍言，對於得了『腐化症』的美國，正如同抗體一樣，必漸漸受到重視，而能對症下藥，使一些問題，迎刃而解。」毛神父認爲，索忍尼辛所講的話，足以提醒西方及美國人民，如何恢復西方輝煌的傳統道德文化，將是他們自救的唯一途徑。

毛神父的話，確是眞知灼見！

在今日干戈擾攘的世界中，有不同凡響的索忍尼辛，敢於吐出《勇者的證言》，實在值得人類慶幸和安慰的事。

本文刊民國七十二年五月九日《校勘簡訊》

九、《孤軍苦鬭記》《我這半生》讀後感

趙爾謙

一

當筆者肄業中學時，教師指定的課本，泰半為中華版，獨有山陰姚祖義先生編輯的歷史教科書為商務版。是書四册從遠古到近代，循序漸近，寫作清楚，容易了解，頗受學子歡迎。加以家君為我做課外補習，指導如何研讀《綱鑑易知錄》、《資治通鑑》等書，養成我愛好讀史的興趣。近年來美定居，因住所近市立圖書館，更能隨心所欲，借覽不少傳記文學和歷史性的書，例如《蒙巴頓傳》、《邱吉爾傳》及其戰時演詞、《麥克阿塞將軍傳》、《艾森豪傳及日記》、《托爾遷傳及日記》、《雷鳴遠神父傳及遺札》、《聖教宗庇護第十世傳》等等，益養成我嗜讀傳記文學的習慣。中美聯誼會會長毛振翔司鐸特由寶島臺灣遠渡重洋來美，與僑胞共同慶祝雙十佳

節，駐留紐約聯誼總會數日，且以專著兩卷見贈，誠爲最好的國慶紀念，因爲裏面所論列的，均爲救國救民的事業。

二

毛神父大著的第一卷《孤軍苦鬪記》，係三民文庫出版物。第二卷《我這半生》，乃滄海叢刊之一，均爲歷史性成名作品，爲人們所愛好，特別是年輕的一代。前卷有十三篇論文，後卷倍之，有二十六篇，附錄十五篇，共計五十四篇。兩卷所論列的，深入宗教神學、哲學、教育、護教學、科學、社會科學、外交、歷史、傳記等學問的範圍。對於神哲衛教的奧理，均用通俗化深入淺出的筆法，使人容易了解。更能旁徵博引，應用教宗通諭、《聖經》、聖奧斯定的《懺悔錄》、聖多瑪斯的超性學要的學理，說明救國無罪反共有理的眞諦。同時這五十餘篇文字，只要在時間次序上稍加整理，卽成爲頭手資料的自傳。因爲裏面除上述的特點外，還記載毛神父在美國華埠爲僑胞開教建堂辦學，更奔走馳驅於四十八州之間，與二百五十餘間大專院校的當局晤談，爲前後兩千餘名留學生爭取獎學金，同時執行蔣故總統的指令，勸阻已在美國五千餘人的學者、教授、專家受誘騙返國爲共黨效勞，危害祖國，助紂爲虐。毛神父處理各事，有條不紊，均及時完成，雖百務紛繁，經緯萬端，但無一不爲幾條明哲的眞理所管制，絲毫不離正軌，大有

「吾道一以貫之」之概。這條眞理就是天主教至高誡命之一：「愛天主於萬有之上，愛人如己」，這實在是他辦事做人愛主愛國的中心主張，完全出發於一個「愛」字。

三

在這兩卷文集中，有三篇出類拔萃的文字，和留學生運動，黎培理公使及中梵復交有關。這幾篇精彩而有趣的故事，是值得我們細讀咀嚼回味而不能自己的。文中奇峰突出，情節離奇，眞有「山窮水盡疑無路，柳暗花明又一村」之概。早在一九四九年初期，教宗庇護第十二世，對全球天主教會廣播，命令神職班，儘量反對共產主義。這是無所選擇必須奉行的命令，毛神父當然不能例外。事有湊巧，毛司鐸卽於是時奉蔣故總統指示，並領到臺北郭總主教的准證，以眞理爲武裝，正義爲盔甲，踏上萬里征途，遠越重洋，抵達美國，勸阻五千餘學人回返大陸，主要目標，就是反共。豈意行次美國旅途三分之二的芝加哥，毛氏一方面卽奉到教廷駐華黎公使郵遞的一道命令，由其秘書葛禮耕傳達的。文曰「解除毛神父在中國教務協進會海外留學生服務處處長職務與關係。」同時這位秘書用備忘錄以此事通知于總主教。于氏認爲「你的備忘錄，是由錯誤的報導，有意的誤解造成的。」故解除職務的理由是「莫須有」的。他方面，美國總主教區也收到華盛頓宗座代表所傳達的命令「毛振翔神父此次離臺赴美，係違反教會的指令，所以應該吊銷他的一切神權，並且不許美國教會予他任何招待。」所以毛神父對他的朋友說：「黎培理公使向教廷誣告我一狀」這還不够，尙有餘波，教廷還補充的通知于總主教說：「黎公使解除毛神父之職，係指中國所有的留學生，並非僅指中國天主教的留學生，所以他在布魯克林教區的中國留外學生的服務處，應卽予關閉，立刻脫離。」此事走入極端，打擊並破壞留學生運動者甚鉅。眞正的動機何在，局外人莫明其妙，眞令人莫測高深。

但是紐約區總主教及其僚屬研究過毛神父的備忘錄，認爲毛司鐸之來美完全合乎天主教會法典，請他留在紐約總教區，享有一切神權，並給予史貝爾曼樞機簽字的神權證書，能到處奔波，走過了四十八州，一直工作了五年，以紐約爲據點，勸阻中國學人返回大陸，完成這項艱鉅的愛國反共的使命。到了一九五六的秋天，羅馬傳信部秘書長西琪蒙廸總主教突然來美，在他走訪各教區當局時，也就乘機打聽毛神父的實情。果然於次年（一九五七）十月三十日毛司鐸收到他一封充滿喜悅和鼓勵的信。滿天的烏雲似乎將逐漸消逝，羅馬對毛神父將易誤解爲了解了。茲因此函的重要，又因限於篇幅，僅節錄數要點於下，以饗讀者。

親愛的毛神父：關於你的工作——當你的本國人士，謀求精神的福利，我已得到廣泛的報告，既富有興趣，且令人欣慰……因這使我看見，天主的聖寵，因著你的緣故，成功的運用著，令眾多的人皈依。請朝向這個途徑繼續罷，親愛的神父，因爲這是你能在世上爲擴展基督的神國，對聖教會最美好的服務。以愉快的心情，我將注意你的神聖任務，並懇求我們的主也援助你於將來，爲祝爲頌。傳信部秘書長西珙蒙廸啟。

四

自耶穌會會士利瑪竇司鐸繼聖方濟各的芳蹤，以學術來華傳教，迄今已四百餘年之久。其間因西方殖民地主義作祟，致福音未能暢遂的傳佈。迨至近代，由於教宗庇護第十一世、剛恒毅樞機主教、雷鳴遠神父、湯高達神父等人的努力，並因教宗親自祝聖中華六位主教，並建立聖統於中國，隨之中梵互換使節，實爲中華民國與梵帝岡教廷建立外交之始。無疑的雙方如無高瞻遠矚之士，不是爲了光榮天主，與百年傳教的大計，此事不是輕而易舉的。筆者從這一觀點著想，才能談黎培里教廷駐華公使的經過。

黎公使的教廷駐華代表，本來應得中國全民的敬仰，但以之與剛恒毅宗座代表相比擬，中國人對他的觀感，竟有天壤之別，大約有下列數種原因，⑴利用天主教大學道德和科藝教育，薰陶下一代的青年，俾能愛護民族與人羣以光榮天主，保衛世界和平，所以教育是復興中國的一個重要節目，絲毫不容忽略的。不知黎公使的用意何在？竟利用他教廷使節的高超地位，竭力阻礙教育事業的進行，並破壞海外留學生組織和運動，務必使之毀滅而後快，後來果然受迫而解體了，不知公使如何快意！如何對得起失學的青年！⑵人們不能希望黎公使和剛總主教、雷鳴遠神父等先賢一樣的深入中華文化的精髓，但至少也應知中國社會上的禮節和習俗，例如「先人後己」、「躬自厚而薄責於人」的處世道理，豈意公使竟能說出他「深惡痛絕自己屬下的某神父」。對他熟識的人如毛振翔神父說：「你是誰？」「你的舉止行動猶如共產黨」、「滾出去」，講這類的話太粗俗了，好像村婦罵街，未免太過分了，不像出自「我是教宗的代表」者之口。(3)自大陸淪陷，國府播遷臺灣，所有外交使節，理應隨往臺北，教廷使節亦不例外，豈意黎公使竟早在香港另立辦事處，處理駐在國的公務，雖國民政府請他駐節寶島，公使仍是模稜兩可，不加考慮。甚至他來臺為郭總主教祝聖，亦不肯從官方要求，以公使名義旅行，前來我國。俟祝聖手續完畢，總主教通知外交部，要求晉謁蔣總統，問他以何名義，他說當然是教廷駐華公使。並稱他有公使館和官員駐臺，隨著用兩道公文，正式以館址地名和官員姓名照會外交部，因之他能以公使身分晉謁總統，滿意返港。於是全球報紙迅速的登載這項特要新聞，即「羅馬教廷公使館在臺北設立了。」豈料次日這些報章又刊出頭條新聞，否認這條「特要」，因為香港黎公使的辦事處竟否認「教廷公使館之在臺北設立的消息」。同時羅馬官方梵帝岡通信社也說，教廷在臺北設立使館事，本社毫無所聞。終於形勢所趨，走到「圖窮匕見」的一步，黎公使所致外交部的兩道照會的內容和日期，不得不和盤托出，及時宣布，使全球的記者和讀者洞明眞象，而黎公使的既嘗熊掌又想吃魚的模稜外交策略，遂告破產。一直到教廷正式命令他說：「教廷公使館當設在臺北，而不能在其他地區」，到了一九五九年夏季，黎公使調往愛爾蘭任職，他在華的服務，遂告一段落。

五

這篇讀後記走筆至此，因筆者所知有限，已覺盡所欲言，惟有不能已於言者，就是于樞機與毛神父深厚的友誼、密切的關係，以及兩人愛國衛教合作的基礎。與于主教有先後同學之誼的毛振翔神父，本浙江省江山縣人，屬於杭州教區，後乃轉隸南京教區，于主教早已賞識其才能，後乃任爲教區的總務、財務秘書長等職，並兼教務協進會海外留學生服務處處長。國籍司鐸在傳信部大學授業的，前後有五十餘人，于、毛兩位就是當中的二人。遠在他們領受鐸品時所許下的隆重諾言，除任神職者所應許諾者外，還「服從我的合法上司」一句。職是之故，于總主教曾受到教廷禁令，不許他公開活動只能向華僑和留學生傳教，並推進中國文化。這項禁令，竟長達十年之久，同時毛神父接受黎公使一道無理由的理由解除職務，兩人雖都極感痛苦，但毫無怨言，無聲無嗅地忍受下去，他們都遵循傳大師長的訓誨，至死弗渝。遠在半世紀以前，教宗庇護第十一世爲中華六位主教祝聖時，傳信部部長王老松樞機曾對雷鳴遠神父說：「因爲你的服從一德，中國之有主教，提早半世紀。」以上述數例觀之，怪不得教外同胞，對於天主教神職班道德高超修養，深邃常存仰止行止之心。神父們的示範教育，是以身作則，所以福音傳播就一日千里了。

當一個國家在危急存亡之秋，像中國在抗日反共的時候，舉國人民無一不當劍及履及，奮起以救亡圖存，特別是愛主於人的天主教神父們，因爲愛國救人是天主的誡命之一。于樞機與毛司鐸愛國衛教，道同志合，意氣相投工作連繫，故友誼之篤，相知之深，不愧爲奮鬬勞作時的良朋，艱難困苦中的伙伴。所以毛神父對於他的上司稱頌不置地說：他特別愛護他的下屬，體貼入微，信任不疑，讓他們竭其所長，充分發揮才華，完成抱負，以爲教會和國家服務。他是一位高瞻遠矚的偉人，只圖百年大計，絕不計較小節，故對於「種族的歧視，膚色的各異，貧富的懸殊，文化的隔閡」，均能一秉天主敬愛的精神，溶化共契，以此奠下中美國民外交的基礎。同時于樞機對於毛神父的服務精神，是十分欣賞而加以贊美的，「毛神父自晉陞鐸品以來，業已多年，凡是委派他的工作，沒有不盡善盡美完成的，這是我所親自深澈知悉的。」還說：「毛振翔神父在美國是暫時性的，一旦中國抗戰勝利後，南京教區卽需要他回國工作，我不能沒有他！」在于主教寄毛司鐸的信件中，從陪都發出者，下面的話，至少說過三次，卽「我每次在痛苦中，遭遇難解決的問題，就想念振翔。」足見毛神父不但是他的左右手，也是南京教區內的智囊團，例如輔仁大學在臺北的復校，教廷、西班牙與中華民國的復交，均是于樞機慘淡經營的大事，而是事先由這位智賽諸葛的秘書長，運籌帷幄，謀定後動，故成績斐然，怪不得于主教對他說：「我完全照你的話做了。」於此可見事之成就，無論巨細必須彼此和衷共濟，信任不疑，才能克底於成。

在八年抗戰繼續反共的時期內，于、毛兩人時刻奔波於國內海外，工作緊張奮鬬迄未休止，是以魚雁往還，相當頻繁。樞機所書的親筆信件，竟達二百餘封之多。收藏者曾妥善保護，隨身携帶，把它從美國帶到南京，迨首都淪陷又帶到美國，到一九五一年回到臺灣，又把這些寶貴事物，帶回寶島。于主教的胸懷豁達，所見者遠大，所言者眞確，皆播揚福音，治國平天下的大道理，加上他的文字優雅，筆觸輕鬆而富於情感，讀之使人動心。假使這二百封書簡能留存至今，編印發行，使海內外敬仰于公者，能明白他愛主於國的神學思潮，認識他做人處世的人生哲學，行將見這位不世出偉人的著作，不脛而走，紙貴洛陽，遠則可與傳信部大學的老前輩，牛津運動巨人，紐曼樞機的三十册書簡（The Letters anl Diaries of J. H. Cardinal Newman）媲美，近則可與反共抗日，愛我中華之雷鳴遠神父的書札(Lettres du Pere Lebbe, 2 Vols.)，作等量齊觀。所最可惜者，就是一九六一年葛羅利大颱風進襲臺灣，石門水庫洩洪時未及通知市民預防，致毛神父的教堂地下儲藏室內水高三尺，浸濕了鐵箱內的衣服，而裏面所藏的于公信札，亦復面目俱非，歸於朽滅，令人傷感，不勝惋惜之至。幸而于公手簡，尙有十札存於他處，均歷三十餘年的歲月，至今幸而保留無失，此毛司鐸所最寶貴珍重的于樞機筆跡，視爲座右銘，爲教爲國之服務，常以此爲準則。語云「薪盡火傳」，于公事業，豈可繼起無人？必有承先啓後者在。讀了《孤軍苦鬭記》及《我這半生》兩集後，必能使「頑夫廉，儒夫有立志」，況且至理名言，正義眞理，洋溢於句裏行間，所言眞切感人，朝乾夕惕終身不能忘此，無過於「沒有國家，現世無保障，捨棄天主，永生不得救。」這幾句話都是于樞機愛國衞教的志節之所鍾愛，鞠躬盡瘁的事功之所蘊蓄的毛神父爲我們盡言之矣。

本文刊民國七十二年《宗教世界》季刊第十八期

一〇、研讀《我這半生》一書

趙彼得

一、目錄項目：

作者：毛振翔神父

書名：我這半生

出版者：臺北市東大圖書公司

出版日期：民國七十一年九月

出版面數：三三五面

二、內容簡介：

㈠作者毛振翔神父在此書引言中說，前出《孤軍苦鬬記》一書，是其四十以前奮鬬歷程之實錄。近三十餘年來，應各方之需求，不斷有應時之作，因輯而刊之，名曰《我這半生》。

㈡此書輯有論作四十一篇。作者依其性質，加以編排。計第一，有關天主教精神者兩篇，其篇目爲〈文藝復興的精神〉、〈天主教與中國文化〉。第二，有關中華民國國際政治與國際關係者六篇，其篇目爲：〈我對卡特政府的忠告〉、〈所謂美毛關係正常化問題——向卡特政府進一言〉、〈中國天主教的國民外交之一二〉、〈懷念一位「中國教宗」〉、〈天主教保送海外留學生的緣起與展望〉、〈教廷西班牙與我國復交史話〉。第三，有關于斌樞機逝世一週年及雷震遠神父事蹟者六篇，其篇目爲：〈于斌樞機抗日期間對歐美的影響〉、〈于斌樞機與輔大永遠同在〉、〈追思于斌樞機逝世一週年〉、〈于斌樞機的五封信〉、〈于斌樞機的又五封信〉、〈雷震遠神父與中國〉。第四，有關思想、人生與宗教者十一篇，其篇目爲：〈耶穌聖誕——催促天人合一〉、〈神父爲何要還俗？〉〈眞善美聖與假惡醜罪〉。〈耶穌復活——導致常生不老〉、〈三位一體可以懂嗎？〉〈信仰與人生〉、〈人究竟有靈魂嗎？〉〈修德行與犯毛病那樣容易？〉〈聖學精義序〉、〈與江山異生懇談人生的「異」與「常」〉、〈「自由中學」爲何改名「光啟」〉。第五，有關中國天主教教史者一篇，其篇目爲：〈七十年來的中國天主教史〉。第六，附錄十五篇，皆係報紙期刊登載對毛神父崇敬之報導或論文，其篇目爲：〈「孤軍苦鬬記」的啟示〉、〈孤軍苦鬬記讀後感㈠〉（編者按：該文係本刊發行人牟金鈺先生所撰述）、〈孤軍苦鬬記讀後感㈡〉、〈毛振翔語動美朝野〉、〈毛振翔訪美剖析越戰〉、〈毛振翔神父歐洲行〉、〈毛振翔與曼斯斐德對話錄〉、〈反共愛國聯盟在美國宣告成立〉、〈我們支持中華民國政府政策的理由〉、〈上帝的忠僕，共匪的戰犯，留學生的褓姆，中外人的良友〉、〈反共健將毛振翔神父說服美議員凱歌歸

〈毛神父謙拒被稱十字軍〉、〈入世思想．出世精神〉、〈毛振翔神父爲雷根助選秘聞〉、〈毛振翔神父熱心國民外交〉。

三、研讀心得：

㈠作者毛振翔神父在此書引言中說：「我是個崇正義，尚眞理，篤仁愛的炎黃子孫。天主是我信仰的中心，國家是我生命的根源。故自一九三八年在羅馬傳大學成後，無論寄身何方，莫不爲我的信仰和國家而盡其在我。」通讀此書各篇，深感毛神父之一思一言，一行一動，莫不以天主與國家爲中心。因之，此書仍如《孤軍苦鬪記》一樣，浩然正氣，溢於字裏行間，讀來眞切感人，精神鼓舞，令人不能釋手。

㈡在天主教精神方面，作者於〈文藝復興的精神〉一文中，指出天主教本身既不是文化，又沒有文化。她所持的是普遍而純粹的精神——眞善美聖。這精神注射到任何民族中，則這民族一定興旺，這精神滲進到任何文化中，則這文化一定光大，這精神吸入到任何藝術上，則這藝術一定精美。作者在〈眞善美聖與假惡醜罪〉一文中，更加以透澈之闡述。作者毛神父思想獨到，見解高明，實在發人深省。

㈢在中華民國國際政治與國際關係方面，各文所述，顯示作者無時無刻莫不爲中華民國之外交而努力。在〈教廷、西班牙與我國復交史話〉一文中，讀了前半，可以瞭解，作者如何秉持正義，無畏無懼與教廷公使黎培理相抗爭，卒使教廷公使館遷至臺北。讀了後半，可以知道，作者如何謙辭我國參加第三十五屆國際聖禮大會朝聖團長之經過，以及如何安排時在紐約之于斌總主教率團前往西班牙，終而導致西班牙與我國復交。作者毛神父之正氣與無畏、沖謙與智慧，不禁使人感嘆與激賞。

㈣在于斌樞機與雷震遠神父事蹟方面，細讀各篇，知道作者與于樞機及雷神父爲了共同信念，曾長期協力工作，彼此同心，情感深厚。作者於〈于斌樞機的五封信〉及〈于斌樞機的又五封信〉兩文中，敍述如何在臺灣廣揚聖教，反共復國，篇篇讀來引人入勝，趣味無窮。在第六信一文中，作者描述與情報局長毛人鳳之晚餐密談以及晉見 蔣總統時之答問，才化解了 蔣總統對于樞機之誤解，因之于樞機此後能以心安理得，對我國天主教教務，以及我國外交、教育與文化事業作此無比之貢獻。作者毛神父若非大仁、大智與大勇挺身而出，洗刷朋友寃屈，何能使滿天烏雲，一掃而空。

㈤在思想、人生與宗教方面，作者以流暢之文筆，適切之辭句，表譬近喩，深入淺出，說明了許多思想、人生與宗教艱深的道理。如天主教教義中之三位一體，許多神父都不能對人講解，即是講解，亦講不清楚。作者毛神父寫了〈三位一體可以懂嗎？〉一文，讀來對此奧妙之道理，似有所悟。假以時日，或可對之領略較深。

㈥作者〈七十年來的中國天主教史〉一文，筆者早經研讀，並於民國七十一年一月於《文協會訊》第三期中，爲文介紹。筆者以爲，前此尚無人撰寫近年之中國天主教史一類文字，毛神父此文可爲空前之作。

(七)閱讀附錄各篇之後，對毛神父之言行，更能加以認識。各篇文章，皆極精彩，惟其中程菁及唐凱莉以「上帝的忠僕，共匪的戰犯，留學生的褓姆，中外人的良友」四句話爲文，概括了毛神父的半生，的是佳作。

(八)讀者若欲知道毛振翔神父，除閱讀此書外，應再閱讀三民書局出版之《孤軍苦鬬記》，及新聞天地社出版之《毛振翔傳》。《我這半生》書衣之前折頁刊有此書內容簡介，後折頁刊有作者小傳並附有作者玉照，確有意外之參考價值。茲錄此書書衣前折頁所刊之語，作爲本文之結束：

「本書作者，是多年來國際知名的神父，尤其在美國華僑社會裏，以及我國留學生羣中，提起毛神父，無人不知。本書單看書名，似爲個人自傳，實則其中無論記事說理，都與我國家政治、外交與流亡海外顯要人物當時的行藏有關。因作者是一個徹頭徹尾『爲天主』『爲國家』的鬬士，憑其浩然正氣，能言人所不能言，爲人所不敢爲。所以書中有許多掌故，在局勢變動關頭，其影響之深且切，絕非吾人意想所及。此種珍貴史料，俯拾卽是，願讀者勿等閒視之。」

本文刊民國七十三年六月四日至十日《工商世界》周刊

滄海叢刊已刊行書目 (八)

書名	作者	類別
文學欣賞的靈魂	劉述先	西洋文學
西洋兒童文學史	葉詠琍	西洋文學
現代藝術哲學	孫旗譯	藝術
音樂人生	黃友棣	音樂
音樂與我	趙琴	音樂
音樂伴我遊	趙琴	音樂
爐邊閒話	李抱忱	音樂
琴臺碎語	黃友棣	音樂
音樂隨筆	趙琴	音樂
樂林蓽露	黃友棣	音樂
樂谷鳴泉	黃友棣	音樂
樂韻飄香	黃友棣	音樂
樂圃長春	黃友棣	音樂
色彩基礎	何耀宗	美術
水彩技巧與創作	劉其偉	美術
繪畫隨筆	陳景容	美術
素描的技法	陳景容	美術
人體工學與安全	劉其偉	美術
立體造形基本設計	張長傑	美術
工藝材料	李鈞棫	美術
石膏工藝	李鈞棫	美術
裝飾工藝	張長傑	美術
都市計劃概論	王紀鯤	建築
建築設計方法	陳政雄	建築
建築基本畫	陳榮美 楊麗黛	建築
建築鋼屋架結構設計	王萬雄	建築
中國的建築藝術	張紹載	建築
室內環境設計	李琬琬	建築
現代工藝概論	張長傑	雕刻
藤竹工	張長傑	雕刻
戲劇藝術之發展及其原理	趙如琳譯	戲劇
戲劇編寫法	方寸	戲劇
時代的經驗	汪琪 彭家發	新聞
大眾傳播的挑戰	石永貴	新聞
書法與心理	高尚仁	心理

滄海叢刊已刊行書目(七)

書名	作者	類別
印度文學歷代名著選(上)(下)	糜文開編譯	文學
寒山子研究	陳慧劍	文學
魯迅這個人	劉心皇	文學
孟學的現代意義	王支洪	文學
比較詩學	葉維廉	比較文學
結構主義與中國文學	周英雄	比較文學
主題學研究論文集	陳鵬翔主編	比較文學
中國小說比較研究	侯健	比較文學
現象學與文學批評	鄭樹森編	比較文學
記號詩學	古添洪	比較文學
中美文學因緣	鄭樹森編	比較文學
文學因緣	鄭樹森	比較文學
比較文學理論與實踐	張漢良	比較文學
韓非子析論	謝雲飛	中國文學
陶淵明評論	李辰冬	中國文學
中國文學論叢	錢穆	中國文學
文學新論	李辰冬	中國文學
離騷九歌九章淺釋	繆天華	中國文學
苕華詞與人間詞話述評	王宗樂	中國文學
杜甫作品繫年	李辰冬	中國文學
元曲六大家	應裕康 王忠林	中國文學
詩經研讀指導	裴普賢	中國文學
迦陵談詩二集	葉嘉瑩	中國文學
莊子及其文學	黃錦鋐	中國文學
歐陽修詩本義研究	裴普賢	中國文學
清真詞研究	王支洪	中國文學
宋儒風範	董金裕	中國文學
紅樓夢的文學價值	羅盤	中國文學
四說論叢	羅盤	中國文學
中國文學鑑賞舉隅	黃慶萱 許家鸞	中國文學
牛李黨爭與唐代文學	傅錫壬	中國文學
增訂江皋集	吳俊升	中國文學
浮士德研究	李辰冬譯	西洋文學
蘇忍尼辛選集	劉安雲譯	西洋文學

滄海叢刊已刊行書目(六)

書名	作者	類別
卡薩爾斯之琴	葉石濤	文學
青囊夜燈	許振江	文學
我永遠年輕	唐文標	文學
分析文學	陳啓佑	文學
思想起	陌上塵	文學
心酸記	李喬	文學
離訣	林蒼鬱	文學
孤獨園	林蒼鬱	文學
托塔少年	林文欽編	文學
北美情逅	卜貴美	文學
女兵自傳	謝冰瑩	文學
抗戰日記	謝冰瑩	文學
我在日本	謝冰瑩	文學
給青年朋友的信(上)(下)	謝冰瑩	文學
冰瑩書柬	謝冰瑩	文學
孤寂中的廻響	洛夫	文學
火天使	趙衛民	文學
無塵的鏡子	張默	文學
大漢心聲	張起鈞	文學
回首叫雲飛起	羊令野	文學
康莊有待	向陽	文學
情愛與文學	周伯乃	文學
湍流偶拾	繆天華	文學
文學之旅	蕭傳文	文學
鼓瑟集	幼柏	文學
種子落地	葉海煙	文學
文學邊緣	周玉山	文學
大陸文藝新探	周玉山	文學
累盧聲氣集	姜超嶽	文學
實用文纂	姜超嶽	文學
林下生涯	姜超嶽	文學
材與不材之間	王邦雄	文學
人、生小語(一)(二)	何秀煌	文學
兒童文學	葉詠琍	文學

滄海叢刊已刊行書目㈤

書名	作者	類別
中西文學關係研究	王潤華	文學
文開隨筆	糜文開	文學
知識之劍	陳鼎環	文學
野草詞	韋瀚章	文學
李韶歌詞集	李韶	文學
石頭的研究	戴天	文學
留不住的航渡	葉維廉	文學
三十年詩	葉維廉	文學
現代散文欣賞	鄭明娳	文學
現代文學評論	亞菁	文學
三十年代作家論	姜穆	文學
當代臺灣作家論	何欣	文學
藍天白雲集	梁容若	文學
見賢集	鄭彥棻	文學
思齊集	鄭彥棻	文學
寫作是藝術	張秀亞	文學
孟武自選文集	薩孟武	文學
小說創作論	羅盤	文學
細讀現代小說	張素貞	文學
往日旋律	幼柏	文學
城市筆記	巴斯	文學
歐羅巴的蘆笛	葉維廉	文學
一個中國的海	葉維廉	文學
山外有山	李英豪	文學
現實的探索	陳銘磻編	文學
金排附	鍾延豪	文學
放鷹	吳錦發	文學
黃巢殺人八百萬	宋澤萊	文學
燈下燈	蕭蕭	文學
陽關千唱	陳煌	文學
種籽	向陽	文學
泥土的香味	彭瑞金	文學
無緣廟	陳艷秋	文學
鄉事	林清玄	文學
余忠雄的春天	鍾鐵民	文學
吳煦斌小說集	吳煦斌	文學

滄海叢刊已刊行書目 (四)

書名	作者	類別
歷史圈外	朱桂	歷史
中國人的故事	夏雨人	歷史
老臺灣	陳冠學	歷史
古史地理論叢	錢穆	歷史
秦漢史	錢穆	歷史
秦漢史論稿	刑義田	歷史
我這半生	毛振翔	歷史
三生有幸	吳相湘	傳記
弘一大師傳	陳慧劍	傳記
蘇曼殊大師新傳	劉心皇	傳記
當代佛門人物	陳慧劍	傳記
孤兒心影錄	張國柱	傳記
精忠岳飛傳	李安	傳記
八十憶雙親 師友雜憶 合刊	錢穆	傳記
困勉强狷八十年	陶百川	傳記
中國歷史精神	錢穆	史學
國史新論	錢穆	史學
與西方史家論中國史學	杜維運	史學
清代史學與史家	杜維運	史學
中國文字學	潘重規	語言
中國聲韻學	潘重規 陳紹棠	語言
文學與音律	謝雲飛	語言
還鄉夢的幻滅	賴景瑚	文學
葫蘆・再見	鄭明娳	文學
大地之歌	大地詩社	文學
青春	葉蟬貞	文學
比較文學的墾拓在臺灣	古添洪 陳慧樺 主編	文學
從比較神話到文學	古添洪 陳慧樺	文學
解構批評論集	廖炳惠	文學
牧場的情思	張媛媛	文學
萍踪憶語	賴景瑚	文學
讀書與生活	琦君	文學

滄海叢刊已刊行書目(三)

書名	作者	類別
不疑不懼	王洪鈞	教育
文化與教育	錢穆	教育
教育叢談	上官業佑	教育
印度文化十八篇	糜文開	社會
中華文化十二講	錢穆	社會
清代科舉	劉兆璸	社會
世界局勢與中國文化	錢穆	社會
國家論	薩孟武譯	社會
紅樓夢與中國舊家庭	薩孟武	社會
社會學與中國研究	蔡文輝	社會
我國社會的變遷與發展	朱岑樓主編	社會
開放的多元社會	楊國樞	社會
社會、文化和知識份子	葉啓政	社會
臺灣與美國社會問題	蔡文輝 蕭新煌 主編	社會
日本社會的結構	福武直 著 王世雄 譯	社會
三十年來我國人文及社會科學之回顧與展望		社會
財經文存	王作榮	經濟
財經時論	楊道淮	經濟
中國歷代政治得失	錢穆	政治
周禮的政治思想	周世輔 周文湘	政治
儒家政論衍義	薩孟武	政治
先秦政治思想史	梁啓超原著 賈馥茗標點	政治
當代中國與民主	周陽山	政治
中國現代軍事史	劉馥 著 梅寅生 譯	軍事
憲法論集	林紀東	法律
憲法論叢	鄭彥棻	法律
師友風義	鄭彥棻	歷史
黃帝	錢穆	歷史
歷史與人物	吳相湘	歷史
歷史與文化論叢	錢穆	歷史

滄海叢刊已刊行書目㈡

書名	作者	類別
語言哲學	劉福增	哲學
邏輯與設基法	劉福增	哲學
知識•邏輯•科學哲學	林正弘	哲學
中國管理哲學	曾仕强	哲學
老子的哲學	王邦雄	中國哲學
孔學漫談	余家菊	中國哲學
中庸誠的哲學	吳怡	中國哲學
哲學演講錄	吳怡	中國哲學
墨家的哲學方法	鐘友聯	中國哲學
韓非子的哲學	王邦雄	中國哲學
墨家哲學	蔡仁厚	中國哲學
知識、理性與生命	孫寶琛	中國哲學
逍遙的莊子	吳怡	中國哲學
中國哲學的生命和方法	吳怡	中國哲學
儒家與現代中國	韋政通	中國哲學
希臘哲學趣談	鄔昆如	西洋哲學
中世哲學趣談	鄔昆如	西洋哲學
近代哲學趣談	鄔昆如	西洋哲學
現代哲學趣談	鄔昆如	西洋哲學
現代哲學述評㈠	傅佩榮譯	西洋哲學
懷海德哲學	楊士毅	西洋哲學
思想的貧困	韋政通	思想
不以規矩不能成方圓	劉君燦	思想
佛學研究	周中一	佛學
佛學論著	周中一	佛學
現代佛學原理	鄭金德	佛學
禪話	周中一	佛學
天人之際	李杏邨	佛學
公案禪語	吳怡	佛學
佛教思想新論	楊惠南	佛學
禪學講話	芝峯法師譯	佛學
圓滿生命的實現（布施波羅蜜）	陳柏達	佛學
絕對與圓融	霍韜晦	佛學
佛學研究指南	關世謙譯	佛學
當代學人談佛教	楊惠南編	佛學

滄海叢刊已刊行書目(一)

書名	作者	類別
國父道德言論類輯	陳立夫	國父遺教
中國學術思想史論叢(一)(二)(三)(四)(五)(六)(七)(八)	錢穆	國學
現代中國學術論衡	錢穆	國學
兩漢經學今古文平議	錢穆	國學
朱子學提綱	錢穆	國學
先秦諸子繫年	錢穆	國學
先秦諸子論叢	唐端正	國學
先秦諸子論叢(續篇)	唐端正	國學
儒學傳統與文化創新	黃俊傑	國學
宋代理學三書隨劄	錢穆	國學
莊子纂箋	錢穆	國學
湖上閒思錄	錢穆	哲學
人生十論	錢穆	哲學
晚學盲言	錢穆	哲學
中國百位哲學家	黎建球	哲學
西洋百位哲學家	鄔昆如	哲學
現代存在思想家	項退結	哲學
比較哲學與文化(一)(二)	吳森	哲學
文化哲學講錄(一)(二)(三)(四)	鄔昆如	哲學
哲學淺論	張康譯	哲學
哲學十大問題	鄔昆如	哲學
哲學智慧的尋求	何秀煌	哲學
哲學的智慧與歷史的聰明	何秀煌	哲學
內心悅樂之源泉	吳經熊	哲學
從西方哲學到禪佛教 —「哲學與宗教」一集—	傅偉勳	哲學
批判的繼承與創造的發展 —「哲學與宗教」二集—	傅偉勳	哲學
愛的哲學	蘇昌美	哲學
是與非	張身華譯	哲學